Max Fuchs
Der Mensch und seine Medien

W0360448

Max Fuchs

Der Mensch und seine Medien

Medienbildung als kulturelle Bildung?

BELTZ JUVENTA

Der Autor

Max Fuchs, Prof. Dr., lehrt Allgemeine Pädagogik und Kulturpädagogik an der Universität Duisburg-Essen.

Das Werk einschließlich aller seiner Teile ist urheberrechtlich geschützt. Jede Verwertung ist ohne Zustimmung des Verlags unzulässig. Das gilt insbesondere für Vervielfältigungen, Übersetzungen, Mikroverfilmungen und die Einspeicherung und Verarbeitung in elektronische Systeme.

FSC
www.fsc.org
MIX
Papier aus verantwortungsvollen Quellen
FSC® C089473

Dieses Buch ist erhältlich als:
ISBN 978-3-7799-6466-7 Print
ISBN 978-3-7799-5783-6 E-Book (PDF)

1. Auflage 2021

© 2021 Beltz Juventa
in der Verlagsgruppe Beltz · Weinheim Basel
Werderstraße 10, 69469 Weinheim
Alle Rechte vorbehalten

Herstellung und Satz: Ulrike Poppel
Druck und Bindung: Beltz Grafische Betriebe, Bad Langensalza
Printed in Germany

Weitere Informationen zu unseren Autor_innen und Titeln finden Sie unter: www.beltz.de

Inhalt

Vorwort

Das ursprüngliche Motiv für die vorliegende Arbeit war die Frage, was die Digitalisierung für die Gesellschaft und insbesondere für das Subjekt bedeutet. Natürlich gibt es keinen Mangel an solchen Untersuchungen, da es sich bei diesem Thema offensichtlich um ein „Megathema" handelt, das Wissenschaft und Alltag, Politik und Öffentlichkeit, Wirtschaft und Pädagogik berührt.

Bei der Sichtung einschlägiger Texte entsteht oft der Eindruck, als ob es sich bei der Digitalisierung um ein völlig neues Phänomen handelt, dem man mehr oder weniger hilflos gegenübersteht, das zumindest wie eine Naturgewalt über die Menschen gekommen ist und das man daher kaum beherrschen kann.

Ein Blick in die Geschichte der Medien und ihrer Entwicklung zeigt jedoch, dass die Digitalisierung nur eine weitere Etappe in einem dynamischen Prozess darstellt. Wenn man den Medienbegriff weit genug fasst, so wie es in dieser Arbeit geschehen soll, wenn man also etwa die Sprache oder das Anfertigen von Bildern zu dem Bereich der Medien dazu zählt, dann kann man feststellen, dass es Medien genauso lange gibt, wie es Menschen gibt.

Interessant ist in diesem Zusammenhang, dass man schon recht früh – spätestens seit der antiken griechischen Philosophie – auch über die jeweiligen Medien, über ihre Vorteile, aber auch über Nachteile, die sie mit sich bringen, nachgedacht hat. Es haben also auch Mediendiskurse und -reflexionen eine beachtliche Geschichte, wobei sich zeigen lässt, dass bestimmte Argumente bei dieser Gewinn- und Verlustrechnung über die Jahrtausende gleichbleiben.

Gerade in einer kultur- und erziehungswissenschaftlichen Perspektive lohnt es sich, sich dieser Tatsache bewusst zu werden, da man dann zu möglicherweise veränderten Beurteilungen der derzeitigen Entwicklung gelangt. Insbesondere zeigt sich, dass die Digitalisierung im Grundsatz überhaupt keine neue Entwicklung ist. So lässt sich zeigen, dass man bereits mit der Sprache, spätestens aber mit der Alphabetschrift, etwas Kontinuierliches mit einem diskontinuierlichen Medium dargestellt hat. Die Darstellung mithilfe eines binären Codes ist also lediglich ein weiterer Entwicklungsschritt in einem Prozess, der einige 1000 Jahre alt ist.

In den Debatten über Medien war es insbesondere ein zentrales Thema, welche Auswirkungen die jeweiligen Medien auf den Menschen, sein Wahrnehmungsvermögen, sein Denken, sein Gedächtnis, sein soziales Verhalten, seine Emotionalität etc. haben. Es geht um die Entwicklung und Transformation der Welt- und Selbstverhältnisse des Menschen.

So wichtig diese Fragestellung ist, so stellt sich doch jedem, der sich darauf einlässt, das Problem, dass die Medien für alle Menschen und insbesondere für alle Wissenschaften und die Philosophie von Interesse sind. Daraus ergibt sich eine große Vielfalt und Komplexität der Zugangsweisen, die kaum zu bewältigen sind.

Im Folgenden kann es daher nicht darum gehen, eine auch nur annähernd vollständige Darstellung der realen Geschichte der Entwicklung unterschiedlicher Medien sowie der Diskurse in den unterschiedlichsten Wissenschaften zu geben. Ich werde vielmehr aus diesem komplexen Diskursfeld bestimmte Entwicklungen, Debatten und Positionen herausgreifen, von denen ich – in einer subjektiven Perspektive – annehme, dass sie für meine kulturwissenschaftliche und -pädagogische Fragestellung des Verhältnisses Mensch-Kultur-Medien interessant und ergiebig sind. Allerdings nähere ich mich dieser Fragestellung nicht als Medienwissenschaftler oder Medienpädagoge, sondern ich verstehe Medienpädagogik als Teil von Kulturpädagogik und Medienbildung daher als spezielle Form von kultureller Bildung.

1 Einleitung: Fragestellung und Zugriffsweisen

Medien als Kultur

Medien sind allgegenwärtig. Es dürfte kaum jemanden geben, der diese Binsenweisheit bestreiten würde. Allerdings kann man nicht davon ausgehen, dass alle, die über Medien sprechen, an dasselbe denken. Vermutlich denken viele an ihr Smartphone, an ihren Rechner und an das Internet. Viele denken jedoch auch an die traditionellen Massenmedien, also an das Fernsehen und das Radio, an Zeitungen und Zeitschriften und vielleicht sogar an Bücher und Broschüren.

Diese beiden Entwicklungen liegen zwar zeitlich einige Jahrhunderte auseinander, doch haben sie die Gemeinsamkeit, dass sie mit erheblichen sozialen, kulturellen und ökonomischen Veränderungsprozessen, viele sprechen sogar von Revolutionen, verbunden sind. Beide Entwicklungen sind zudem technikbasiert und setzen zum Teil erhebliche ökonomische Investitionen voraus. In beiden Entwicklungen hat man allerdings auch Geld verdient. Sie waren und sind zudem beide Gegenstand politischer Interventionen: Es geht auch um Fragen der Macht und Herrschaft.

Bereits diese erste oberflächliche Nennung von Erfahrungen, die jeder in seinem Alltag machen kann, zeigt die Komplexität des Gegenstands und damit die Vielzahl an Möglichkeiten, sich ihm auf sehr unterschiedliche Weisen anzunähern: Man kann sich den beiden genannten Entwicklungen aus einer technischen Perspektive annähern, also Medien als Gegenstand der Technikgeschichte und-theorie betrachten. Man kann ihre soziale, politische und ökonomische Funktion in den Blick nehmen und entsprechend die Sozialwissenschaften, die Politikwissenschaften und die Wirtschaftswissenschaften hinzuziehen.

Man erinnert sich vielleicht daran, dass Jürgen Habermas (1962) von einem „Strukturwandel der Öffentlichkeit" – und dies im Hinblick auf die sozialen, politischen und ökonomischen Veränderungen seit dem 17. und vor allem im 18. Jahrhundert – gesprochen hat, sodass man den Buchdruck und seine Folgen und Anwendungen aufs engste mit dem Projekt der Moderne in Verbindung bringen kann.

Diese gesellschaftliche Relevanz findet man auch bei der zweiten genannten Entwicklung. Man muss nur an verbreitete Etikettierungen unserer aktuellen Gesellschaft als Wissens- oder Informationsgesellschaft erinnern, man muss an das Stichwort der Digitalisierung denken, das heute Thema und Gegenstand der Alltagskommunikation, der Politik und der ökonomischen Praxis sowie aller wissenschaftlicher Disziplinen und auch der Philosophie ist. Die Bedeutung der Medien ist offensichtlich so groß, dass man anscheinend jedes Thema in einem Fachdiskurs auch als Thema der Theorie und Praxis der Medien entwickeln kann.

Die Vielfalt an Facetten und Zugriffsmöglichkeiten bringt allerdings auch einen Wettbewerb und gelegentlich sogar einen Streit um das Deutungsrecht in Fragen der Medienentwicklung und -bewertung mit sich. So unterscheidet etwa ein Handbuch „Theorien der Medien" (Weber 2003) Techniktheorien, ökonomische Theorien, kritische Medientheorien, Zeichentheorien, Kulturtheorien, konstruktivistische Theorien, Systemtheorien, feministische, psychoanalytische, poststrukturalistische und medienphilosophische Theorien.

Diese Aufzählung weist darauf hin, dass diejenigen, die sich mit Medien befassen, zu einem großen Teil ganz unterschiedlichen Professionen angehören. So gibt es Vertreter/innen aus der Soziologie, der Psychologie, der Ökonomie, der Philosophie, der Informatik, der Medizin und Neurowissenschaften, der Technikwissenschaften und den unterschiedlichsten Kulturwissenschaften, die sich mit dem Thema der Medien befassen.

Trotz dieser Dominanz des Medienthemas ist es überraschend, dass sich eine eigenständige Medienwissenschaft erst relativ spät konstituiert, sich dann aber dynamisch entwickelt hat und heute national und international über eine gut ausgebaute scientific community mit zahlreichen Forschungsinstituten, Ausbildungsgängen, Professorenstellen und Fachzeitschriften verfügt (siehe Schröter 2014).

Allerdings hat das nicht dazu geführt, dass sich die oben genannten fachspezifischen Diskurse rund um das Thema Medien nunmehr alle unter die Rubrik „Medienwissenschaft" subsumieren lassen. Vielmehr gibt es nach wie vor erhebliche Konkurrenzkämpfe um das Deutungsrecht. So unterscheidet etwa im Hinblick auf eine sich ebenfalls neu entwickelnde Medienphilosophie Reinhard Margreiter (2016) medieninteressierte Fachphilosophen, wissenschaftstheoretisch engagierte Medienwissenschaftler und spekulativ-experimentierende Medientheoretiker (9), die sich um eine Medienphilosophie bemühen. Er erwähnt, dass es nur zu einem geringen Teil Fachphilosophen/innen sind, die in diesem Feld zu finden sind, die sich „vorwiegend aus erkenntnis- und handlungstheoretischem, aber auch aus kulturphilosophischem und philosophisch-anthropologischem Interesse" (9) mit dem Medienthema befassen. Daneben gibt es empirische Medienwissenschaftler/innen, die nach geeigneten wissenschaftstheoretischen Grundlagen ihres Arbeitsfeldes suchen. Eine besondere Rolle sieht er bei Medientheoretikern, die ihre Ansätze aus „Mixturen aus postmodernen und klassisch-modernen Theorien" entwickelt haben (ebd.).

In der Tat spielen im Bereich der Medientheorie die letztgenannten eine besondere Rolle. Ein Grund dafür besteht darin, dass insbesondere die Vertreter der französischen Postmoderne und des französischen Poststrukturalismus in der Entwicklung der Medien quasi einen empirischen Beleg für ihre oft spekulativen Ansätze fanden, und auf der anderen Seite Wissenschaftler/innen, die nach einer geeigneten Medientheorie suchen, in den dort entwickelten philosophischen Grundlagentheorien eine geeignete Basis zu finden glaubten. Dabei wird zum einen übersehen, dass diese philosophische Entwicklung ihre Hochzeit schon hinter sich hat und oft als bloße Modeerscheinung gesehen wird, und man sich andererseits in einem veritablen Zirkelschluss befindet, da jeweils eine Seite die jeweils andere Seite zur Begründung und Legitimation des eigenen Ansatzes verwendet (siehe hierzu kritisch etwa Raible 2006).

In einer kultur- und erziehungswissenschaftlichen Perspektiven sind natürlich all die genannten politischen, ökonomischen und sozialen Facetten des Medienthemas relevant. In besonderer Weise muss man sich allerdings dafür interessieren, in welchem Verhältnis die Entwicklung des Subjekts zur Entwicklung der Kultur, der Gesellschaft und der Medien steht. Im Kontext des vorliegenden Textes muss dabei die Prioritätsfrage weniger interessieren, also die Frage danach, ob eine Veränderung der psychischen Ausstattung der Subjekte als Entwicklungsmotor für die Medien diente oder ob umgekehrt die Entwicklung der Medien entsprechend die Subjekte formte. Ich gehe vielmehr von einer Co-Evolution der genannten Bereiche Kultur, Subjekt, Medien, Gesellschaft aus.

Nun gibt es die genannte Vielfalt unterschiedlicher legitimer Zugriffsweisen. Meine Annäherung an das Thema kann sich allerdings nicht auf eine spezifische medienwissenschaftliche oder -pädagogische Kompetenz berufen. Vielmehr ist es eine kulturpädagogische Perspektive, die ich einnehme. Analog zu meinen diesbezüglichen Arbeiten frage ich nach der kulturellen Bedeutung von Medien und insbesondere danach, inwieweit sich Medienbildung als kulturelle Bildung verstehen lässt.

Medienbildung als kulturelle Bildung?

Medienpädagogik hat sich schon längst als eigenständige erziehungswissenschaftliche Disziplin in Theorie und Praxis etabliert. Daraus ergibt sich, dass es eine Fülle eigenständiger theoretischer Zugriffsweisen und eine lebendige vielfältige Praxis gibt. Auf einige dieser Zugriffsweisen gehe ich im vorliegenden Text ein. Doch ist dieser Text kein genuin medienpädagogischer Text, weil ich kein Medienpädagoge bin. Ich versuche vielmehr, etwas in der Theorie nachzuvollziehen, was in der Praxis längst geschehen ist: dass nämlich kulturelle Bildung, hier verstanden als Containerbegriff, der die unterschiedlichsten Arbeitsansätze erfasst (siehe hierzu Kapitel 17), als Oberbegriff akzeptiert wird, dem sich Medienpädagogik ebenso einordnet wie etwa Spiel-, Zirkus- oder Museumspädagogik sowie die verschiedenen Pädagogik der traditionellen künstlerischen Ausdrucksformen. Man kann dies etwa damit belegen, dass medienpädagogische Organisationen Mitglieder in kulturpädagogischen Dachverbänden sind oder dass sich auf der Wissensplattform Kubi-online.de viele interessante medienpädagogische Beiträge finden lassen.

Ebenso, wie es in anderen kulturpädagogischen Arbeitsfeldern spezielle Fragestellungen gibt, die mit dem jeweiligen Medium (!) zu tun haben und die nicht durch eine allgemeinere Kulturpädagogik gelöst werden können, gibt es allerdings aus meiner Sicht viele Gemeinsamkeiten, sodass es sich lohnen könnte, sich von dieser Basis einer Allgemeinen Kulturpädagogik aus dem Thema Medien zu nähern.

Als erstes bedeutet dies zu überprüfen, ob Überlegungen, die zu dem Begriff der kulturellen Bildung (vgl. Fuchs 2008) angestellt worden sind, auch bei dem Begriff der Medienbildung Sinn machen. *Kulturelle Bildung kann man als Allgemeinbildung verstehen, die mit spezifischen Arbeitsformen vermittelt wird. Medienbildung wäre dann ebenfalls eine Form von Allgemeinbildung, so wie sie sich im Umgang mit Medien entwickelt.* Offensichtlich ergibt sich daraus die Frage, was unter Allgemeinbildung zu verstehen ist und inwieweit welche Umgangsweisen mit welchen Medien zur Entwicklung einer solchen Allgemeinbildung beitragen. Ich werde in Kapitel 17 näher darauf eingehen.

Auch im Hinblick auf die Vorgehensweise und die Methoden kann man überprüfen, ob eine Übertragung aus der Allgemeinen Kulturpädagogik sinnvoll ist. In meinem Verständnis von Kulturpädagogik baut eine entsprechende Theorie unter anderem auf folgenden „Bausteinen“ und Ansätzen auf: Basis ist eine anthropologische Grundlegung, mit der man versucht, ein Verständnis dessen zu entwickeln, was Menschsein bedeutet. Dies ist insofern relevant, als Pädagogik bedeutet, die Entwicklung der Persönlichkeit zu unterstützen, was insbesondere heißt, dass man die darin steckende normative Dimension im Hinblick auf das Menschenbild reflektieren und begründen muss.

Der Mensch ist beides, ein Natur- und Kulturwesen, sodass man beides, die Anthropogenese und die Kulturgeschichte, zur Kenntnis nehmen muss. Im Rahmen meines Arbeitsgebietes einer Allgemeinen Kulturpädagogik habe ich dies konkret im Hinblick auf die beiden Kulturformen Technik (2019) und Kunst (Fuchs 2011) versucht. Ein analoger Versuch liegt hiermit im Hinblick auf das Thema Medien vor.

Allerdings kann ich nicht auf viele relevante und aktuelle Fragen vertiefend eingehen, mit denen sich die Medienpädagogik heute befassen muss. Dies gilt etwa für Fragen der Inklusion und der Teilhabe. Es ist auch nicht möglich, sich ausführlich und im Einzelnen mit der Vielzahl an Theorien rund um die Medien zu befassen. Jedoch kann man feststellen, dass sich bei aller Medienspezifik hier im Grundsatz dieselbe Problematik ergibt wie in den anderen kulturpädagogischen Arbeitsfeldern.

So kann man zwar davon ausgehen, dass die heutige Gesellschaft eine mediatisierte und vor allem digitalisierte Gesellschaft ist, doch ist es dieselbe Wirtschafts- und Gesellschaftsordnung, mit der es auch die anderen Arbeitsformen zu tun haben und – bei allem zugestandenen gesellschaftlichen Wandel – es sich immer noch um einen Form von Kapitalismus handelt. Das bedeutet etwa, dass man sich mit dem Problem einer nicht realisierten Teilhabegerechtigkeit und in einer wachsenden sozialen Ungleichheit auseinandersetzen muss.

Zwar stellen sich im digitalen Kapitalismus andere und neue Probleme für eine Medienpädagogik, die auf die Versprechungen der Moderne (Freiheit, Gleichheit, Gerechtigkeit) und insbesondere auf die Idee eines handlungsfähigen Subjektes nicht verzichten will, doch ist die Grundproblematik dieselbe wie im Umgang mit den Künsten und ästhetischen Gestaltungsprozessen.

Medienpädagogik muss sich ebenso wie die anderen Felder der Kulturpädagogik mit der Frage auseinandersetzen, inwieweit die Arbeitsformen und die verwendeten Geräte ökologisch und nachhaltig und inwieweit Vorstellungen und Begrifflichkeiten eurozentrisch sind.

Viele dieser Probleme können im vorliegenden Text bestenfalls benannt werden, doch kann man feststellen, dass es gerade in der Medienpädagogik sowohl in der Praxis als auch in der zugehörigen Wissenschaft lebendige und spannende Diskurse gibt, die sich mit diesen und anderen Problemen befassen. Ich werde zumindest versuchen, an den entsprechenden Stellen auf relevante Literatur hinzuweisen. Doch was bedeutet das Verständnis von Medienbildung als kulturelle Bildung für das konkrete Vorgehen?

Zur Methode

Vor diesem Hintergrund erscheinen insbesondere zwei methodische Zugriffsweisen geeignet zu sein, um den Zusammenhang Mensch-Medien-Gesellschaft aufzuklären. Im Rahmen einer Kulturmedienwissenschaft und insbesondere einer historischen Kulturmedienwissenschaft stehen die Medien zwar im Mittelpunkt, aber es werden die Bezüge zur Entwicklung der Sinnlichkeit des Menschen, der Technik, der Künste und dem jeweils vorhandenen Bild von der Wirklichkeit aus buchstabiert. Diesen Weg geht in einer systematischen Absicht etwa Christa Karpenstein-Essbach (2004).

Für eine historische Darstellung der Medienkulturen kann man etwa auf die mehrbändige Darstellung der Medien- als Kulturgeschichte von Werner Faulstich (1997ff.) zurückgreifen. Als Kulturgeschichte der Medien, in der die hier hervorgehobenen Situationen und Entwicklungen der Mediengeschichte ausführlicher dargestellt werden, ist auch das – gegenüber der Reihe von Werner Faulstich anders angelegte - Werk von Wolfgang Raible (2006) zu empfehlen.

Insbesondere ist in auf die „Einführung in die Mediengeschichte“ von Kathrin Fahlenbrach (2019) hinzuweisen, die die Geschichte der Medien als Geschichte der Wahrnehmungsfähigkeit des Menschen, also seiner Sinnlichkeit und Körperlichkeit darstellt. Sie verfolgt die Geschichte der Medien in verschiedenen Durchgängen, in denen jeweils unterschiedliche Sinne und dazugehörige Praktiken im Mittelpunkt stehen, nämlich Sprechen und Hören, Schreiben und Lesen, Zeigen und Sehen sowie abschließend Audiovision.

Spätestens jetzt ist der Zeitpunkt gekommen, die am Anfang dieses Textes begonnene Annäherung an den Begriff der Medien ein Stück weit fortzusetzen. Denn offensichtlich handelt es sich bei dem dort genannten Buchdruck und den digitalen Medien zwar um hochrelevante Bereiche, doch muss man gerade im Hinblick auf eine subjektbezogene Darstellung der Medien den Medienbegriff erheblich erweitern. So sind zunächst einmal die Basismedien von Sprache, Schrift und Zahl mit einzubeziehen, auch weil damit der Fokus auf bestimmte kulturelle menschliche Praktiken des Sprechens und Hörens, des Schreibens, Lesens, Rechnens und bildnerischen Darstellens, also auf „Kulturtechniken", gelegt wird, ganz so, wie es Kathrin Fahlenbrach in ihrer historischen Darstellung tut. Die Entwicklung dieser Basismedien ist aus engste mit der Anthropogenese und der späteren kulturellen Evolution des Menschen verbunden:

> „Medien prägen seit ihren historischen Anfängen die Art, wie wir unsere Welt wahrnehmen und miteinander kommunizieren. Bereits mit der Erfindung der Schrift veränderten sich die Kommunikations- und Wahrnehmungsverhältnisse grundlegend: Gedanken und Ideen werden seitdem nicht mehr nur mündlich zwischen Personen ausgetauscht, sondern wurden schriftlich fixierbar und optisch rezipierbar. Damit entstanden mediale Wahrnehmungs- Kommunikationsformen, wie zuerst das laute und dann das leise Lesen. Wissen wurde durch Schrift archivierbar und seit dem Buchdruck für immer mehr Menschen zugänglich. *Die Geschichte der Medien, ihrer Techniken und Ausdrucksformen ist dabei gleichzeitig geprägt von Prozessen der Ab- und Aufwertung des Körpers.*" (1; meine Hervorhebung; MF).

Es geht also bei dem Thema Medien um den grundsätzlichen Sachverhalt, wie der Mensch seine Beziehung zu sich, zu anderen und zur Welt insgesamt gestaltet, kurz: es geht um die Entwicklung und Transformation seiner Welt- und Selbstverhältnisse. Damit ist zugleich das Thema „Bildung" angesprochen (vgl. Fuchs 2017).

Man ist zudem auf der Ebene grundlegender anthropologischer Sachverhalte angelangt, weswegen man anerkannte Basistheorien aus der Anthropologie und Kulturphilosophie für die Klärung der Medienproblematik nutzen kann. An dieser Stelle will ich nur knapp auf das Konzept der „exzentrischen Positionalität" von Helmuth Plessner (1976) sowie auf die „Philosophie der symbolischen Formen" von Ernst Cassirer (1990) hinweisen. Beide Konzepte und Ansätze werde ich in späteren Kapiteln aufgreifen. Bereits jetzt will ich im Hinblick auf einen weiten Medienbegriff die unterschiedlichen symbolischen Formen von Ernst Cassirer benennen, die insofern als Medien verstanden werden können, als sie unterschiedliche Möglichkeiten des Zugangs des Menschen zu sich und zur Welt darstellen: Sie sind Medien, verstanden als Mittleres, in ihrer Funktion des Trennens und Verbindens, des Erschließen, Verstehens, Beherrschens. Die Entwicklung dieser Medien (Cassirer 1990 nennt die Sprache, die Wissenschaften, die Künste, die Ökonomie, die Technik, die Politik, den Mythos und die Religion) sind ein entscheidender Motor in der Anthropogenese, insofern sie einen evolutionären Vorteil für den Bestand und die Weiterentwicklung der Gattung Mensch darstellen (Fuchs 2011a, 2017; Dux 2000). Man sagt nicht zu Unrecht, dass der Einfluss des Menschen so weit reiche, wie seine Mittel reichen. Dies ist es, was ich mit einem „weiten Medienbegriff" bezeichne.

Auf die Problematik einer Vorab-Definition des Medienbegriffs gehe ich in Kapitel 14 ein. Insgesamt sollen die folgenden Kapitel auch dazu dienen, Aspekte und Dynamiken eines sich ausdifferenzierenden Verständnisses von „Medien" in ihrer historischen Entwicklung aufzuzeigen und so Bestimmungsmomente eines Medienbegriffs zu sammeln. Hierbei haben anthropologische Überlegungen eine große Bedeutung.

Das Konzept der exzentrischen Positionalität von Helmuth Plessner wird dort eine wichtige Rolle spielen, wo es darum geht, die Fähigkeit zu einer kritischen Selbstreflexion des Menschen – ebenfalls als ein Motor seiner Entwicklung – in den Blick zu nehmen. Diese Fähigkeit zur Selbstreflexion ist dabei nicht bloß der kognitiven Seite des Menschen zu eigen, sondern man kann zeigen, dass auch seine Sinne (und die dazugehörigen Organe) selbst reflexiv funktionieren. Auch wenn die beiden genannten Autoren (Plessner und Cassirer) Philosophen sind und ihre diesbezüglichen Arbeiten rund 100 Jahre alt sind, man ihre Konzepte und Theorien also zu dem weiten Feld hochspekulativer Ideen zum „Wesen oder der Natur des Menschen" rechnen könnte, spielen sie m. M. n. insofern eine besondere Rolle, als ihre Ansätze kompatibel mit jüngsten empirischen Forschungen aus dem Bereich der evolutionären Anthropologie sind (siehe etwa Tomasello 2006, 2010a und b)

So wichtig es also ist, bei der Suche nach anthropologischen Grundlagen der Medien von einem sehr weiten Medienbegriff auszugehen, so notwendig wird es sein, im weiteren Verlauf den Medienbegriff einzuschränken, also von einem flexiblen Medienverständnis ausgeben müssen (vgl. Sandbothe 2004).

In einem ersten Teil dieser Arbeit wird die Fähigkeit zur Sprache und die Fähigkeit zu sprechen im Mittelpunkt stehen. Man kann bereits an diesem sehr basalen Medium eine große Fülle an Facetten aufzeigen, die bis hin zur neuesten Entwicklung digitaler Medien eine hohe Relevanz haben.

Ein weiterer Entwicklungsschritt befasst sich mit der Entwicklung der Schrift, insbesondere mit der Alphabetschrift. Es geht dabei um das Verhältnis von Oralität und Literalität, das schon in der antiken griechischen Philosophie intensiv und kontrovers diskutiert wurde. Es geht um Fragen des Gedächtnisses, es geht aber auch um ein neues Verständnis solch basaler Kategorien wie etwa Raum oder Zeit, die sich bei der Entwicklung neuer Medien zwangsläufig verändern müssen. Medien sind nämlich nicht bloß neutrale Vermittler oder Boten zur Überbringung von Informationen: Sie produzieren neue Wirklichkeiten, sodass man suggestiv von einer „neuen Ontologie" gesprochen hat, die durch Medien entstehe. Nicht zuletzt geht es darum, dass das Bild, das man sich jeweils vom Menschen macht, durch die Entwicklung der Medien entscheidend verändert wird, sodass Marshall McLuhan von einem „typographischen Menschen" (in Bezug auf den Buchdruck: McLuhan 1968) gesprochen hat und man heute gelegentlich von einem „digitalen Subjekt" spricht (Carstensen 2014).

Offenbar wusste man schon sehr früh, dass die Entwicklung der Medien zwar erhebliche Fortschritte mit sich bringt, dass man allerdings auch einen Preis bezahlen muss, der in der Verkümmerung menschlicher Kompetenzen und insbesondere seiner Sinnlichkeit gesehen wird. Aktuelle Debatten über die schädlichen Folgen eines zu hohen Medienkonsums, wie man sie aus dem Umgang von Heranwachsenden mit den neuen audiovisuellen Medien seit der zweiten Hälfte des 19. Jahrhunderts bis hin zu aktuellen Warnungen vor einer „digitalen Demenz" (Spitzer 2012) kennt, haben offenbar Vorläufer in der Geschichte.

Dass die Erfindung des Buchdrucks die Grundlage für die dynamische soziale, politische und kulturelle Entwicklung der folgenden Jahrhunderte war, ist inzwischen unstrittig. Es liegen profunde Studien über die Komplexität dieses Prozesses vor, bei denen es sich insbesondere lohnt, sie im Hinblick auf die Folgen für das Subjekt und seine geistigen Dispositionen zu untersuchen. Dies ist unter dem Stichwort „Psychodynamik" ein Schwerpunkt in dem Standardwerk von Walter Ong (1987).

Mit den Teilen 2 und 3 befindet man sich mitten in aktuellen Debatten über die kulturelle Verarbeitung zunächst der elektrisch und dann auch der elektronisch basierten Massenmedien. Insgesamt wird es interessant sein, auch im Rahmen einer Gewinn- und Verlustrechnung hinsichtlich der Medienentwicklung die mit diesen verbundenen Spekulationen über die zukünftige Entwicklung in den Blick zu nehmen. Man wird apokalyptische Katastrophenszenarien genauso finden wie überbordende Utopien, wie durch die jeweils aktuellen Medien ein Reich der Freiheit und des Wohlstandes entstehen könnte.

Interessant in diesem Zusammenhang ist auch, wie man immer wieder versucht hat, zum einen die zunächst vorhandene Fremdheit bei neu entstehenden Medien durch metaphorische Bezüge etwa auf die Natur oder vorhandene Traditionen zu überwinden. Die heutige Rede von einem „Netz", von einem „globalen Dorf", von einem „Surfen" mithilfe von Suchmaschinen sind Beispiele hierfür. Es wird aber auch der umgekehrte Weg praktiziert, wenn man etwa inzwischen etablierte Medien zur Erläuterung abstrakter Zusammenhänge in anderen Feldern verwendet. So gibt es eine lange Tradition bei der Verwendung der Rede von einem „Lesen im Buch der Natur", wenn es um die Entwicklung der theoretischen Naturwissenschaft geht.

Teil 1
Sprache, Zahl, Schrift und Bild: Die Anfänge

2 Einige theoretische Vorüberlegungen

Es dürfte heute kaum noch Anhänger eines Sensualismus geben, so wie ihn etwa John Locke philosophisch begründet hat: dass der Mensch nämlich eine tabula rasa ist und sich erst nach und nach Begriffe und logische Strukturen in seinem Geiste auf der Basis seiner sinnlichen Wahrnehmung bilden. Vielmehr ist davon auszugehen, dass bei jedem sinnlichen Zugang zur Welt bereits Begriffe und Vorbegriffe vorhanden sind, die den Wahrnehmungsgegenstand als relevant für den beabsichtigten Zweck identifizieren, die die Wahrnehmung strukturieren und die letztlich aufgrund einer parallel dazu stattfindenden emotionalen Bewertung zu Erkenntnissen führen (vgl. Fuchs 2017). Dies dürfte selbst bei überzeugten Verfechtern eines induktiven Vorgehens unstrittig sein.

Dass sich im Zuge dieses Wahrnehmungs- und Erkenntnisprozesses auch das begriffliche Instrumentarium weiterentwickelt, kann man sowohl im Hinblick auf die Entwicklung des Einzelnen (etwa im Rahmen der kognitiven Entwicklungspsychologie von Jean Piaget) als auch hinsichtlich der Entwicklung der Gattung Mensch zeigen (Dux 2000). In dieser Entwicklungsmöglichkeit liegt ein wesentlicher Motor für die Anthropogenese. Dies wird insbesondere in Ansätzen einer evolutionären Erkenntnistheorie thematisiert. Erkennen ist also ein dynamisches Wechselspiel von Wahrnehmung und begrifflicher Verarbeitung, von Rezeption und Konstruktion. Dies gilt auch im Hinblick auf das hier im Mittelpunkt stehende sprachliche bzw. kommunikativen Verhalten des Menschen, verstanden als wesentliches Element der Entwicklung und Transformation von Welt- und Selbstverhältnissen.

Sprache erscheint im Alltag als etwas Selbstverständliches. Schwierigkeiten werden oft nur dann bewusst, wenn es Probleme mit der Sprachfähigkeit und insbesondere mit der Verständigung gibt. Das Nachdenken über die Sprache wird zudem mit dem Problem konfrontiert, dass man auch hierfür Sprache benötigt, sodass man den Eindruck bekommen kann, dass die Sprache zwar Möglichkeiten schafft, dass sie zugleich allerdings auch eine Begrenzung darstellt.

Bevor ich einige systematische Zugangsweisen zur Sprache vorstelle, will ich eine – sicher unvollständige – Phänomenologie von Verständnisweisen von Sprache wiedergeben, wobei bei einzelnen Funktionen und Verständnisweisen bereits Namen von Autoren angegeben werden, für die die jeweilige Funktion eine besondere Bedeutung hat (siehe etwa Borsche 1996).

Sprache als

- Weltverhältnis (Bertram)
- Selbstverhältnis (Bertram)
- Wissen (Leibniz, Chomsky)
- Zeichensystem (Morris, Peirce)
- Medium
- Streitfall
- Werkzeug
- Bildung (Humboldt)
- Kommunikation (Watzlawik)
- Weltansicht (Humboldt, Sapir, Whorf)
- Manipulation
- evolutionärer Vorteil (Tomasello)
- Aufklärung oder Verheimlichung
- spezifisch Menschliches (Anthropologie, Herder)
- Kultur (Cassirer)
- Kunst (Trabant)
- Gegenstand der Liebe (Philologie) oder des Hasses (Philosophie) (Trabant)
- Waffe (Pörksen)
- Distinktion (Bernstein)
- Heimat (Heidegger)
- Gefängnis
- Kompetenz (Coseriu)
- Gegenstand verschiedener Disziplinen
- Alltagserscheinung
- Gefühl
- Intellektualität/Geist (Leibniz)System (Luhmann)
- Niedergang der Kultur
- Angeborenes, Genetisches (Pinker)
- Macht und Herrschaft (Orwell)
- Konvention
- Spiel (Wittgenstein)
- Machtfaktor (Rhetorik)
- Können (Coseriu)
- Teil des Diskurses (Foucault)
- Subjektivierung (Foucault)
- Schnittstelle zwischen Natur und Kultur (Trabant)
- Tätigkeit/Handeln (Sprechakttheorie)
- Vielfalt und als
- Reichtum (Trabant, UNESCO)
- symbolische Form (Cassirer, Langer)
- Struktur (Saussure)
- Veränderliche/im Wandel
- Gegenstand der Kritik (Kulturkritik)
- Magie

Offensichtlich ist diese Ansammlung von Verständnisweisen noch ungeordnet, doch lassen sich unterschiedlichste Facetten von Sprache und ihrer Verwendung erkennen, die im Fortgang dieses Textes nach und nach systematisch thematisiert werden. Insbesondere ergeben sich viele Fragestellungen, über die im Laufe der Geschichte immer wieder vehement diskutiert wurde: Woher kommt die Sprache? Wie entwickelt sich die Sprache? Warum gibt es so viele Sprachen? Wie lässt sich die innere Struktur der Sprache bzw. der vielen Sprachen in ihrer Verschiedenheit verstehen? Wieso funktioniert die Sprache - und wieso funktioniert sie gelegentlich nicht? Welche Funktionen hat sie? Wann werden welche Funktionen von Sprache relevant und thematisiert? Wie ist der Bezug der Sprache zur Realität?

Eine gewisse Einigkeit besteht darin, dass Sprache relevant ist für das Überleben der Menschen und sich deshalb immer auch – bei aller Akzeptanz des konstruktiven Charakters –auf eine objektive Realität beziehen muss (vgl. Keil 2003, 555 f.). In diesem Zusammenhang spricht Keil von einer kognitiven, einer erkenntniskonstitutiven und einer welterschließenden Funktion von Sprache (552).

Eine wichtige Unterscheidung im Hinblick auf Sprache besteht darin, dass man gesprochene von geschriebener Sprache unterscheiden kann. Offensichtlich gibt es Konjunkturen bei der Beschäftigung mit Sprache, sodass einmal gesprochene Sprache – etwa in den bereits in der Antike zu findenden Anleitungen zu einer geschickten Rhetorik, also einem nützlichen Gebrauch von Sprache etwa vor Gericht oder in der Politik – im Mittelpunkt steht, zum anderen gab es allerdings auch Zeiten, in denen man bei Sprache nur an geschriebene Sprache gedacht hat. Paradox ist etwa der Umgang von Platon mit diesem Thema, wenn er sowohl das Mündliche als auch das Schriftliche kritisiert, diese Kritik in schriftlicher Form niederlegt, sie aber einer mündlichen Auseinandersetzung von Sokrates in den Mund legt.

Zeitlich liegt es auf der Hand, dass die Erfindung der Schrift lange Zeit nach der Entwicklung der gesprochenen Sprache erfolgt ist. Man geht sogar davon aus, dass die Entwicklung der Sprachfähigkeit ein essenzieller Teil der Anthropogenese ist. Der Ethnologe André Lerois-Gourhan (1980) zeigt die enge Verbindung zwischen dem aufrechten Gang und der dadurch möglichen Freisetzung der Hände, der engen Beziehung zwischen der Handfertigkeit und Technik, dem Auge, der geistigen Entwicklung und der Sprachfähigkeit.

Wer über Sprache spricht, spricht immer auch über die zugehörige Sinnlichkeit des Menschen. Denn die gesprochene Sprache ist aufs engste verbunden zum einen mit der Stimme und ihrer Entwicklung und zum anderen mit dem Hören (Göttert 1998). Man muss dabei vielfältige Rückkopplungseffekte berücksichtigen, nämlich zum einen die Reflexivität des Hörens: Man hört nämlich nicht bloß von außen herangetragene Laute, man erlebt sich zugleich selbst als Hörenden und insbesondere kann man seine eigene Stimme hören. Die Entwicklung der Stimme wiederum setzt bestimmte anatomische Prozesse bei der Herausbildung der Stimmwerkzeuge im menschlichen Körper voraus. Die folgende Graphik ordnet Sprechen und Hören in den Gesamtzusammenhang der Sinne des Menschen ein. Dabei muss berücksichtigt werden, dass die Frage nach der Anzahl der Sinne ein Streitpunkt ist. So kann man heute über die bekannten fünf Sinne weitere Sinne identifizieren (etwa den Gleichgewichtssinn), die hier unter der Rubrik „Körper" subsumiert werden.

Natürlich ist das Nachdenken über diese Prozesse von vielfältigen Kontroversen geprägt. So gibt es einen Streit darüber, ob die Sprachfähigkeit genetisch angelegt ist (so etwa Steven Pinker 1996) oder ob sie durch kulturelle Prozesse entsteht. Damit ist man allerdings bereits im Bereich der Sprachreflexion und der Vielfalt von Sprachtheorien angelangt, speziell der Sprachursprungstheorien. Das Problem im Hinblick auf die Frage nach der Genese der Sprachfähigkeit besteht darin, dass man gesprochene Sprache erst seit etwa 150 Jahren konservieren kann, man also für die längste Zeit der menschlichen Entwicklung auf Spekula-

Graphik 1: Der Mensch und seine Sinne

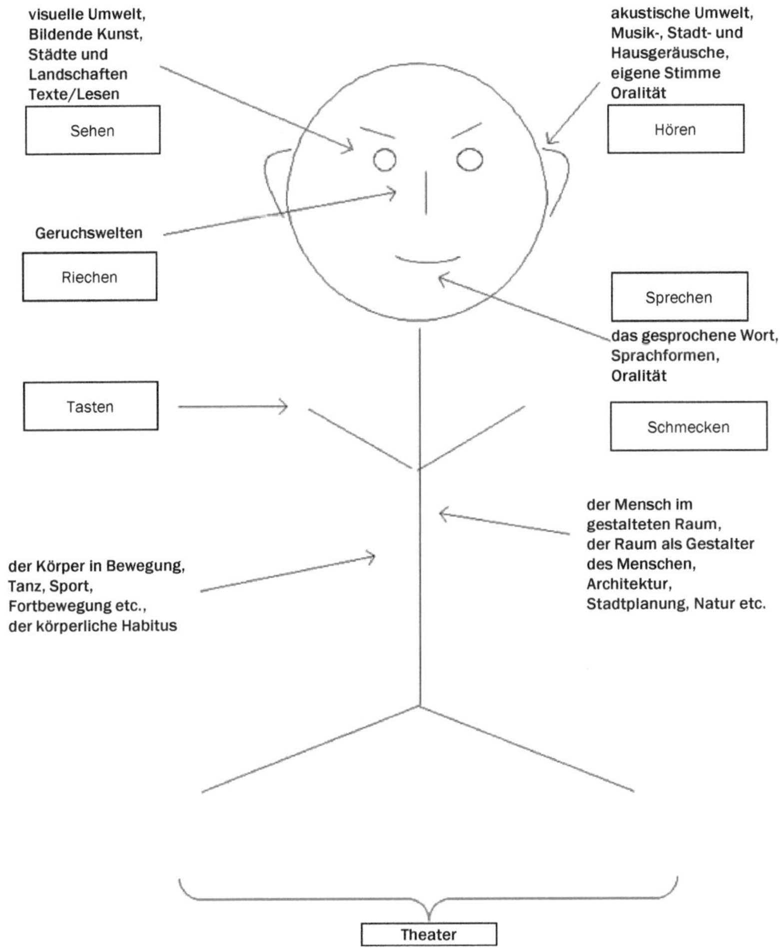

tionen angewiesen ist. Gesprochene Sprache hinterlässt keine Artefakte, die man im Hinblick auf notwendige Kompetenzen und Fähigkeiten untersuchen könnte, die für ihre Herstellung und Nutzung notwendig waren.

Vor diesem Hintergrund haben sich immer wieder zwei Wege angeboten: Zum einen die Untersuchung der Ontogenese der Sprachfähigkeit, weil immer wieder der Gedanke der Parallelität von Ontogenese und Phylogenese attraktiv für die Forscher war. Zum anderen waren es ethnologische Studien bei Menschen und Völkern, die noch nicht den Prozess der Zivilisation gegangen sind. Beides ist unbefriedigend, doch hat es in den letzten Jahrzehnten erhebliche Fortschritte im Bereich der evolutionären Anthropologie und den dort stattfindenden empirischen Untersuchungen gegeben. Eine gut belegt und weithin akzeptierte Theorie ist etwa von der Arbeitsgruppe rund um Michael Tomasello entwickelt worden. Ich gehe später darauf ein, will nur kurz hier anmerken, dass dieser Ansatz von einer engen Verbindung von Kooperation, Koordination und Kommunikation ausgeht.

Ein weiteres Problem besteht darin, den spezifischen Unterschied menschlicher Kommunikation im Vergleich mit tierischer Kommunikation herauszuarbeiten. Denn offensichtlich findet auch in der Tierwelt Kommunikation statt, etwa bei Signallauten, wenn sich Fressfeinde annähern oder wenn es – wie bei der Sprache der Bienen – um eine Mitteilung über ertragreiche Nahrungsquellen geht.

Diese Hinweise beziehen sich auf das Verständnis von Sprache als Kommunikationsmittel, sodass man entsprechende Kommunikationstheorien zurate ziehen kann, wie sie etwa von Karl Bühler und seinen Nachfolgern entwickelt wurden. Sprachliche Zeichen werden im Rahmen dieses Organonmodells als dreigliedrige Beziehung des Zeichens zum Sender (Ausdruck), zu Sachverhalten bzw. Gegenständen (Darstellung) und Empfänger (Appell) verstanden.

Graphik 2: Das Zeichenmodell von Morris

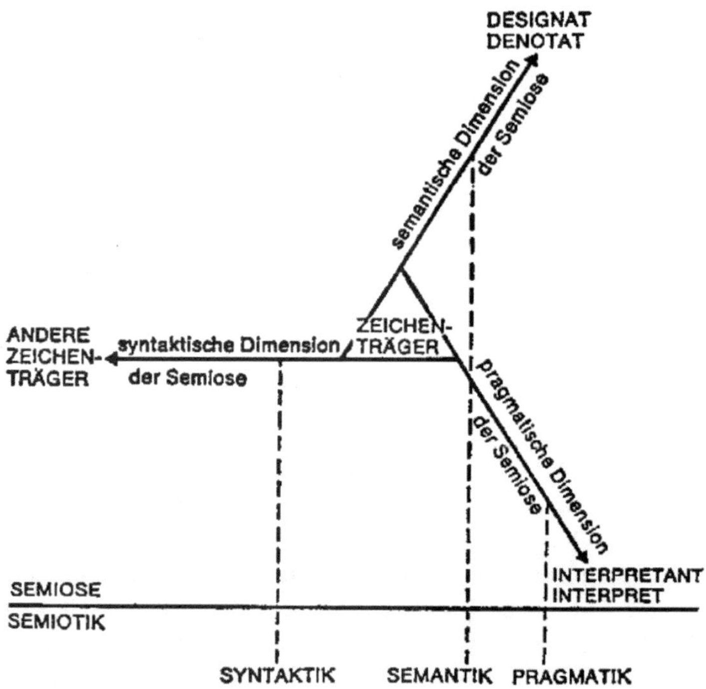

(Quelle: Kübler 1994, S. 15)

Graphik 3: „Das Organonmodell der Sprache“ Karl Bühlers

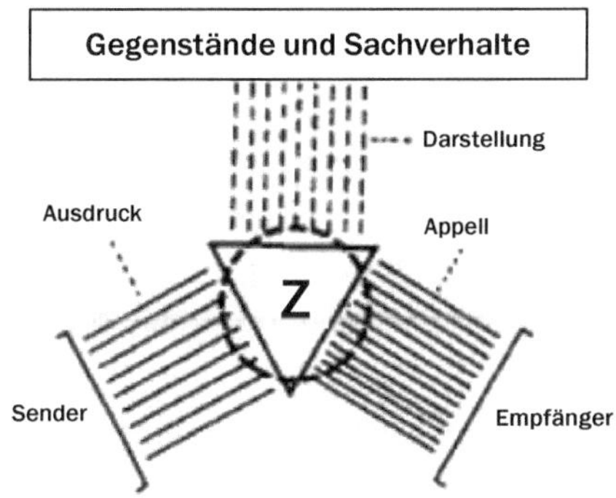

(Quelle: Bühler 1982, S. 28)

In einer semiotischen Perspektive, die Sprache als Zeichensystem versteht, kann man drei bzw. vier Dimensionen eines Zeichens unterscheiden, nämlich die Syntax (als Relation Zeichen-Zeichen), die Pragmatik (als Relation Zeichen-Verwender), die Semantik (als Beziehung Zeichen-Bedeutung) und die Sigmatig oder Referenz (als Beziehung Zeichen-Objekt).

Graphik 4: Ein semiotisches Zeichenmodell

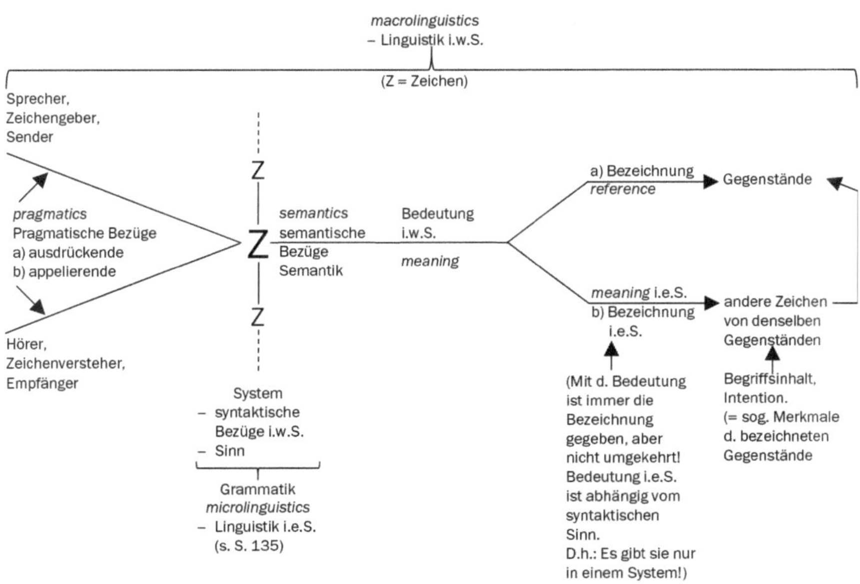

Quelle: Krausser in Whorf 1963

Ein weiterer Ansatz, auf den ich bereits in der Einleitung hingewiesen habe, ist ein symboltheoretischer, so wie er etwa von Ernst Cassirer ausgearbeitet worden ist. Ein Symbol ist zunächst einmal die Verbindung eines materiellen Trägers mit einer bestimmten Bedeutung. Mithilfe eines Symbols kann der Mensch das Spektrum seiner Einflussmöglichkeiten deutlich erweitern. Man überbrückt etwa die Zeit (Zukunft und Vergangenheit), indem man etwas zum aktuellen Zeitpunkt nicht Vorhandenes vergegenwärtigen kann. Man überbrückt den Raum, weil man etwas an einem anderen Ort Befindliches thematisieren kann, man also nicht auf dessen gegenständliche Präsenz angewiesen ist. Symbole ermöglichten die Kommunikation, die Koordination und Kooperation, weil sie die Aufmerksamkeit in einem gegebenen Bedeutungsrahmen der betreffenden Gruppe von Menschen, der auf der Basis gemeinsamer Erfahrungen entstanden ist, lenken und konzentrieren. Also auch in symboltheoretischer Hinsicht wird die Sprache zu einem machtvollen Mittel der Entwicklung von Welt- und Selbstverhältnissen. Neben der Sprache kennt Cassirer eine Reihe weiterer symbolischer Formen als Zugangsweisen des Menschen zu sich und der Welt, siehe Graphik 5.

Graphik 5: System der symbolischen Formen (Ernst Cassirer)

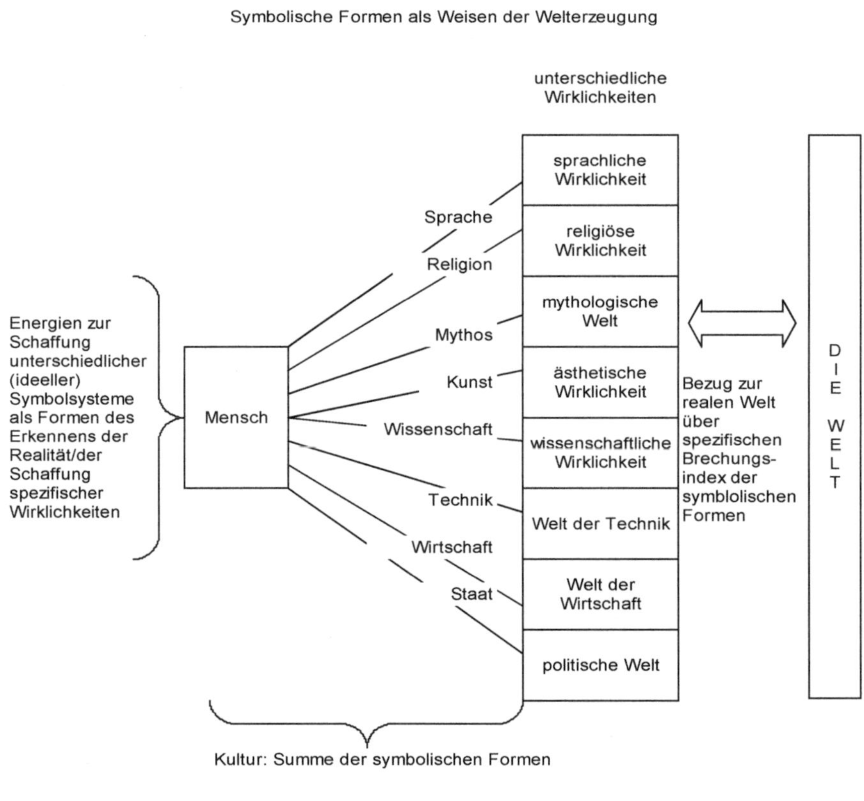

Beide Ansätze, der zeichentheoretische und der symboltheoretische Ansatz, werden in der (Medien-)Pädagogik genutzt. Für die Symboltheorie siehe etwa den

Sammelband Belgrad/Niesyto (2001), bei dem insbesondere die Rolle von Bildern und Filmen bei Prozessen des Symbolverstehens und der Symbolproduktion in pädagogischen Kontexten hervorgehoben wird. Im Rahmen des iconic turns in den Kulturwissenschaften (vergleiche Bachmann-Medick 2006) und in der Praxis der Mediennutzung und der Medienpädagogik spielt dies heute in Zeiten des Streamings, der Digitalfotografie, der sozialen Medien und von YouTube eine zentrale Rolle (zur Grundlegung einer solchen Symboltheorie siehe etwa Fuchs 2011a). Ein zeichentheoretischer Zugang ist ebenfalls ertragreich, wie etwa Herzig (2012) zeigt. Man muss dabei keineswegs die beiden Ansätze gegeneinander ausspielen, sondern kann sie jeweils dort nutzen, wo sie ertragreich angewandt werden. Ich selbst bevorzuge zwar den symboltheoretischen Ansatz, habe aber in früheren mathematikdidaktischen Arbeiten und auch bei jüngeren Analysen zur Kulturpolitik (Fuchs 2011b) den semiotischen Ansatz als hilfreich empfunden.

Ernst Cassirer hat in einer frühen Studie etwa gezeigt, in welcher Weise bereits das Vergeben von Götternamen Macht verleiht. Denn man personalisiert dadurch zunächst anonyme Naturmächte, denen man bislang hilflos unterworfen war und über die man daher nunmehr sprechen kann. Man kann Erfahrungen damit austauschen und kann sogar versuchen, im Rahmen religiöser Kulte diese Götter im eigenen Interesse zu beschwören. Damit entwickelt man bestimmte Ordnungsvorstellungen und grenzt das Gefühl des Ausgeliefertseins ein. Die Fähigkeit zum Symbolgebrauch hat also entschieden etwas mit Fragen der Macht und Herrschaft zu tun.

Offenbar ist die Macht der Sprache und des Auditiven so groß, dass sie sowohl in den Naturwissenschaften als auch in den Religionen eine entscheidende Rolle spielt. Jochen Hörsch (2004, 23) weist auf die Theorie des Urknalls (!) hin, mit dem vor etwa 12 Milliarden Jahren das Universum zu existieren begonnen hat. Es war also eine akustische Erscheinung, mit der das Sein seinen Anfang nahm. Aufschlussreich ist auch der Hinweis auf die Bibel. So heißt es bei Johannes im Neuen Testament: „Im Anfang war das Wort." In der Genesis ist zu lesen:

> „Und Gott *sprach*: Es werde Licht! Und es ward Licht. Und Gott sah, dass das Licht gut war. Da *schied* Gott das Licht von der Finsternis und *nannte* das Licht Tag und die Finsternis Nacht." (zitiert nach Trabant 2006, 15)

Gott sprach, und durch die Macht dieser Sprache entstand die Welt. Interessanterweise gab es offensichtlich für das Sprechen Gottes in den ersten fünf Tagen der Genesis keinen Menschen, der ihn hören konnte. Gott verleiht zudem den grundlegenden Dingen einen Namen, überlässt allerdings den Rest der Namensgebung die Menschen:

> „Und der Mensch gab einem jeglichen Vieh und Vogel unter dem Himmel und Tier auf dem Felde seinen Namen." (ebd., 16)

Es ist also nicht die Sprache als Abstraktum, sondern es ist die gesprochene Sprache, die hier der entscheidende Machtfaktor ist. Die Sprache ist es auch, die ihre Fähigkeit zur Manipulation und Verführung bereits in dieser ersten Etappe der Menschheitsgeschichte zeigt: Es war die Schlange, die Eva dazu verführt, den verbotenen Apfel zu nehmen. Interessant in diesem Zusammenhang ist die enge Verbindung der Sprache zu Wissen: Denn es ist das Versprechen auf ein umfassenderes Wissen, als es die Menschen bis dahin zur Verfügung hatten. Mit Sprache straft Gott allerdings später auch die Menschen, mit denen er – wieder einmal – unzufrieden war: Es ist die Geschichte vom Turmbau zu Babel.

Die seither existierende Vielfalt an Sprachen und die Unmöglichkeit, dass sich nunmehr jeder Mensch mit jedem anderen Menschen problemlos verständigen kann, war dann auch die entscheidende Ursache für die Neugierde des Menschen, nämlich für die Frage, ob es eine Ursprache gibt. Bekannt sind die barbarischen Menschen-Experimente etwa von Friedrich II, neu geborene Kinder einzuschließen mit dem strengsten Verbot, mit ihnen zu sprechen, um auf diese Weise herauszufinden, ob sich an den ersten Lautäußerungen dieser Kinder eine „Ursprache" erkennen ließe. Solche Versuche wurden mehrfach in der Menschheitsgeschichte unternommen und sie endeten in den meisten Fällen für die beteiligten Kinder tödlich (Kuckenburg 1980, 11 ff.).

Ich will dieses Kapitel beenden mit einem Hinweis auf einige Strukturierungsvorschläge für das komplexe Feld der Medien, die ich dem Buch von Kathrin Fahnenbrach (2010) entnehme.

So werden vor dem Hintergrund von Überlegungen von Roland Posner die folgenden vier Medienbegriffe unterschieden:

1. *physikalischer Medienbegriff*: Bezug auf ein physikalisches Medium der Vermittlung, zum Beispiel „Schall-Medien", „Licht-Medien", „elektronische Medien" oder „digitale Medien".
2. *Biologischer Medienbegriff*: Bezug auf vermittelnde Sinnesorgane, mit denen Informationen aufgenommen werden, zum Beispiel „visuelle"-, „akustische"-, „audio-visuelle Medien".
3. *Technischer Medienbegriff*: Bezug auf technische Apparaturen der Vermittlung, zum Beispiel „Druckmedien", „Rundfunkmedien", oder „Online-Medien".
4. *kultureller Medienbegriff*: Bezug auf kulturelle Konventionen als Medien der Vermittlung, zum Beispiel „Mediengenre", „Mediengattungen" oder „Medienprogramme". (3)

Hilfreich ist auch die folgende Typologie (unter Bezug auf Harry Pross 1970):

1. *Primäre Medien*: Medien des menschlichen Elementarkontaktes, die keinerlei apparative Technik implizieren, wie Stimme, Mimik, Gestik und andere Aspekte der Körpersprache.
2. *Sekundäre Medien*: Medien, die auf einer technischen Apparatur zum Herstellen kommunikativer Zeichen beruhen, die ohne technische Apparaturen rezipiert werden können, wie Schrift, Druckmedien, Musik, Flaggen oder Grafiken.
3. *Tertiäre Medien*: Medien, die zur Produktion und Rezeption kommunikativer Zeichen technische Apparaturen voraussetzen, wie Schallplatte, Telefon, Film, Fernsehen, Radio oder Computer. (3f.)

Auch das spezifische Erkenntnisinteresse dieses Buches ist in unserem Zusammenhang relevant:

> „Im Vordergrund steht dabei die Frage, wie unterschiedliche Medientechniken und mediale Ausdrucksformen im Laufe der Zeit menschliche Wahrnehmung und Sinne angesprochen haben bzw. dies bis heute tun. Daran schließt sich die Frage an, welche prägenden kommunikativen Funktionen diese Medientechniken und Ausdrucksformen in ihren Arten der Sinnesadressierung entwickelt haben." (9)

3 Hinweise zur Anthropogenese von Sprache, Zahl und Bild

Anthropologie als das Wissen und die Wissenschaft vom Menschen hat einen schweren Stand. Zum einen gibt es die Feststellung von Charles Taylor, der Mensch sei ein sich selbst interpretierendes Tier. Diese Aussage hat eine lange Tradition. So heißt es bereits bei dem Orakel von Delphi: Erkenne dich selbst. Mit Sokrates wird in der griechischen Philosophie die Wende von der Naturphilosophie zur Thematisierung des Menschen und seinen Bedürfnissen und Handlungen markiert.

Seither gibt es eine große Fülle an Versuchen, die „Natur oder das Wesen des Menschen" zu bestimmen (siehe Fuchs 1998). In der jahrtausendealten Geschichte dieser Bestimmungsversuche finden sich alle möglichen Merkmale, die insbesondere den Menschen vom Tier unterscheiden sollen: Religion, Kunst, Recht, Sprache, Denken, Politik, Bewusstsein und vieles mehr. All diese Versuche waren notwendigerweise hochspekulativ und zudem sehr stark weltanschaulich geprägt (vgl. Menze 1993). Immerhin wurde die anthropologische Fragestellung durch Kant geadelt, als er feststellte, dass sich in der Frage nach dem Menschen alle anderen philosophischen Grundfragen (nach Wissen, Glauben und Handeln) bündeln. Und trotzdem hatte man weiter Probleme mit dieser Disziplin.

Es waren nicht bloß die Schriften von Michel Foucault (v. a. 2019 mit seinem berühmten Schlusssatz vom Menschen, der „verschwindet wie am Meeresufer ein Gesicht im Sand"; ebd. 462; siehe auch Kapitel 15), die zu einer radikalen Abwehr des anthropologischen Denkens führten. Denn neben dem genannten Grund einer äußerst fragilen Wissenschaftlichkeit der Bestimmungsmerkmale gibt es weitere profunde Gründe, skeptisch gegenüber der Anthropologie zu sein. So wirft man mit einer gewissen Berechtigung vielen anthropologischen Entwürfen einen Eurozentrismus vor, denn allzu leicht waren die jeweils proklamierten Bestimmungsmerkmale nur vor dem Hintergrund der Geschichte westlicher Länder verständlich, sodass man ein Menschenbild, das sich historisch in einem bestimmten Kulturkreis entwickelt hat, normativ verabsolutiert hat: Aus dem Sein wurde ein Sollen, an dem sich alle anderen Teile der Welt zu orientieren hatten.

Anthropologie wurde daher zu einem wichtigen Kampfplatz um kulturelle, ökonomische und politische Hegemonie und um ein generelles Deutungsrecht in allen menschlichen Belangen. Anthropologie wurde zudem immer wieder politisch vereinnahmt, etwa in der Zeit des Nationalsozialismus, als man glaubte, auf empirische Weise, nämlich mit Messungen am Körper, eine rassistische Ideologie pseudowissenschaftlich begründen zu können. Interessanterweise fand dieser Rückfall ins Ideologische zu einer Zeit statt, als es schon längst seriöse Ansätze zu einer philosophischen Anthropologie begeben hat. So haben bereits Mitte der 1920er Jahre die Kölner Philosophen Max Scheler und Helmuth Plessner ihre jeweiligen Entwürfe vorgelegt, wobei die kurze Schrift von Max Scheler die Aufmerksamkeit des Publikums so vereinnahmte, dass die profunde und schwieriger zu lesende Schrift von Helmuth Plessner zunächst einmal in den Hintergrund gedrängt wurde. Darunter litt Helmuth Plessner noch Jahrzehnte später, dass nämlich seine Schrift bloß als Langfassung des Büchleins von Scheler verstanden wurde, sodass man ihre Lektüre für verzichtbar hielt. Dies dürfte sich allerdings inzwischen entschieden verändert haben. Zudem veröffentlichte Martin Heidegger, der sich selbst als ausgewiesener Gegner der Anthropologie verstand, zur selben Zeit sein Buch „Sein und Zeit“ und bestimmte aufgrund seines charismatischen Auftretens für längere Zeit die Debatten. Nicht hilfreich war es für die Rezeption und Anerkennung der Anthropologie, dass prominente Repräsentanten der Philosophie, die sich für Anthropologie stark machten, sehr stark die Nähe zu nationalsozialistischen Machthabern suchten (etwa Arnold Gehlen oder der spätere akademische Lehrer von Jürgen Habermas, Erich Rothacker).

Ein weiterer wichtiger Gegner anthropologischen Denkens findet sich in der Ethnologie. Dies ist insofern verständlich, als Ethnologen versuchen, gerade nicht mit einem vorgefassten Menschenbild ihre Forschungen in außereuropäischen Regionen durchzuführen und von daher zu vehementen Befürwortern einer Vielfalt nicht bloß von Kulturen (etwa im Anschluss an Herder), sondern auch von Menschenbildern und Lebensweisen gehören. Dass dies gerade der ersten Generation der Ethnologen und Ethnologinnen nicht immer gelungen ist, sondern dass vielfach ihre je nationalen und kulturellen Vorbehalte und Vorurteile in ihren Forschungsberichten zu finden sind, ist inzwischen bekannt.

Interessanterweise sind es heute Ethnologen, die mit dem lange Zeit in diesem Kontext verpönten Begriff der Universalien, also Gemeinsamkeiten, die bei allen Menschen und Menschengruppen zu finden sind, arbeiten. So gibt es inzwischen lange Listen von Universalien, also Gemeinsamkeiten, die in allen Kulturen zu finden sind, im dreistelligen Bereich (vgl. Antweiler 2009).

Gemeinsamkeiten stellt man auch dort fest, wo es um die genetische Grundausstattung des Menschen, also um die naturgeschichtliche Mitgift des Menschen, geht. Denn diese ist nicht bloß bei allen heute lebenden Menschen gleich, man hat sogar festgestellt, dass auch ein Neandertaler, würde er in die heutige Zeit versetzt werden, sich ohne Probleme die notwendigen Überlebenskompetenzen aneignen könnte. Zudem hat man festgestellt, dass es auch in biologischer Hinsicht zu einer Vermischung zwischen dem Neandertaler und dem Homo Sapiens gekommen ist, sodass sich heute im Gen-Pool der Menschen auch Fragmente der DNA des Neandertalers finden lassen.

Es geht also offensichtlich nicht darum, normativ eine bestimmte Vorstellung eines idealen Menschseins zu proklamieren, sondern eine Balance herzustellen, die zum einen nach Gemeinsamkeiten des Menschen als Gattungswesen, also heute des Homo Sapiens Sapiens, fragt und gleichzeitig die mögliche Vielfalt menschlicher Lebensweisen respektiert. Gerade hierin wird ein Wesensmerkmal des Menschen heute gesehen und mit dem Begriff der „Plastizität" bezeichnet, dass der Mensch nämlich in der Lage ist, aufgrund seiner geistigen und körperlichen Ausstattung unter den verschiedensten Lebensbedingungen zu überleben.

Vor diesem Hintergrund lassen sich einige allgemeine Bestimmungsmerkmale und Entwicklungsgesetze formulieren. So ist etwa das Gesetz der Aneignung und Vergegenständlichung zu nennen, was bedeutet, dass die geistigen Kompetenzen des Menschen ihm ermöglichen, seine Umwelt nach eigenen Bedürfnissen zu gestalten. Die in dieser Gestaltung und ihren Ergebnissen inkorporierten geistigen Kompetenzen können wiederum durch einen handelnden Umgang mit den produzierten Artefakten und Strukturen angeeignet werden. Eine Konsequenz daraus besteht darin, dass nicht jede Generation erneut am Nullpunkt anfangen muss, sondern auf dem Erkenntnisstand der vorangegangenen Generation aufbauen kann (kumulatives Prinzip). Dieser Entwicklungsprozess kommt wiederum dadurch zustande, dass jeder einzelne Mensch in seiner Ontogenese entsprechende Lernprozesse durchläuft:

> „Der Schlüssel zum Verständnis der Enkulturation liegt in der frühen Ontogenese der Gattungsmitglieder. Die ontogenetische Konstruktivität des Gehirns im Interaktionsprozess mit einer über die Sensorik immerhin zugänglichen äußeren Realität setzt einen konstruktiven Prozess in Gang, in dem die Grundstrukturen der soziokulturellen Kompetenz wie der Praxisformen und der Welt von den nachwachsenden Gattungsmitgliedern immer neu entwickelt werden." (Dux 2000, 65)

Lernen ist daher ein Schlüsselbegriff zur Erklärung der menschlichen Entwicklung. Auch in diesem Feld lassen sich daher einige Grundgesetze formulieren:

- Der Mensch es lernbedürftig, weil er instinktarm bei der Geburt und daher nicht fähig ist, ohne fremde Hilfe zu überleben
- Der Mensch ist lernfähig, weil dies seine genetische Grundausstattung ermöglicht.
- Der Mensch lernt immer und überall, dies stellt die besondere Rolle des informellen Lernens heraus.

Bereits oben wurde das wichtige Konzept der exzentrischen Positionalität von Helmuth Plessner erwähnt. Dabei geht es darum, dass der Mensch als einziges Lebewesen in der Lage ist, in Distanz zu sich zu treten und sich selbst zum Gegenstand von Betrachtungen zu machen. Dies gilt nicht nur für den Bereich des

Kognitiven, sondern es gilt auch für die Sinne des Menschen. So sieht oder hört der Mensch entsprechende Erscheinungen der Außenwelt, er erlebt sich dabei allerdings zugleich selbst als Hörender und Sehender und kann sich dies bewusst machen. Auch die Sinnlichkeit des Menschen ist also nur reflexiv zu verstehen.

Einen wesentlichen Fortschritt bei der Erforschung der Prozesse, die in Anthropogenese stattfinden, stammen aus der Evolutionären Anthropologie. Insbesondere sind hier die Schriften von Michael Tomasello zur kulturellen Entwicklung des Denkens oder zu den Ursprüngen der menschlichen Kommunikation zu nennen. Diese Forschungsergebnisse befinden sich im Einklang mit älteren Überzeugungen, dass nämlich die arbeitsteilige Kooperation in der sozialen Gruppe und die dazu notwendige Kommunikations- und Organisationskompetenz der wesentliche Motor in der Anthropogenese waren. Es geht um Kommunikation, Kooperation und Koordination, wobei sich im Rahmen einer Co-Evolution die äußere (soziokulturelle) Organisationsfähigkeit und die (innere) Formung und Strukturierung des Geistes aneinander entwickeln.

Tomasello studiert das Verhalten von Primaten und vergleicht insbesondere Säuglinge und Kleinkinder mit Schimpansen. Bei der Sprachentwicklung ist das Zeigen und es sind Gesten des Menschen die Urformen menschlicher Kommunikation. Der wesentliche Unterschied zwischen dem Menschen und (anderen) Primaten besteht in der Fähigkeit, nicht bloß Intentionen als einzelnes Wesen zu verfolgen, sondern es geht vielmehr um eine *geteilte Intentionalität.* Dies bedeutet zugleich, dass der Mensch nur dann Mensch ist, wenn er als soziales Wesen verstanden wird, wobei Kooperation, Koordination und Kommunikation die Grundpfeiler dieser Soziabilität des Menschen sind:

> „Sprechhandlungen sind gesellschaftliche Handlungen, die eine Person absichtlich an eine andere richtet (und hervorhebt, dass sie dies tut), um deren Aufmerksamkeit und Vorstellungskraft auf bestimmte Weise zu lenken, sodass sie das tut, weiß oder fühlt, was sie erste Person von ihr will. Diese Handlungen funktionieren nur dann, wenn beide Beteiligten mit einer psychologischen Infrastruktur von Fertigkeiten und Motivationen geteilter Intentionalität ausgestattet sind, die sich zur Erleichterung von den Interaktionen mit anderen bei gemeinschaftlichen Tätigkeiten entwickelt hat. Die Sprache, oder besser die sprachliche Kommunikation, ist daher nicht irgendeine Art von formalem oder sonstigem Gegenstand; vielmehr ist sie eine Form gesellschaftlichen Handelns, konstituiert durch gesellschaftliche Konventionen, um gesellschaftliche Zwecke zu erreichen, welche zumindest auf einen gewissen geteilten Verstehen und geteilten Zielen der Benutzung beruhen.“ (Tomasello 2010a, 363)

Die Sprache, so Tomasello, ist auch im weiteren Verlauf der Geschichte die Basis der Entwicklung. Denn jede menschliche Zusammenarbeit bis hin zu den hochtechnisierten Prozessen der Gegenwart basiert auf Kommunikation. Tomasello spricht von einer „co-evolutionären Spiralbewegung immer komplexerer Formen der Zusammenarbeit.“ (364)

Auch der Zusammenhang zwischen Sprache und Denken (und damit die etwa von Humboldt formulierte und später von Whorf und anderen radikalisierte These der sprachbedingten Welterfassung) kann mithilfe dieser These einer „co-evolutionären Spiralbewegung“ erklärt werden:

> „Es gibt also viele Ursprünge der menschlichen kooperativen Kommunikation, und ihr Gipfelpunkt in Form von Fertigkeiten sprachlicher Kommunikation stellt ein weiteres Beispiel – vielleicht das grundlegende Beispiel – des co-evolutionären Prozesses dar, durch den sich elementare kognitive Fertigkeiten phylogenetisch entwickeln. Dadurch wird historisch die Schaffung von Kulturprodukten ermöglicht, die dann sich entwickelnde Kinder mit den biologischen und kulturellen Werkzeugen versorgen, welche sie für ihre ontogenetische Entwicklung brauchen.“ (365.)

Interessant ist es vor diesem Hintergrund, einen Blick auf die Anthropogenese weiterer basaler Kulturtechniken und ihren Medien zu werfen. Zu diesem basalen Kulturtechniken gehört das Rechnen, gehören mathematische Strukturen, gehört die Zahl. Auch hier muss man sich der Schwierigkeit stellen, einen Unterschied zwischen Tieren und Menschen zu identifizieren. Denn man hat festgestellt, dass es auch im Tierreich Zahlbegriffe gibt. So hat man festgestellt, dass etwa Raben und Elstern offensichtlich Mengen von einem bis vier Elementen unterscheiden können, also etwa genau wissen, ob die Anzahl ihrer Eier gleichgeblieben ist, während sie weg waren. Allerdings:

> „Es zeigt sich also, dass das Zahlgefühl (bei Tieren; M.F.) sehr beschränkt ist und sich nur bei deutlich wahrnehmbaren Unterschieden zeigt. Unterscheiden sich zwei Mengen durch die Anzahl ihrer Elemente ziemlich stark (wie zum Beispiel „drei“ und „vier“), kann das Tier dies unter bestimmten Umständen wahrnehmen; nimmt aber die Deutlichkeit der Differenz ab, vermag es das nicht mehr. Wenn es dem Tier auch zuweilen gelingt, eine bestimmte Anzahl wahrzunehmen, so ist es ihm doch nicht möglich, diese zu „begreifen“, da es über keinerlei Abstraktionsvermögen verfügt.“ (Ifrah 1993, 22)

Eine gut begründete Theorie für den Zahlbegriff geht auf den Prozess und die Kulturtechnik des Zählens zurück. Interessant ist, dass offenbar das Zählen in enger Verbindung mit bildnerischer Gestaltung bzw. mit dem Hantieren mit Dingen steht. Zum einen geht man davon aus, dass Funde von Knochen mit Einkerbungen Hilfsmittel bei Zählprozessen waren. Diese Technik findet man noch bis in die heutige Zeit, wenn etwa beim Zählen größerer Gruppen (etwa von Tierherden) solche Einkerbungen verwendet werden. Vergleichbar ist dies mit der Verwendung von Zählsteinen, wenn man nämlich für jede zu zählende Einheit einen Stein zur Seite legt. Nimmt man bei der Rückkehr der Herde für jedes ankommende Tier wieder einen Stein weg, hat man die Kontrolle, ob die Herde vollständig zurückgekommen ist. Auch die Römer rechneten mit sogenannten Kalkuli, also Kalksteinen, worauf auch der heutige Begriff der Kalkulation zurückgeht. Diese Praxis des Zählens wird bis heute in bestimmten Gebieten noch angewandt. Man hat es hierbei mit einer primitiven Form von Buchhaltung zu tun, die bis in die heutige Zeit praktiziert wird (ebd., 15ff.). Es handelt sich zudem bei diesen Einkerbungen um einen Prozess der Speicherung, also um eine Form des Gedächtnisses (Kuckenburg 1989, 103ff.)

Zählen ist also eine körperliche Praxis, die – durchaus im Sinne der kognitiven Entwicklungstheorie von Jean Piaget – zur Bildung entsprechender abstrakter Begriffe führt. In seiner maßgeblichen Studie zur Geschichte der Zahl zeigt George Ifrah, dass zum einen der Körper mit seinen Extremitäten (Finger, Zehen, Arme, Beine etc.) sowie entsprechende Gebärden zur Unterstützung des Zählprozesses und zum Merken von Anzahlen (Gedächtnisspeicher) verwendet wurde. Zum anderen waren es immer wieder ökonomische Bedürfnisse, die die Entwicklung mathematischer Strukturen in der Algebra und in der Geometrie vorantrieben. Letztlich waren es auch ökonomische Gründe, die trotz weltanschaulicher Bedenken dazu führten, dass im 10. Jahrhundert (Papst Sylvester II) das römische Zahlsystem durch das System indisch-arabischer Ziffern abgelöst wurde: denn es verhinderte die bei den römischen Ziffern leichter möglichen Fälschungen und es ermöglichte und erleichterte aufgrund des Stellenwertsystems komplexere Rechenverfahren.

Also auch in diesem Fall kann man feststellen, dass es eine enge Verbindung zwischen Körperlichkeit und geistigen Strukturen gibt, ganz so wie es Piaget, Wygotski, Tomasello oder André Lerois-Gourhan aus ihren unterschiedlichen fachlichen Perspektiven gezeigt haben. Man kann zudem zeigen, dass dieser Entwicklungsprozess zumindest in seinen Anfängen sehr viel mit dem Überleben der Gattung zu tun hatte, also einen evolutionären Vorteil darstellte, wobei sich in der Naturgeschichte die Möglichkeiten entwickelt haben, die dann in der Kulturgeschichte dynamisch fortgesetzt wurden und sich schließlich insofern verselbstständigt haben, als sie auch ohne unmittelbaren praktischen Nutzen perfektioniert wurden. Basis dieser Prozesse war die enge Verbindung von menschlicher Aktivität, geistiger Entwicklung und medialer Darstellung.

Dies zeigt sich auch bei einem weiteren Basismedium, dem Bild. Man kann die oben erwähnten Kerbungen als eine Form ikonischer Darstellung verstehen, die also um einige 100.000 Jahre weiter zurückreichen als die ersten Höhlenbilder, die man in Afrika, Spanien oder Frankreich gefunden hat. Als Medien der Kommunikation und zugleich als Mittel in dem Prozess der Entwicklung und Transformation von Welt- und Selbstverhältnissen können all diese genannten Tätigkeiten und Gestaltungsprozesse gelten. In einem erweiterten Sinne spricht man ohnehin von einer Sprache der Bilder, der Musik, des Tanzes etc.

Visuelle Zeichen und Bilder, so Fahlenbrach (2010, 121), entstanden sogar lange vor der Erfindung der Lautsprache. Zudem bilden visuelle Zeichen die Grundlage für die Entstehung der Schrift (siehe unten):

> „Mit dem Aufkommen einer bildhaften Zeichensprache fand damit auch eine erste Aufhebung körperlich ganzheitlicher Kommunikation statt. Schon mit den ersten Bildern und visuellen Zeichen lösten sich visuell kommunizierte Inhalte materiell vom Körper und Geist des Zeigenden ab." (ebd.)

Während man bei der lautsprachlichen Kommunikation Mund und Ohr, also die „zuständigen" Organe des Menschen (und – wie oben gesehen – auch die Einbeziehung des Körpers als Ganzem) berücksichtigen muss, ist es beim visuellen Zeichen – neben der wiederum dazugehörenden Einbindung des gesamten Körpers – vor allem das Auge:

> „Das Auge ist eines der zentralen Sinne des Menschen, um Kontakt mit der Außenwelt aufzunehmen und sich in der räumlichen und sozialen Umgebung zu orientieren. Der Akt des Sehens beinhaltet daher nicht nur das physische Aufnehmen visueller Reize. In enger Verschränkung mit dem Hirn werden diese mit Wissen, Erinnerungen, evolutionär verankerten Reaktionsmustern und mit Gefühlen verbunden. Das Sehen ist damit wesentlich an der Koordination menschlicher Handlungen, sowie an der Deutung und Bewertung von Welt beteiligt. Daneben sind Blicke ein primäres körpereigenes Medium der Kommunikation. Über Blicke signalisieren wir einem Gegenüber Interesse, Aufmerksamkeit, aber auch Affekte und Emotionen wie Freude, Wut oder Ekel. Blicke sind damit nach innen wie nach außen gerichtet: zur Aufnahme von äußeren Informationen und der Signalisierung innerer Zustände. Damit liegt der Akt des Sehens und des Sich-Zeigens bzw. das Anzeigen von Vorstellungen, Ideen und inneren Zuständen vor allem in zwischenmenschlicher Kommunikation eng beieinander. Wie mehrfach betont, sind dabei Körpersprache (Gestik, Mimik, Proxemik) und die Stimme ganzheitlich aufeinander bezogen." (122)

Auch das Bild hat seine Konjunkturen in der Geschichte der Menschheit, die in der Neuzeit vor allem mit der Entwicklung der bildenden Kunst zusammenhängt. Inzwischen spricht man von einem iconic turn und einer Wiederkehr des Bildes auch in der Malerei.

Es gibt einige Erklärungsversuche im Bereich der Anthropologie der Künste, bei denen deutlich wird, dass und inwiefern auch künstlerische Ausdrucksformen einen evolutionären Vorteil in der Geschichte der Menschheit darstellten und welche Funktionen sie in der Frühgeschichte des Menschen erfüllten. Insbesondere kann man am Beispiel der Höhenbilder zeigen, inwiefern sie die bereits oben genannten allgemeinen Funktionen von Symbolen (Vergegenwärtigung in Raum und Zeit, Machtfaktor, Medium der sozialen Integration etc.) erfüllen

(Frey 1994, Fuchs 2011). Inzwischen gibt es sogar Studien, in denen selbst für die prähistorische Periode quasi in einer frühen Kunstgeschichte unterschiedliche Phasen einer Bildkultur unterschieden werden (Fahlenbrach 2010, 128). Es gibt zudem die starke Vermutung, dass gerade die Höhlenmalerei in einer engen Verbindung zu Religion und Ritus stand. Diese Traditionslinie wird bis heute fortgesetzt:

> „Wir werden in der Folge sehen, dass die abbildhafte Darstellung auch weiterhin im Zeichen transzendentaler Glaubenssysteme, aber auch weltlicher Überzeugungen stand, deren abstrakte Sinndeutungsmuster in der realistischen Darstellung bildlicher Figuren, Objekte und Szenarien mimetisch und damit auch illusionär wahrgenommen und sinnlich erfahrbar werden." (ebd., 130)

4 Merkmale der Oralität in der Diskussion

In dem weiten Spektrum wissenschaftlicher Disziplinen, die sich mit Sprache befassen, können unterschiedliche Gewichtungen hinsichtlich der gesprochenen bzw. geschriebenen Sprache festgestellt werden. So wird etwa in der Sprachphilosophie das Thema des Sprachursprungs mit den verschiedenen Vorschlägen etwa von Herder oder von Wilhelm von Humboldt behandelt, doch befasst man sich mehrheitlich mit der geschriebenen Sprache (vgl. etwa Bertram 2011). In der Tat gibt es mit der Entwicklung der Schrift, insbesondere mit der Entwicklung der alphabetischen Schrift in Griechenland (auf der Basis der phönizischen Schrift; s. u.) einen deutlichen Entwicklungssprung auch im Hinblick auf die Reflexion dessen, was Sprache leistet und was sie bedeutet.

Offensichtlich macht die gesprochene Sprache der Sprachwissenschaft einige Probleme, denn ist es die gesprochene Sprache, die unser Sprachbewusstsein prägt. So ist es die Flüchtigkeit der gesprochenen Sprache, die über lange Zeit die Reflexion schriftlicher Texte begünstigt hat (so Fiehler 2003, 21). Man muss nämlich sehen, dass jeder, der sich mit der gesprochenen Sprache heute befasst, schriftsprachlich sozialisiert worden ist. Das bedeutet unter anderem, dass aufgrund unserer schriftsprachlichen Prägung unseres Geistes ein hohes Maß an Selbstreflexion notwendig ist, um zu verhindern, dass unbewusst schriftsprachliche Strukturen normativ bei den Untersuchungen wirksam werden. Darauf gehe ich im nächsten Kapitel ein.

Gesprochene Sprache ist zudem Gegenstand der Rhetorik, die in der griechischen und römischen Antike eine wichtige Rolle in der Philosophie und vor allen Dingen in der Politik spielt (Ueding 2005). Die Psychologie wiederum befasst sich intensiv mit der Sprachentwicklung beim Kind, wobei es Psychologen wie Jean Piaget oder Lew Wygotski waren, die nicht nur diesen Prozess der Sprachentwicklung studiert haben, sondern die insbesondere den Zusammenhang von Handeln, Sinnlichkeit, Sprache und sich entwickelnder Denkfähigkeit untersucht haben.

In den Sprachwissenschaften ist es insbesondere die Linguistik, die neben der Syntax, der Morphologie, der Semantik und der Pragmatik, so wie sie bereits oben als Dimensionen der Semiotik vorgestellt wurden, auch die Phonologie thematisieren. Mit Karl-Heinz Göttert (1998) hat ein Germanist die wichtigste Untersuchung zur „Geschichte der Stimme“ vorgelegt, in der die Naturgeschichte zwar nur kurz gestreift, in der aber die Kulturgeschichte der Stimme als Medium der Kommunikation, als politisches Instrument, als Klang und Lärm, als Informationsmittel etwa im Bereich des Militärs oder der Ökonomie, als liturgisches Mittel, als künstlerisches Mittel und nicht zuletzt im Zusammenhang mit dem

Transport und der Verstärkung der Stimme durch technische Apparaturen ausführlich dargestellt wird.

Die Stimme, das Sprechen und das Hören stehen im Mittelpunkt bestimmter Künste, es gibt Sprechberufe etwa in der Pädagogik, wobei hierbei eine spezifische Ausbildung und auch der Aspekt der Medizin im Hinblick auf mögliche Erkrankungen eine wichtige Rolle spielen.

Die gesprochene Sprache und das Sprechen gehören zu den Basismedien, sie gehen unmittelbar vom Körper aus und dringen auch unmittelbar in den Körper wieder ein. Sprechen kann man als eine Form des Sprechhandelns verstehen, so wie es insbesondere in der Sprechakttheorie ausgearbeitet worden ist (und wie es prominent von Jürgen Habermas in seinen sozial- und politikphilosophischen Studien angewandt wird). Sprechen schafft dabei unmittelbar in seinem Vollzug Fakten, wie man etwa bei dem Schwur oder dem Ja-Wort vor dem Altar sehen kann. Es gibt die Wortbeichte und die Erteilung der Absolution, die im Bereich des Katholizismus eine hohe Bedeutung für das Seelenheil des betroffenen Menschen haben.

Wie man es schon seit Jahrhunderten weiß und es insbesondere in der Soziolinguistik in der zweiten Hälfte des 20. Jahrhunderts thematisiert, kann man eine Zuordnung von Menschen zu bestimmten Gruppen in der Gesellschaft vornehmen, indem man etwa einen in elaborierten und einen restringierten Code (im Anschluss an die Forschungen von Basil Bernstein) unterscheidet.

Die gesprochene Sprache variiert je nach Region, sodass sich Dialekte entwickelt haben, die im Rahmen einer Schwerpunktsetzung auf die genormte Hochsprache zunächst zurückgedrängt wurden, die aber in der letzten Zeit auch als Reichtum betrachtet werden. Es gibt einige 1000 Sprachen auf der Welt, wobei festgestellt wird (vgl. Trabant 2008), dass man von einem Sprachsterben ausgehen muss. Jürgen Trabant bedauert dies zu Recht, unter anderem mit Hinweis auf die Beziehung von Sprache zur Welt, wie sie etwa von Wilhelm von Humboldt ausgearbeitet worden ist, weil jede Sprache eine spezifische Sichtweise von Welt ermöglicht. Eine Reduktion der Sprachenvielfalt bedeutet daher auch eine Reduktion der Möglichkeiten des Weltzugangs und damit eine Reduktion der Erkenntnismöglichkeiten des Menschen.

Im Zuge der Entwicklung elektrischer Medien im 19. Jahrhundert war es möglich, die gesprochene Sprache nicht bloß zu konservieren, sondern auch über eine große Distanz zu übertragen. Man spricht inzwischen von einer „sekundären Oralität", wenn etwa nicht bloß mithilfe technischer Medien die Stimme übertragen wird, sondern nunmehr auch der sprechende und hörende Mensch zu sehen ist. Allerdings muss man sehen, dass über diese Kommunikationskanäle viele Dimensionen der Sinnlichkeit verloren gehen, die bei einem Gespräch zwischen Anwesenden vorhanden sind. Dieser Aspekt ist etwa im pädagogischen Bereich zurzeit aktuell, da es starke Bestrebungen (und aufgrund des Corona-Virus auch die Notwendigkeit) gibt, auf diese technisch gestützten Kommunikationswege umzusteigen. Verloren geht das, was in einem phänomenologischen Ansatz mit dem Begriff der Atmosphäre beschrieben wird und was einen wesentlichen Einfluss auf das Gelingen des Gesprächs gerade auch im pädagogischen Feld ausübt.

Am Beispiel des Entwicklungsweges des Philosophen Ludwig Wittgenstein kann man eine weitere Unterscheidung treffen. In seiner ersten Lebensphase hat er sich mit der Erarbeitung einer sehr strengen formalen Sprache befasst, wobei er – im Einklang mit den Ansätzen der analytischen Philosophie (Wiener Schule) – alle Aussagen, die seinen strengen Sprachregeln nicht entsprachen, als unsinnig abtat. Berühmt ist sein Schlusssatz: „Worüber man nicht sprechen kann, darüber muss man schweigen." (Wittgenstein 1978, 115)

Der spätere Wittgenstein (1971) hat allerdings die Enge einer solchen Sprachauffassung und den Reichtum der normalen Alltagssprache entdeckt. Darauf werde ich im nächsten Kapitel eingehen.

In philosophischer Hinsicht sind insbesondere die Dialoge „Kratylos" und „Phaidron" von Platon (1993) zu erwähnen. Im Ersterem setzte sich Sokrates mit der Frage auseinander, ob die Namen von Dingen der Natur dieser Dinge entsprechen oder ob sie lediglich auf Konventionen beruhen. Während Kratylos ein Anhänger der ersten Position ist, ist Hermogenes ein Vertreter der These von der Übereinkunft. In dem Dialog Phaidron wiederum setzt sich Sokrates kritisch mit den Problemen der Oralität, aber auch der Literalität auseinander, wobei Sokrates/Platon unentschieden bleibt.

Der griechische Kulturraum ist auch im weiteren Nachdenken über das Wesen der gesprochenen oder geschriebenen Sprache von entscheidender Bedeutung. So spielt seit einigen Jahrzehnten die „homerische Frage" (Havelock 2007, 7ff., Ong 1987, 24ff.) eine wichtige Rolle:

> „Die ‚homerische Frage' als solche entstand im 19. Jahrhundert aus der kritischen Textbetrachtung der Homerischen Schriften, die sich parallel zur kritischen Bibelexegese entwickelte. Ihre Wurzeln allerdings reichen bis in die klassische Antike zurück (…). Gelehrte Männer in der westlichen klassischen Antike bemerkten gelegentlich, dass sich die Ilias und die Odyssee von anderen griechischen Dichtungen unterschieden und ihre Herkunft ungeklärt war. Cicero glaubte, dass der erhaltene Text der beiden homerischen Epen eine von Pisistratus vorgenommene Revision des homerischen Werkes darstellte (…). Josephus stellte sogar die These auf, dass Homer nicht schreiben konnte, womit er allerdings weniger über den Stil und andere Besonderheiten der homerischen Werke etwas aussagen wollte, sondern vielmehr beweisen wollte, wie sehr die schriftbesitzende hebräische Kultur der archaischen griechischen Kultur überlegen war." (Ong 1987, 24)

Es geht also insbesondere um die Frage, welchen Einfluss orale Überlieferungen, auf die sich das homerische Werk offensichtlich stützt, in diesem Werk haben.

Immer wieder arbeiteten auch Alt-Philologen neben Ethnologen wie Claude Lévi-Strauss oder Jack Goody an diesem Thema, wobei etwa das Problem des Gedächtnisses und entsprechender Mnemotechniken eine Rolle spielt. Diese Traditionen beeinflussten dann auch stark die Arbeiten der sogenannten „Kanadischen Schule" (rund um Marshall McLuhan). Interessant in unserem Zusammenhang ist, dass unter dem Begriff der „Psychodynamik" (Walter Ong) oder „Psychotechnik" (Derrick de Kerckhove) der Einfluss der entsprechenden Medien auf die geistige Struktur des Menschen thematisiert wurde. Walter Ong (1987) stellt diese Ansätze ausführlich dar. Einige Stichworte: Es geht um den Zusammenhang zwischen Wort und Magie, um die Frage des Gedächtnisses in oralen Kulturen, also um die Sicherstellung der Aufbewahrung und Weitergabe von Wissen, es geht um die Nähe oder Distanz des Mediums zum Körper und zu den Sinnen und letztlich um unterschiedliche Formen kognitiver Strukturen.

Mit oralen Kulturen haben es dann vor allen Dingen seit dem 19. Jahrhundert die Ethnologen zu tun. Eine Schwierigkeit bestand etwa in der Bezeichnung solcher Kulturen, da man erkannte, dass der zunächst verwendete Begriff „primitive Kulturen" diskriminierend war. Der Ethnologe Claude Levi-Strauss sprach daher von einem „wilden Denken". Auf der Ebene der UNESCO hat man sogar eine Konvention zum Schutz des nichtmateriellen Kulturerbes verabschiedet, in deren Rahmen insbesondere die Errungenschaften solch oraler Kulturen gewürdigt werden sollen. Ein schönes Beispiel ist der „Platz der Erzähler" in Marrakesch. Walter Ong (1987) schreibt dazu:

> „Oralität ist keineswegs ein Idealzustand und war es niemals. Sich ihr positiv zuzuwenden, bedeutet nicht, sie irgendeiner Kultur als Dauerzustand anzupreisen. Die Literalität öffnet dem Wort, der menschlichen Existenz Möglichkeiten, die ohne die Schrift unvorstellbar wären. Heutige orale Kulturen schätzen ihre oralen Traditionen und kämpfen gegen den Verlust dieser Traditionen an. Ich bin jedoch niemals auf eine orale Kultur gestoßen, die nicht schnellstmöglich die Literalität erwerben will. (...) Dennoch ist Oralität nichts Verachtenswertes. Sie kann Schöpfungen hervorbringen, die Literalisierten verschlossen sind, zum Beispiel die *Odyssee*. Sie ist auch niemals ganz auszurotten: Wenn man einen Text liest, oralisiert man ihn. Sowohl die Oralität als auch das Entstehen der Literalität aus der Oralität sind unabdingbar für die Entwicklung des Bewusstseins." (172)

Unterstützung erhält dieses Plädoyer für die Oralität zum einen durch die postcoloniale Kritik an der auf Schriftlichkeit beruhenden „westlichen" Zivilisation (siehe etwa Castro Varela/Dhawan 2005 oder Breidenbach/Zukrigl 2000) und zum andern durch Ansätze einer interkulturellen Philosophie, die auch und gerade die philosophischen Traditionen oraler Kulturen einbezieht (Kimmerle 2002 und Dübgen/Skupien 2015).

5 Zur Geschichte der Schrift

Überblick

Die Rolle der verschiedenen Medien wird sehr unterschiedlich in der Geschichte bewertet. Das gilt insbesondere für die gesprochene und geschriebene Sprache. Die einen sprechen von einem Logozentrismus und beklagen die Dominanz der Schrift, andere sprechen von Phonozentrismus und sehen die Schrift unterbewertet. Es gibt in der Debatte über die beiden Kommunikationsformen die These, dass die Schrift lediglich eine Art bildlicher Darstellung der gesprochenen Sprache und damit von sekundärer Bedeutung ist, andere hingegen vertreten die Meinung, dass zwar die gesprochene Sprache um vieles älter ist als die Schrift, aber erst durch die Schrift eine Dynamik in die kognitive Entwicklung des Menschen gekommen ist. Ein wichtiger Unterschied wird zudem gesehen zwischen Schriften, die wie etwa die Hieroglyphen in Ägypten oder die Schrift der Chinesen ikonisch anmutende Symbole verwenden, und einer Schrift, die auf einem Alphabet basiert, so wie es etwa die Griechen im Anschluss an die Phönizier entwickelt haben.

Eric Havelock (1990, 71) schreibt:

> „Die Einführung der griechischen Buchstaben irgendwann um 700 v. Chr. in die Schrift sollte den Charakter der menschlichen Natur verändern, indem sie eine Kluft zwischen allen alphabetischen Gesellschaften und ihren Vorgängerinnen aufriss. Die Griechen erfanden nicht nur einfach ein Alphabet; sie erfanden die Literalität und die literarische Grundlage des modernen Denkens.“

Immerhin muss man eingestehen, dass mit der Entwicklung der Schrift, allerdings ebenso, wie es bereits bei der Anfertigung ikonischer Darstellungen in der Frühzeit des Menschen geschah, die Unmittelbarkeit zwischen Körper und Artikulationsform, die es noch bei dem Sprechen gibt, aufgebrochen und ein Werkzeug zwischen Körper und entstehender Schrift dazwischengeschoben wird. Zumindest ist die Unmittelbarkeit der Sinnlichkeit bei der schriftlichen Kommunikationsform nicht mehr vorhanden. Insgesamt wird die Geschichte der Medien daher oft genug als ein Prozess betrachtet, bei dem immer mehr die Sinnlichkeit in den Hintergrund gedrängt wird. Man muss also einen Verlust in Rechnung stellen, auch wenn man die Entwicklung der Medien insgesamt positiv bewertet:

„Mit der *Schriftlichkeit* sind spezifische kommunikative Funktionen verbunden. An erster Stelle können die gegenüber gesprochener Sprache erweiterten Möglichkeiten zur Abstraktion genannt werden. Vorstellungen werden symbolisch in Zeichen übertragen, die raum- und zeitunabhängig an andere kommuniziert werden." (Fahlenbrach 2019, 75)

Vor diesem Hintergrund fällt es kaum noch auf, wenn in einer umfassenden Darstellung des „Wissens des Abendlandes" (Tarnas 2006) der Beginn des abendländischen Wissens letztlich mit dem Beginn der Schriftlichkeit bei den Griechen gleichgesetzt wird. Diese Gleichsetzung von Literalität und kultureller die Entwicklung im Verständnis des Westens bezeichnet Brockmeier (1997) als „starke Literalitätsthese", die impliziere, dass es einen grundsätzlichen kognitiven und kulturellen Unterschied gibt „zwischen einem mythisch-mündlichen und einem rational-schriftlichen Bewusstsein". Er bezeichnet dies als einen der letzten Mythen der Schriftkultur, der vor allem von Philologen, Literaturtheoretikern und anderen Schriftwissenschaftlern evoziert worden sei, an dem aber auch Psychologen und Psychologinnen mitgeschrieben hätten (12). Vor diesem Hintergrund entwickelte er eine Begründung für eine *schwache Literalitätsthese*:

„Was mit der Einführung der Schrift in eine orale Kultur geschieht – und dies ist die Hauptlinie meiner Argumentation –, ist vielmehr, dass sich das Spektrum der sprachlichen und kognitiven Optionen erweitert, es wird mannigfaltiger und vielschichtiger, in literaler wie in oraler Hinsicht. Es geht also immer um Koexistenz, um Überschneidungen und Verflechtungen; dem muss jede Beschäftigung mit dem Verhältnis von Menschlichkeit und Schriftlichkeit Rechnung tragen." (179 f).

Es geht also zum einen um die Frage, wie sich Schriftlichkeit entwickelt hat, wie diese Entwicklungsprozesse in ihrer Vielfalt ausgesehen haben und was sie vorangetrieben hat, es geht aber auch um die grundsätzliche Leitfrage, so wie sie Aleida und Jan Assmann in ihrem Vorwort formuliert haben (in Havelock 1990):

„Ist die westliche Kultur in all ihren Erscheinungsformen wie wissenschaftliches Denken, Logik und theoretische Neugierde, Geschichtsbewusstsein, Monotheismus, Seelenglaube und Individualismus, Trennung von Staat und Kirche, Technologie, Demokratie und Marktwirtschaft letztlich aus dem Geist der Schrift – und zwar der griechischen Alphabetschrift – geboren?" (3; meine Hervorhebungen, MF)

Aleida und Jan Assmann, eine Literaturwissenschaftlerin und ein Ägyptologe, heben uneingeschränkt die Bedeutung der Arbeiten von Eric Havelock hervor und bedauern sogar, dass ihre Bedeutung im Kontext der Toronto Schule, bei der man zunächst nur an den wirkungsvoll agierenden und in der Öffentlichkeit präsenten Marshall McLuhan denkt, offenbar zu lange unterschätzt worden sei. Dabei war es wesentlich der Altphilologe Havelock, der die These, das Medium sei die Botschaft, mit seinen Studien unterfüttert habe, weil er immer wieder zu zeigen versuchte, wie Denken, Sinn, Erfahrung, Wirklichkeit von den genutzten Medien abhängig ist. Havelock hat aus der Sicht der beiden Autoren der berühmten Formel „Vom Mythos zum Logos" (Nestle 1975) eine empirische medienwissenschaftliche Basis gegeben. Allerdings weisen beide Autoren auch darauf hin, dass es eine Neigung von Havelock gibt, empirische Befunde zu überdehnen bzw. Forschungsergebnisse zu anderen Kulturkreisen zu ignorieren. Darauf wird im Folgenden einzugehen sein.

Zur Geschichte der Schrift.

Kathrin Fahlenbrach (2019, 73 ff.) thematisiert die Kulturtechniken des Lesens und Schreibens in Verbindung mit jeweils unterschiedlichen Medientechniken in drei Durchgängen: nämlich als Manuskriptkulturen, Druckkulturen und Digitalkulturen. Nun wurden die Schrift und ihre Vorläufer lange vor einer Zeit von Manuskriptkulturen erfunden, denn Vorläufer der späteren Schrift waren Einkerbungen und andere ikonische Zeiten an unterschiedlichsten Materialien. Es ging um Knochen, Schiefertafeln, Felswände und sicherlich hat man lange Zeit Sandflächen verwendet, die man mit den unterschiedlichsten Gegenständen bearbeitete. Einigkeit dürfte darin bestehen, dass es das Bestreben war, die Flüchtigkeit mündlicher Kommunikation aufzuheben und eine gewisse Dauerhaftigkeit herzustellen:

> „Wie wir gesehen haben, sind diese (gemeint sind die unterschiedlichen Medien; MF) bis heute durch das Bestreben geprägt, die Lebendigkeit mündlicher Interaktion artifiziell zu ermöglichen oder gar zu simulieren: die flüchtige Momenthaftigkeit des stimmlichen Klangs mit seinen Verweisen auf die innere Verfasstheit des Sprechenden, die psychophysische Ganzheitlichkeit von Gesprächen sowie ihre spontane und situative Dynamik. Wie bereits angedeutet, stand die Erfindung der Schrift am Anfang dieser Entwicklung. Mit ihr wurden innere Vorstellungen, Ideen, Gedanken in ein graphisches Speichermedium übertragbar. Auf diese Weise wurde die sprachliche Äußerung vom artikulierenden Subjekt getrennt." (74)

Als zentrale kommunikative Funktion von Schrift wird genannt: das Speichern und das raum- und zeitunabhängige Verbreiten von Vorstellungen und Wissen, sowie die Dokumentation und Kodifizierung von Vereinbarungen, Regeln und Aussagen. (76). Es geht also um Fragen der Verbesserung des Gedächtnisses, es geht um das Wissen und seine Verbreitung, wobei die ersten entsprechenden Funde auf die Bereiche hindeuten, die Jack Goody (1990) als Gliederungsprinzip seines Buches verwendet: „Das Wort Gottes" (also religiöse und kultische Verwendungszusammenhänge), „Das Wort des Mammons“ (also Fragen der Buchhaltung und der Wirtschaft), „Der Staat, das Büro und das Archiv“ (also Zwecke der Politik und der Verwaltung) und zuletzt „Der Buchstabe des Gesetzes“.

Der Sprachwissenschaftler Harald Haarmann (2011) weist darauf hin, dass zwar „die ältesten unscheinbaren Tontäfelchen mit Warenlisten und Aufrechnungen in Mesopotamien aus der Zeit um 3200 vor Christi“ (8) gefunden wurden, es aber weitaus ältere Schriftfunde gibt, die aus Ägypten und Europa stammen. Auch Haarmann geht davon aus, dass es die Begrenztheit des menschlichen Gedächtnisses mit seiner eingeschränkten Speicherfähigkeit ist, was zur Erfindung der Schrift Anlass gegeben hat. (9f.) In dieser Perspektive sind die Ursprünge der Schrift in den bereits oben erwähnten Formen früher Mnemotechniken zu suchen, die sich bereits in schriftlosen Kulturen finden. Er weist darauf hin, dass entsprechend verwendete „Symbolsteine“, die als Inventarlisten und „Quittungen“ im Warenverkehr in den Handelsbeziehungen der Völker verwendet wurden, bis ins achte Jahrtausend vor Christi zurückreichen (15). In frühen sumerischen Funden konnte man dabei mehr als 770 unterschiedliche Zeichen unterscheiden. Ähnliches gilt für chinesische Schriftzeichen.

Interessant ist, dass seine Darstellung der Geschichte mit der Frage beginnt: „Wer besaß zuerst Schrift und wer kontrolliert Wissen?“ (16 ff.), die Machtfrage also entscheidend war. Interessant ist auch, dass offenbar frühe Erscheinungen einer Schriftkultur aus bestimmten Regionen verschwanden (zum Beispiel der Balkanregion), aber dafür in anderen Regionen plötzlich auftauchten (etwa Kreta). Es entwickeln sich dabei unterschiedliche Schrifttraditionen, etwa das altkeltische Schriftsystem Linea A, eine Silbenschrift, parallel dazu entstand - auch auf Kreta - eine Hieroglyphenschrift in mehreren Varianten. Der „Diskos von Phaistos“ (1700 vor Christi) gilt als das älteste Druckwerk der Kulturgeschichte (26). Er ist bislang noch nicht entziffert.

Eine andere Schrifttradition entwickelt sich im Zweistromland bei den Sumerern. Die bekannte Keilschrift (seit etwa 2700 vor Christi) stellt dabei eine wichtige schriftkulturelle Revolution dar, da sie eine vorangehende kompliziertere Schriftart ablöste. Um 3000 vor Christi entwickelten sich in Ägypten die Hieroglyphen als eine bestimmte Form von Piktogrammen (Crystal 2010, 199 ff.). Die Bezeichnung „Hieroglyphen“ stammt aus dem Griechischen und bedeutet „heilige Schriftzeichen“, da man entsprechende Funde vor allen Dingen an Tempeln und anderen heiligen Orten gemacht hat. Auch die Hieroglyphen waren lange Zeit nicht zu übersetzen, bis man im Jahre 1799 den berühmten „Stein von Rosetta“ gefunden hat, auf dem derselbe Text in drei verschiedenen Schriften, unter anderem auf Griechisch, aufgebracht war. Der französische Ägyptologe Jean-François Champollion (1790-1832) entschlüsselte diesen Text als erster, hatte allerdings mit erheblichen Widerständen in Frankreich zu kämpfen und trat auch aus diesem Grunde in eine enge Kommunikation mit Wilhelm von Humboldt.

Die reich bebilderte Darstellung bei David Crystal (2010) zu diesem Thema zeigt, dass sich eine Vielzahl unterschiedlichster Sprach- und Schriftsysteme entwickelt hat. Man kann zudem erkennen, dass und inwiefern die visuelle Gestaltung der Schriftzeichen eine große Bedeutung hat. Haarmann (a.a.O.) weist allerdings darauf hin, dass der unmittelbare Bezug der Schrift zur gesprochenen Sprache, nämlich die Funktion, diese sichtbar und damit wiederverwendbar zu machen, zu eng ist (40). Er verweist vielmehr darauf, dass man auch die sprachunabhängige Ideenwelt, das Kulturmilieu der Sprachgemeinschaft einbeziehen müsse (41). Die Schrift wird daher zu einem eigenständigen autonomen Medium, das besondere Funktionen erfüllt:

> „Das Anfangsstadium der Schriftanwendung ist eine Phase der Herausforderung des abstrakten Denkvermögens durch die Bedürfnisse einer aufstrebenden Zivilisation, ein ständig wachsendes Maß an Informationen zu akkumulieren und wiederverwendbar zu machen. Die Art und Weise, wie das abstrakte Denken funktioniert und für die Schöpfung einer Originalschrift eingesetzt wird, weist auf eindeutige Kulturabhängigkeit." (Haarmann 2011, 43)

Haarmann betont die Autonomie der Schrift gegenüber der gesprochenen Sprache (45 ff.) und er begründet dies etwa mit dem „Variantenreichtum der Organisationsprinzipien, nach denen Schriftsysteme mit Sprachstrukturen korrelieren" (ebd.; siehe auch den Abschnitt „Nicht-phonologische Systeme" in Crystal 2010, 197 ff.). Diese Autonomie ist unter anderem auch der Grund dafür, dass gesprochene Sprachen mit verschiedenen Schriften geschrieben werden können; 47).

Allerdings ist eine „fortschreitende Phonetisierung" (55 f.) festzustellen, die sich in unterschiedlichen Weltregionen findet und die schließlich in der Erfindung der Alphabetschrift in Griechenland auf der Basis des phönizischen Alphabets endet. Interessant ist auch der Hinweis auf die unterschiedlichsten Materialien, die man als Schreibgrundlage verwendet hat: Stein, Ton und Keramik, metallische Grundlagen, Knochen und Elfenbein, Papyrus, Holz und Rinde, Palmblätter, Leder, Pergament, Textilien und – sehr viel später – Papier bis hin zur digitalen Schriftlichkeit. Damit ist auch ein wichtiger Hinweis auf die Materialität der Kommunikation (Gumbrecht/Pfeiffer 1995) gegeben.

Die Alphabetschrift

Harald Haarmann spricht von einem „Siegeszug des Alphabets". Die Alphabetschrift ist im Nahen Osten unter dem Einfluss verschiedener Schriftkulturkreise auf der Basis älterer phonografischer Schreibweisen der Region entstanden. Haarmann weist auf Versuche hin, einen Erfinder der Alphabetschrift, etwa Moses, zu identifizieren. Moses kann es allerdings nicht sein, da alphabetische Inschriften bereits aus der Zeit um 1700 vor Christi bekannt sind, während Moses im 13. Jahrhundert vor Christi gelebt haben soll. Das früheste bekannte Alphabet ist das nordsemitische, das sich um 1700 vor Christi in Palästina und Syrien entwickelte und aus 22 Konsonanten bestand. Auf diesem Modell beruhten das hebräische, arabische und phönizische Alphabet. Letzteres wiederum diente ab 1000 vor Christi als Muster für die Griechen, die Buchstaben für Vokale einführten. (ebd.)

Eine besondere Rolle spielt die Entwicklung dieses phönizische Alphabet auf der Basis des Phönizischen, „eine der bedeutendsten semitischen Kultursprachen des Altertums" (83). Die phönizische Alphabetschrift fand im Mittelmeerraum eine weite Verbreitung, was auch in den damals schon praktizierten engen Handelsbeziehungen in diesem Raum seine Begründung findet (vgl. Abulafia 2013). Im geographischen Raum Griechenland/Kreta fand dann die entscheidende Ausdehnung und Weiterentwicklung der phönizischen Sprache statt, nämlich die Hinzufügung von Vokalen:

> „Die im multikulturellen Milieu Kretas initiierte Alphabetschrift ist als innovative Technologie zur Schreibung des Griechischen weltbekannt." (Haarmann 2011, 87)

Interessanterweise fand diese Alphabetschrift auch ihren Weg zu den Etruskern rund um 800, also lange bevor die Ära der dann mächtigen Römer begann, aber:

> „Daran, dass sie (die Römer; MF) diese Technologie von ihren Nachbarn, den Etruskern, übernommen hatten, mochten sich die stolzen Römer in der Großmachtära nicht mehr erinnern. (…) Tatsache aber ist, dass die Schriftlichkeit bei den Römern in der Anfangszeit im Schatten der Kulturleistungen ihrer etruskischen Lehrmeister stand. Die Etrusker werden wegen ihrer Gelehrtheit und ihres hohen Bildungsniveaus von modernen Archäologen das „Volk der Bücher" genannt. Aus der Zeit vor dem 13. Jahrhundert vor Christi sind nur neun lateinische Inschriften, dagegen Tausende von etruskischen Schriftzeugnissen überliefert." (ebd., 87 ff.)

Folgen der Einführung der Alphabetschrift

Eric Havelock (1990) würdigt das griechische Alphabet als „technologische Erfindung von revolutionärer Bedeutung für die Menschheitsgeschichte". Ermöglicht wurde diese Medien- und Kulturrevolution auch dadurch, dass sich um 500 vor Christi Papyrus als flexibles Trägermedium durchsetzte. Bis dahin hat man Schrift vor allen Dingen an Steintafeln, Wänden, Vasen oder Trinkgefäßen angebracht (Fahlenbrach 2019, 81). Man spricht von einer weitgehenden Alphabetisierung der griechischen Bevölkerung, die mit dem Aufkommen eines Buchhandels, der sich spätestens am vierten Jahrhundert vor Christi zu einem eigenständigen ökonomischen Bereich entwickelte, korreliert (ebd.). A. und J. Assmann identifizieren „drei sehr charakteristische Züge der griechischen Schriftkultur:

> „1) Sie steht der Mündlichkeit in anderer Weise offen, drängt sie nicht ab in die Subkultur, sondern nimmt ihre Formen auf und bringt sie zu neuer, gesteigerter Entfaltung (...).
> 2) Da die Schrift in Griechenland keinen heiligen Raum erschließt, gibt es keine heiligen Schriften; heilige Texte werden bei den Griechen – wie bei den Kelten, den zoroastrischen Persern und vor allem im vedischen Indien – gerade nicht der schriftlichen, sondern der mündlichen Überlieferung anvertraut.
> 3) Da die Schrift in Griechenland keinen offiziellen Raum erschließt, bedarf ihre Handhabung nicht besonderer Bevollmächtigung. Was Cicero einmal für die Römer, im Unterschied zu den Griechen, anmerkt, trifft viel eher auf die Griechen selbst zu: dass ihnen die „öffentlicher Schrift überantwortete öffentliche Erinnerung" fremd sei." (Einleitung zu Havelock 1990, 11 ff.)

Die folgenden Merkmale werden von A. und J. Assmann für die Literalität festgestellt: Differenzierung von Poesie und Prosa, Technologisierung des Wortes, Reflexion, Distanz, Individualisierung, Ich-Konstitution. (16). Die griechische Alphabetschrift, so schon Aristoteles, schaffe Weltdistanz.

Das Merkmal der Distanz ist auch für Ong (1987, 105) wesentlich:

> „Die Distanz, die durch das Schreiben entsteht, entwickelt eine neue Art von Präzision bei der Verbalisierung, indem sie diese vom reichen, aber oft chaotischen existenziellen Kontext der oralen Darbietung abrückt. Solche Darbietungen können durch ihre Wortgewalt und ihre gemeinschaftliche Weisheit überraschen (...). Oral organisiertes Sprechen und Denken taugt nicht für analytische Präzision. (....)"

Und weiter:

> „Die geschriebenen Wörter schärfen jedoch das analytische Denken, weil den einzelnen Wörtern mehr abverlangt wird. Wenn man sich ohne Gesten, ohne Gesichtsausdruck, ohne Betonung und ohne einen wirklichen Zuhörer erklären will, muss man alle möglichen Verständnisweisen einkalkulieren, auf die das Gesagte bei jedem möglichen Leser in jeder möglichen Situation treffen könnte. Folglich hat die Sprache von sich aus so klar zu sein, dass sie auf den existenziellen Kontext verzichten kann." (105)

Insbesondere interessiert den Ägyptologen Assmann der Unterschied zwischen der griechischen Alphabetschrift und den ägyptischen Hieroglyphen. Hieroglyphen sind durch eine realistische Bildhaftigkeit charakterisiert, sie sind gerade nicht abstrakt, sondern beziehen auch die Psyche mit ein:

> „Die Alphabetschrift ist demgegenüber ein abstraktes Aufzeichnungsmedium für die Stimme, in der die Sprache ihre eigentliche Präsenz und Wirklichkeit hat. Griechenland wird zur Schriftkultur nur auf dem Wege der Wortkultur, Ägypten dagegen ist auch als Bildkultur, und daher in einem viel umfassenderen Sinne, eine Schriftkultur. Der Weg zur Schrift führt hier nicht nur über die sprachliche, sondern auch über die bildliche Gestaltung und Aneignung von Welt. Vor allem Schreiben ist die Schrift bereits eine ausdrucksvolle Kodierung von Welt. Die ägyptische Schrift, die jenseits von den Texten das Weltbild der Kultur speichert, wird nicht als eine äußerliche Technik begriffen, sondern als ein Gottesgeschenk verehrt." (25 f.; siehe auch Assmann 2018, Kap. 4 und 7. Kap. 7 ist mit „Disziplinierung des Denkens" überschrieben.)

Walter Ong (1987, 106f.) entwickelt in derselben Richtung (zum großen Teil im Anschluss an Havelock) weitere Bestimmungsmerkmale der alphabetischen Schrift: die Trennung des Wissenden vom Wissen, die Steigerung des analytischen Denkens, die Ermöglichung der großen introspektiven Religionen (Buddhismus, Judentum, Christentum, Islam), die alle sakrale Texte besitzen, die Anhäufung philosophischer und wissenschaftlicher Kenntnisse bei den Griechen, die Entwicklung einer übergreifenden Hochsprache jenseits der Vielfalt aller Dialekte.

Allerdings muss man sehen, dass viele dieser genannten Funktionen, sollten sie tatsächlich zutreffen, wesentlich mit einem weiteren Wechsel des Mediums verbunden sind, nämlich mit der Entwicklung des Buchdrucks und der Nacherfindung des Papiers. Brockmeier (1998, 169) listet noch weitere Zuschreibungen auf: Ablösung tribaler Einheiten durch staatliche Organisationen, Ersetzen einer autokratischen Politik durch eine demokratische Politik, Rechtsstaatlichkeit ersetzt Willkürherrschaft, Aufklärung ersetzt Mythos, der Alltagsverstand entwickelt sich zum Geist (all dies nennt er die „starke Literalitätshypothese", die er – wie oben erwähnt – zumindest relativieren will.).

Interessant ist eine frühe und bis heute immer wieder zitierte Kritik der Schrift von Platon/Sokrates. Wolfgang Raible (2006, 88 ff.) nimmt den Dialog Phaidron als Beispiel dafür, dass die jeweils neuen Medien stets auch mit Medienkritik verbunden sind (also Platons Argumente, die immer noch aktuell sind), wobei die jeweilige Kritik immer auch als Mischung verstanden werden muss, in der nachvollziehbare Argumente eine Rolle spielen, bei denen es gelegentlich aber auch um Konservativismus, um Angst vor der Zukunft und um die Befürchtung geht, an Bedeutung auf dem Markt der Meinungen zu verlieren. Als ein Beispiel gibt er die Genese seines Buchs selbst an (399ff.), bei der er als Anlass den Vortrag eines renommierten Nachrichtentechnikers in der Heidelberger Akademie der

Wissenschaften benennt. Dieser Vortrag befasste sich mit den neuen Medien und stieß gerade bei dem historisch-philologischen Teil der Zuhörer/innen auf harte Kritik.

Als Aspekte, die nicht nur in dem platonischen Dialog eine Rolle spielen, sondern die seiner Meinung nach von Kritikern bei jedem „neuen" Medium erhoben werden, nennt und kommentiert er die folgenden:

> „1. *Schrift ist nur eine Erinnerungsstütze und fördert nicht, sondern verdirbt die Erinnerungsfähigkeit.*
> Dies trifft insofern zu, als die Gedächtnisfähigkeit bestimmter Personen in oralen Gesellschaften in der Tat enorm ist. Dabei wirken bestimmte Arten der Mnemotechnik unterstützend. (…)
> 2. *Ein geschriebener Text ist stumm und hilflos, wenn sein Autor ihm nicht beistehen kann.*
> Es ist in der Tat so, dass Schriftkultur als notwendiges Korrelat die Hermeneutik hat, also die Zunft des Textausleger (…).
> 3. *Ein geschriebener Text vermittelt nur Scheinwissen, weil er sich nicht aus den Überlegungsprozessen ergibt, die der Autor gehabt hat, sondern als fertiges Resultat vorliegt.*
> Hier geht es wohl insbesondere um das Nachplappern von anderen, hinter dem nicht die eigene Gedankenarbeit steht. (…)
> 4. *Ein geschriebener Text kann sich den rechten Adressaten nicht aussuchen.*
> Hier schwingt vielleicht eine gesellschaftliche Konzeption mit, bei der Wissen nicht für alle gedacht war, sondern nur für Eingeweihte (‚insider'). So hat man in der Schule des Hippokrates ärztliches Wissen nur innerhalb der Schule weitergegeben. (…)
> 5. *Allein die gesprochene, mündliche Rede ist der Kommunikationsmodus, dem die negativen Eigenschaften, die unter 1. bis 4. genannt wurden, fremd sind.*
> Bei dem Gespräch von Angesicht zu Angesicht erkennen wir, mit wem wir es zu tun haben, was wir einem anderen zumuten können, wo er unsere Verständnishilfe braucht etc., ist der Dialog oder Polylog mit anderen schlechterdings nicht hintergehbar. (…)." (93 ff., meine Hervorhebungen, MF).

6 Zur Geschichte des Buchdrucks und seinen Folgen

Werner Faulstich (2006, Bd. 1, 120 f.) nennt sieben Indikatoren des gesellschaftlichen Wandels in der frühen Neuzeit: Humanismus und Renaissance, Frühkapitalismus und Merkantilismus, die Ausdifferenzierung des Ständewesens, Reformation und Gegenreformation, Kriege wie etwa der Bauernkrieg, der Absolutismus und nicht zuletzt die Revolution in der Medientechnik, nämlich die Erfindung des Buchdrucks. Der Buchdruck wiederum wird gesehen als Teil eines grundlegenden Medienwandels: nämlich neben dem Beginn der Drucktechnik, die mit dem Namen Gutenberg 1450 verbunden ist, gibt es noch die Gründung der Post durch Franz von Taxis 1490, die Entwicklung der Papiermacherei in Italien schon seit dem 14. Jahrhundert, die Entstehung des Holzschnitts in Europa um 1398, die Verbreitung des Blockdrucks Ende des 14. Jahrhunderts in zahlreichen Ländern, die Einrichtung von Schreibstufen im 15. Jahrhundert, die Etablierung der Buchbinderei als selbstständigem Handwerk. Faulstich nennt neben diesem Aufkommen neuer Medien auch das Verschwinden bislang vorhandener Medien des Mittelalters: der Hofnarr, der Magister, die Bettelmönche, die Fahrenden. Es ist also ein dreifacher Prozess: das Verschwinden traditioneller Medien, die Umwandlung bzw. Wiederbelebung antiker Medien (Faulstich nennt den Lehrer, den Tanz, die Statur), und die Entstehung völlig neuer Medien wie etwa Flugschrift, Kalender, Zeitung und Plakat (neben dem Buch; ebd. 122).

Immerhin wird in dieser Darstellung die Rolle von Gutenberg in einen größeren Kontext gerückt. Dies markiert zumindest einen Unterschied zu verbreiteten Darstellungen dieser Entwicklung, die fast monokausal die einzige Ursache für die gesamte gesellschaftliche und kulturelle Entwicklung in Johannes Gutenberg und seiner Erfindung sieht. Dies findet sich bis in neueste Darstellung der Mediengeschichte (Böhn/Seidler 2014, 50):

> „Johannes Gutenbergs Entwicklung des Buchdrucks mit beweglichen Lettern kann ohne Übertreibung als eine der folgenreichsten Erfindungen der Menschheitsgeschichte betrachtet werden. Um das Jahr 1450 perfektionierte er seine Technik, die auf der Herstellung auswechselbare Metalltypen für den Druck beruht. Der Medientheoretiker Marshall McLuhan prägte den Begriff der „Gutenberg-Galaxis" zur Bezeichnung der weitreichenden Auswirkungen auf die menschlichen Kulturen und Gesellschaften, die von der Erfindung des Buchdrucks ausgingen."

Interessant und sicherlich auch unverzichtbar ist der Hinweis auf das Etikett von Marshall McLuhan. Denn die in dem genannten Text genannten Folgen können kaum bezweifelt werden: die Möglichkeit einer massenhaften Verbreitung identischer Texte, da die vorherige handschriftliche Vervielfältigung mühsam, zeitaufwendig, teuer und ungenau war. Nunmehr konnten identische Bücher auch als Basis für die entstehenden scientific communities verwendet werden. Es wird die Verbreitung von Erlassen und Gesetzen genannt, es wird der Buchdruck als Basis für eine weitergehende Literalisierung der Gesellschaft beschrieben, und nicht zuletzt:

> „In allen Lebensbereichen kommt es nun zu einer Generalisierung und Standardisierung nicht nur von Texten, dann auch von Einheiten, Maßen und Gewichten. Dadurch werden Dynamiken in allen gesellschaftlichen Feldern freigesetzt, die ohne die Erfindung der Drucktechnik und ihren Folgen nicht möglich gewesen wären." (51 f.)

Viele dieser Zuschreibungen lassen sich historisch belegen. Doch muss man sehen, dass es auch eine Mythologisierung rund um den Buchdruck gibt, dass man nämlich die vielfältigsten positiv verstandenen gesellschaftlichen und kulturellen Hoffnungen mit diesem Medienwandel in Verbindung bringt. Dies wiederholt sich – wie noch zu sehen sein wird – auch bei späteren Revolutionen im Bereich der Medien, wenn es etwa im 19. Jahrhundert zu Medienentwicklungen auf der Basis der Elektrotechnik kommt oder es im 20. Jahrhundert elektronisch basierte Medienentwicklungen gibt: Stets waren die jeweils neuen Medien Hoffnungsträger für eine gesellschaftliche Entwicklung zum Besseren. Die Geschichte der Medien kann daher auch als Geschichte der Mythen und Utopien, allerdings auch als Geschichte der Frustration solcher Mythen und Utopien geschrieben werden.

Einen wichtigen Beitrag zur Ent-Mythologisierung des Buchdrucks und der „Gutenberg-Galaxis" leistete bereits Marshall McLuhan selbst. Zwar lässt er zum einen Gutenberg die Ehre widerfahren, als Namensgeber einer ganzen Epoche zu dienen. Bekanntlich gibt es nur sehr wenige Menschen, denen eine ähnliche Ehre zuteil wurde. Man denke etwa an Henry Ford (Fordismus), es gab den Versuch, das Zeitalter des Computers und der Digitalisierung insgesamt als „Turing-Zeitalter" zu etikettieren (zu Ehren des genialen Logikers und Mathematikers Alan Turing), und es gibt einige Könige und Kaiser, die ebenfalls zum Namensgeber von Epochen wurden (Caesar, Ludwig XIV, Friedrich II und andere).

Marshall McLuhan schlägt ein Drei-Stadienmodell der Entwicklung vor, die Zeit vor dem Buchdruck, das Gutenberg-Zeitalter als typografische Ära nach 1450 und als drittes Zeitalter das Marconi-Zeitalter (nach dem Physiker und Nobelpreisträger Guglielmo Marconi, Radiopionier, drahtlose Telegrafie). Auch für André Lerois-Gourhan markiert die Einführung der Druckkunst das Ende einer ersten Phase, in der mündliche Überlieferung im Mittelpunkt steht. Es folgt die

Phase der schriftlichen Überlieferung, die bis zum 19. Jahrhundert dauert. Dann gibt es eine Einführung des Kartei- und Lochkartensystems bis zum späten 19. Jahrhundert, es gibt eine Phase mechanischer Aufzeichnungen bis es schließlich zu der heutigen Etappe elektronischer Aufzeichnungssysteme gekommen ist (weitere Gliederungsvorschläge finden sich in Wenzel 2008, 11ff.).

Schaut man sich allerdings die Schriften von Marshall McLuhan und anderer Vertreter der Kanadischen bzw. Toronto-Schule an, so wird man geradezu mit einer Fundamentalkritik des Buchdrucks und seiner Folgen konfrontiert. Die Mängelliste, die Marshall McLuhan (1970, 1968) in Verbindung mit dem Buchdruck anlegt, ist lang: es geht um die negativen Folgen einer Mechanisierung und der Durchsetzung eines zergliedernden Denkens durch die Nutzung isolierter Buchstaben, und dies als Basis der maschinenbasierten Industrie. Die Folge für den Menschen ist seine Deformation, ganz so, wie sie in der Kulturkritik seit Rousseau immer wieder thematisiert wird (vgl. Bollenbeck 2007). Das Alphabet und der darauf basierende Buchdruck zerstören die frühere Gemeinschaftsformen und damit eine vorhandene organische Gemeinschaftlichkeit (1970, 25 f.), indem sie das Individuum und insgesamt den Gedanken der Individualität hervorbringen.

Der Schüler und Nachfolger von McLuhan, Derrick de Kerckhove (1995), baut diese Fundamentalkritik seines Lehrers deutlich aus und versucht sie, präziser empirisch gerade im Hinblick auf die Formationen des Subjekts zu belegen. Er spricht von einem „Zeitalter der Psychotechnologien“. Er zeigt, dass bereits mit der Schrift das Auge über das Ohr siegt:

> „Seit ich mich mit der Schrift beschäftige, versuche ich zu ergründen, durch welche Umwege sie uns veranlasst, die Welt zu visualisieren und sie theoretisch zu erfassen, und uns dabei zugleich die Ohren verstopft.“ (17)

Bereits bei der Schrift und zusätzlich verstärkt durch die Druckschrift identifiziert er „fünf kognitive Tendenzen“ (26 ff.). Ich gebe nur die Stichworte seiner Analyse an:

- Die phonologischen Schriften und die Horizontalstellung aufgrund der linearen schriftlichen Darstellung (Alternativen zu Linearität finden sich in Crystal 2010 ,182 ff.)
- Linearität: die vokalisierten Schriften und die Verzeitlichung (Training der kognitiven Fähigkeiten, die eine sequenzielle Analyse bevorzugen)
- Analyse: die Auflösung in kleinste Teile (Atomisierung)
- Synthese: Training der kognitiven Fähigkeiten, die auf die Zusammenfügung und das Kombinieren hinzielen
- Abstraktion: Training der kognitiven Fähigkeiten, die einen Code völlig von seinem Kontext trennen.

Das Alphabet wird daher zu einem Beispiel und Muster für die Atomisierung der sichtbaren Welt, die Abstraktion führt zur Entsinnlichung der Kommunikation:

> „Diesen Auswirkungen müssen andere, offensichtlichere hinzugefügt werden, wie zum Beispiel die Trennung von Ich und Welt, die wir allerdings bisher nie der Schrift zuschreiben wollte, da wir den vorgeschobenen Charakter der ersten akzeptierten. Die primären Effekte sind:
>
> - Herausbildung des individuellen Subjekts als einem eigenständigen, von der Umwelt getrennten Teil; die zur Norm gewordene Ausrichtung des Gesichtsfeldes gemäß den drei Dimensionen.
> - Das allmähliche Aufkommen der Perspektive im Zuge der fortschreitenden Alphabetisierung; die Entsinnlichung der Sprache; die psychologische Verinnerlichung der Schrift in Form des Denkens.
> - Diese Bedingungen erlauben es dem Individuum, in Zukunft die Macht über die Sprache und damit über sein eigenes Schicksal zu ergreifen." (30)

Das Alphabet wird so zur Basis des abendländischen Rationalismus, wobei – so der Klappentext – diese Art des Denkens in der Erfindung der Atombombe gipfelt.

Interessant ist, dass Kerckhove – auch hier im Anschluss an seinen Lehrer – nicht bloß das Ende der Gutenberg-Galaxis begrüßt, sondern in der Entwicklung der digitalen Medien und der Möglichkeit einer weltweiten Vernetzung („globales Dorf", so schon Marshall McLuhan) die durch den Buchdruck erzwungene Atomisierung und Individualisierung aufgehoben werden kann. Konsequent wendet er sich daher den neuen digitalen Medien zu und engagiert sich vehement insbesondere im Feld digitaler Künste.

Auch Elisabeth Eisenstein (1997) wurde durch die Thesen von Marshall McLuhan angeregt. Ihr Interesse war, genauer die Entstehung und Entwicklung des Buchdrucks, insbesondere in seinen kulturellen und gesellschaftlichen Auswirkungen zu untersuchen. Denn sie stellte zu ihrer eigenen Überraschung fest, dass der Übergang vom Handschriftenwesen zum Buchdruck bis dahin kaum untersucht worden war (ebd., VI). Anders allerdings als Marshall McLuhan bewertet sie den Buchdruck als treibende Kraft der Entwicklung positiv. Und so diskutiert sie die folgenden Aspekte:

- die Renaissance als Wiederbelebung der Klassik
- die Reformation und ihre Voraussetzungen
- der Buchdruck und der Aufschwung der modernen Wissenschaft.

Mit der Frage, inwiefern der Buchdruck nicht bloß ein Katalysator, sondern vielleicht sogar der entscheidende Katalysator kulturellen Wandels ist, befasst sich auch das monumentale Werk von Michael Giesecke (1998). Er bezieht sich dabei auf das Werk von Elisabeth Eisenstein, beklagt aber, dass bei ihr nicht deutlich wird, als was sie das Phänomen Buchdruck eigentlich auffasst (705): es fehle insgesamt an „kommunikations- und/oder medientheoretischen Modellen über den Buchdruck“ (ebd.).

Vor diesem Hintergrund formuliert er das Ziel seiner Arbeit:

> „Ziel dieser Arbeit ist die Beschreibung der sozialen Gemeinschaft in einem Teil Europas im 15. und 16. Jahrhundert als ein Informations- und Kommunikationssystem, welches durch den Buchdruck als Schlüsseltechnologie hervorgebracht wurde. Die Einführung des Buchdrucks bedeutete die Umschichtung überkommener kommunikativer Verhältnisse. Die neue Technik übernimmt Aufgaben, die zuvor von anderen Systemen und Medien wahrgenommen wurden. Informationen mussten transformiert werden, damit sie von den typografischen Informationssystemen aufgenommen und weiterverarbeitet werden konnten. Es entsteht ein neuer Typus von Information, „wahres Wissen“. Zugleich treten Kommunikationsformen und Informationstypen, die vordem die soziale Gemeinschaft prägten, in den Hintergrund, werden vergessen.“ (22)

In der Tradition der Toronto Schule interessiert er sich auch für die mentalen Folgen:

> „So wirkt jedes Kommunikationsmedium auf die Sinnesorgane des Menschen ein, sozialisiert sie in unterschiedlichem Maße und verändert damit deren Verhältnis untereinander. Schon die Entscheidung des Menschen für die Schallwellen als primäres Kommunikationsmedium kann als eine Entscheidung gegen andere, ebenfalls mögliche Medien, die dann an andere Sinnesorgane angeschlossen hätten, angesehen werden.“ (51)

Giesecke thematisiert, mit welchen Versprechungen die Einführung neuer Medien, hier des Buchdrucks, verbunden sind:

> „Je gewaltiger die Versprechungen eines Mediums sind, umso gewaltiger fallen seine Zerstörungen auf einem anderen Felder aus. Die gewünschte Linealisierung sozialer und anderer Prozesse destabilisiert die Rückkopplungskräfte des Systems. Die Förderung einer Funktion bedeutet die (relative) Herabsetzung anderer. Die Bedingung größerer Speicherung eines Informationstyps ist das Vergessen von anderen. Erst wenn das Verständnis für diesen Zusammenhang gewachsen ist, besteht Aussicht auf eine aufgeklärte Diskussion und Entscheidung über das, was bislang nach einem, man könnte sagen, neurotisch erstarrten Entweder-Oder-Muster abläuft: technische Innovation.“ (53)

In der Beschreibung der mentalen Folgen des Buchdrucks bezieht er sich positiv auf die „beeindruckendste Vorarbeit“ (650) von Marshall McLuhan. Es geht um eine Disziplinierung der Sinne, es geht um die Dominanz einer bestimmten Wissensform, dem „bewussten Wissen“, das als dekontextualisiert, abstrakt, grammatikalisiert und dezentriert beschrieben wird (651). Für diesen Wissenstyp ist der Schriftspracherwerbs und damit auch der Schulbesuch die Voraussetzung. Allerdings:

> „In vielen Menschen wächst die Ahnung, dass das zusammengetragene „einäugige“ Wissen von der unendlichen Vielfalt der Eigenschaften unserer Umwelt nur einen winzigen Teil erfasst. Damit gewinnt sie wieder an Fremdheit. Das herrische Auftreten ihr gegenüber weicht bei vielen sozialen Gruppen Vorsicht und Respekt, also Haltungen, die das Mittelalter mit „Demut“ beschrieben hätte.“ (652 f.)

Seine Konsequenz:

> „Wahrscheinlich werden die Menschen es lernen müssen, andere Informationssysteme aufzubauen als die technisierten typografischen.“ (653; siehe auch Fuchs 2020)

In einem Nachwort von 1998 zu seiner Schrift, die zuerst 1991 erschienen ist, geht er auf einige Kritikpunkte in Rezensionen ein:

- Er rechtfertigt seine informationstheoretische Sprache, die er auch auf die historischen Entwicklungen im 15. und 16. Jahrhundert anwendet, damit, dass man auch die frühe Neuzeit als ein Informationssystem interpretieren kann (952)
- Er geht von der Annahme einer „strukturellen Homologie organischer, neuronaler und technischer Prozesse“ (953) aus.
- Er sieht starke Parallelen zwischen den Mythen, die mit der Erfindung und der Durchsetzung des Buchdrucks verbunden waren, mit aktuellen Mythen und Visionen der Informationsgesellschaft.

Giesecke sieht „in der typografischen Buchproduktion den Beginn und das Vorbild aller weiteren industriellen Warenproduktion.“ Es geht um die „Normierung der Wahrnehmung, des Denkens und des Schreibens, der Sprache sowie die Professionalisierung der Nutzung von Buchinformationen“ (ebd.). Giesecke geht davon aus, dass mit der Entwicklung der neuen Medien die lineare und analytische Denklogik des Buchdrucks zugunsten einer multidimensionalen, polyzentrischen und hierarchiefreien Vernetzung verlassen wird. Interessant ist die Wendung, die er in seiner eigenen Lebensgestaltung vollzogen hat. So hat er nicht bloß ein großes Interesse an den Künsten (er hat einen Lehrstuhl für Vergleichende Literaturwissenschaft), sondern er hat mit seiner Frau einen kleinen Bauernhof erworben, auf dem er sich – verstanden als angewandte Kulturwissenschaft – um den Erhalt alter Birnensorten kümmert.

Parallel zur Entwicklung des Buchdrucks als Bereitstellung von Lesestoff findet eine Entwicklung des Lesens und der Lesefertigkeit statt. Es gibt eine Fixierung auf das Auge und eine „kontinuierliche Tendenz zum stillen, entkörperlichten Lesen, bei dem

> die Imagination und das innere Erleben zunehmend in den Vordergrund dieser Erfahrung tritt." (Fahlenbrach 2019, 89)

Interessant ist in diesem Zusammenhang der Hinweis auf die ästhetische Dimension dieser Medienrevolution: Gutenberg wollte offensichtlich gerade keine Revolution, sondern lediglich die Qualität der handschriftlichen Kopien verbessern. Es ging also um eine Optimierung der bisherigen handschriftlichen Reproduktion durch eine neue mechanische Drucktechnologie. Mit der damit entstehenden Verbreiterung der Lesefähigkeit entstand auch das, was „Öffentlichkeit" genannt werden kann, wobei es zum einen um die Entstehung einer literarischen Öffentlichkeit, später dann auch um eine politische Öffentlichkeit geht.

Man unterscheidet dabei unterschiedliche Formen des Lesens (im Anschluss an Aleida Assmann):

- nützliches Lesen
- ziviles Lesen
- hermeneutisches Lesen
- empathisches Lesen,

wobei diese Formen unterschiedliche Zwecke verfolgen. Insbesondere wurde das empathische Lesen oft scharf kritisiert. Der Philosoph Johann Gottlieb Fichte spricht von einem „narkotischen Mittel" (ebd., 95). Es gibt die Rede von einer „Lesewut", die letztlich auch die Grundlage dafür ist, dass der junge Johann Wolfgang von Goethe einen ersten Bestsellererfolg mit seinen „Leiden des jungen Werther" erzielen kann. Es entstanden besondere Lesemöbel und eine Praxis des stillen Lesens:

> „Resümierend lässt sich festhalten, dass im 18. Jahrhundert ein entscheidender qualitativer Wandel von Medien- und Kulturtechniken des Lesens stattfand, der bereits Ausdruck eines neuzeitlichen, modernen Mediengebrauchs war: einerseits die massenmediale Verbreitung von Schriften, andererseits ihre individualisierte Rezeption. Die stille, auf die Augen fixierte Rezeption forderte den einzelnen Leser in der kognitiven und emotionalen Bewältigung fiktionalen Geschehens neuartig heraus, leistete aber auch immersiven Praktiken Vorschub, die ebenso für spätere Massenmedien wie Film, Fernsehen oder Videospiele prägend wurden." (99)

Teil 2
Die elektrische und elektronische Revolution

Auf dem Weg zur dritten Medienrevolution

In meiner Analyse des Verhältnisses zwischen Mensch, Medium und Gesellschaft will ich nun einen Sprung in das 19. Jahrhundert machen, in der die Elektrizität zur Basis der (Massen-)Medien wird. Dieser Sprung kommt dadurch zustande, dass ich keine Geschichte der Medien in chronologischer Abfolge schreiben will, sondern nur an ausgewählten Situationen die Veränderung von Mentalitäten betrachten will, die (möglicherweise) durch Medien und insbesondere durch den Wandel von Medien bewirkt werden.

Allerdings ist es schwierig, für diese Zeit zwischen der frühen Neuzeit und dem 19. Jahrhundert eine geeignete Bezeichnung zu finden. Werner Faulstich beschreibt in seiner mehrbändigen Kultur- und Mediengeschichte diese Zeit in zwei Bänden und behandelt die Zeit zwischen 1700 und 1830 unter der Überschrift „Die bürgerliche Mediengesellschaft" und die Zeit zwischen 1830 und 1900 unter der Überschrift „Medienwandel im Industrie- und Massenzeitalter".

Helmut Schanze (in Schanze 2001) nennt das entsprechende Kapitel (1500 bis 1800) das „Zeitalter der Typographie". Mit dem Jahr 1800 lässt er „Das Zeitalter der neuen Graphien. Vom Telegraphen zum Kinematographen" beginnen. Das Stichwort Telegraphie verweist auf den Aspekt der Nachrichtentechnik, sodass man leicht bei einer „Geschichte technischer Informationsverarbeitung" (so der Untertitel von Oberliesen 1982) landet.

Nun ist eine Geschichte der Medien als Geschichte der Technik und möglicherweise der großen technischen Erfinder und ihrer Erfindungen geradezu verpönt im Bereich der Mediengeschichtsschreibung. Auch ich bevorzuge für die Zwecke des vorliegenden Textes einen kulturgeschichtlichen und kulturwissenschaftlichen Ansatz. Doch muss man sehen, dass man die technische von der Medienentwicklung nicht abkoppeln kann. Denn zum einen kann man einen weiten und einen engen Technikbegriff unterscheiden, wobei der weite Technikbegriff die technischen Praxen, Körpertechniken, die Werkzeuge und Maschinen im Sinne des altgriechischen Begriffs der techné erfasst und der enge Begriff auf die Hardware konzentriert wird (so Winkler 2008, 91; siehe auch Fuchs 2019). Technische Entwicklung, ökonomischer und gesellschaftlicher Wandel und der

Wandel von Medienkulturen sind zwar nicht identisch, aber aufs engste aufeinander bezogen, sodass man von einer Co-Evolution sprechen kann.

Interessant ist, dass die oben genannte Geschichte technischer Informationsverarbeitung von Rolf Oberliesen (1982) zwar die Nachrichtentechnik in den Mittelpunkt stellt, bei der man möglicherweise geneigt ist, sofort an die auch dort thematisierte elektrische Telegrafie, an das Telefon, an die automatische Datenverarbeitung bis hin zu den aktuellen digitalen Medien denkt: doch Obeliesen lässt seine Geschichtsdarstellung mit der Tragödie „Agamemnon" von Aischylos (525-456 vor Christi) beginnen, in dem eine Depeschenübertragung über eine Entfernung von mehr als 500 km eine zentrale Rolle spielt. Es geht um den endgültigen Sieg über Troja, von dem der König seiner Gemahlin durch Feuerzeichen berichtet.

Diese Feuer-Telegraphie beginnt also sehr früh und hat eine lange Geschichte, die bis in die Neuzeit reicht. Letztlich kann man auch moderne Leuchttürme mit ihren optischen Warnsignalen in diese Traditionsreihe stellen. Optische Telegrafen spielen bei den Römern und dem Schutz der Grenzen des Römischen Reiches eine Rolle, man verwendet sie in Ostasien, sie spielen immer noch am Ende des 18. Jahrhunderts eine Rolle, unter anderem in den Kriegen von Napoleon. Im 19. Jahrhundert werden sie schließlich durch elektrische Telegrafen abgelöst.

Das Überspringen der Zeit zwischen der Erfindung des Buchdrucks und dem 19. Jahrhundert bedeutet gerade nicht, dass sie in irgendeiner Weise zu vernachlässigen sei. Im Gegenteil: Es geschieht in ökonomischer, kultureller und politischer Hinsicht Gravierendes im Westen. Natürlich ohne Vollständigkeit sei daran erinnert, dass in kultureller Hinsicht Frankreich im 17. Jahrhundert mit Racine, Corneille und Molière seine Klassik erlebt, es findet der 30-jährige Krieg statt, der mit dem Westfälischen Frieden beendet wird, der bis heute als politisch-geographische Grundordnung eine große Bedeutung hat, es ist die Zeit bedeutender Wissenschaftler, Künstler und Philosophen wie Descartes, Newton und Leibniz, Wissenschaften differenzieren sich aus und entwickeln sich dynamisch. Das 18. Jahrhundert ist in geistiger Hinsicht die Zeit der Aufklärung, Deutschland erlebt in der Literatur seine Klassik und in politischer Hinsicht ist es die Zeit, in der sich der Wunsch nach einer demokratischen Grundordnung nicht nur verstärkt, sondern in Grenzen auch realisiert.

Eine zentrale Rolle spielt als Medium der Aufklärung der Buchdruck, etwa mit der berühmten Enzyklopädie (von Diderot und d'Alembert herausgegeben und zu großen Teilen auch geschrieben). England muss sich von seiner großen Kolonie im Westen verabschieden, wo auf der pathetischen Grundlage einer von John Locke inspirierten Unabhängigkeitserklärung eine neues Politikmodell erprobt wird.

7 Elektrizität als Grundlage der Medienentwicklung

Die nun zu betrachtende Zeit, das 19. Jahrhundert, kann unterschiedlich etikettiert werden. Eine wesentliche Signatur dieser Zeit besteht darin, dass sich die Industrialisierung mit ihrem Fabriksystem verbunden mit einer sich dynamisch entwickelnden kapitalistischen Wirtschafts- und Gesellschaftsordnung durchsetzt. Diese komplexe Organisationsstruktur mit den unterschiedlichsten Märkten macht ein entsprechendes Verkehrsnetz und aufwändigere Steuerungskonzepte nötig. Man geht davon aus, dass anders als es von den wissenschaftlichen Gründungsvätern der Kybernetik nach dem Zweiten Weltkrieg kolportiert wurde (Norbert Wiener, John von Neumann u. a.), die Kybernetik als Theorie der Steuerung nicht ein Kind des 2. Welt-Krieges ist, sondern schon in der ersten Hälfte des 19. Jahrhunderts aufgrund des damals sich ergebenden Steuerungsbedarfs entstanden ist.

Es entsteht die kapitalistische Klassengesellschaft mit all ihren Konflikten, nämlich eine besitzende Klasse von Kapitalisten und eine weitgehend rechtlose Klasse von Proletariern. Es formen sich die bis heute gültigen politischen Grundpositionen des Liberalismus, des Konservativismus und des Sozialismus. Es gibt die ersten wichtigen Theoretiker einer kapitalistischen Klassengesellschaft, vor allem Karl Marx und Friedrich Engels.

Das 19. Jahrhundert gilt zudem als das Jahrhundert, in dem sich der Wunsch auf politische Mitgestaltung, also eine Demokratisierung der Gesellschaft, eine Bindung der Macht durch die Einführung von geschriebenen Verfassungstexten immer stärker artikuliert (vgl. Fuchs 2019b). Allerdings entstehen dadurch auch heftige Gegenbewegungen, die den status quo beibehalten wollen.

Es entsteht das, was man später Massengesellschaft nennen sollte, und damit ergeben sich gerade am Ende des 19. Jahrhunderts heftige Debatten darüber, was man unter einer „Masse“ verstehen soll, wobei es insbesondere Ängste und Befürchtungen der oberen Klassen sind, die diese Debatten prägen. Im 19. Jahrhundert entsteht daher auch ein neuer Bedarf in der Analyse der Gesellschaft, es entsteht mit Comte am Anfang des Jahrhunderts als neue wissenschaftliche Disziplin die Soziologie, wobei am Ende die bedeutenden Sozialwissenschaftler Tönnies, Max Weber und Durkheim stehen. Die zunehmenden psychischen und sozialen Probleme, die die industrielle Gesellschaft mit sich bringt, führen letztlich auch zur Entwicklung der Psychoanalyse und sie rufen vielfältige Reformbewegungen hervor, die gegen die Deformationen angehen wollen, die die Industrialisierung mit sich bringt. Dazu gehört in Bezug auf die Medien auch eine „Bewahrpädagogik“, die Heranwachsende von den Medien fernhalten will.

Es entsteht eine neue Unterhaltungsindustrie, die die entsprechenden Bedürfnisse der Menschen erfüllen will – und es steht entsteht gleichzeitig ein elitärer Kulturdiskurs, der sich naserümpfend über diese Massenkultur äußert (Maase 1997).

Mit der Industrialisierung sind verschiedene Entwicklungen verbunden: die Einführung des Fabriksystems, die Entwicklung von Industriestädten, die anhaltende Bedeutung des Bergbaus in der Stahlindustrie, die Entwicklung des Transportwesens durch die Eisenbahnen, ein entstehender Weltmarkt und damit verbunden ein Wettbewerb um ökonomische und politische Vorteile und letztlich sogar um Dominanz. Damit entstehen allerdings auch neue Qualifikationserfordernisse und es entsteht eine Kluft zwischen der alten Industrie (Bergbau und Stahlherstellung) und den sich insbesondere in der zweiten Hälfte des 19. Jahrhunderts entwickelnden neuen Industriesparten (Maschinenbau, Chemieindustrie, Elektroindustrie).

Das 19. Jahrhundert gilt zudem als Jahrhundert der Erfindungen und bedeutender Persönlichkeiten, die sowohl innovative Erfinder und Konstrukteure als auch erfolgreiche Unternehmensgründer sind:

> „Die Entdeckungen der Naturwissenschaften hatten direkt wie indirekt enorme Bedeutung für die Lebensgestaltung der Menschen. Das neue Weltbild der Menschen wurde abstrakt, mathematisch, verwissenschaftlicht. Die Zahl prägender technischer Erfindungen reicht von der Dampflokomotive über den Elektromotor bis zur Sicherheitsnadel, vom Fahrrad über den Kühlschrank bis zur Glühlampe, vom Stahl über die Schreibmaschine bis zum Auto. Es war das „technische Zeitalter“.“ (Faulstich 2006, Bd. 2, 60)

Interessant ist, dass der Schulterschluss zwischen Naturwissenschaft und Mathematik auf der einen Seite und der technischen Entwicklung auf der anderen Seite nicht nur enger wird, sondern eine Ursache auch in einer Binnenentwicklung der Mathematik selbst hat. So löst sich die Mathematik am Ende des 18. Jahrhunderts zunehmend von der Pflicht einer engen Bindung mathematischer Objekte an die Wirklichkeit, es entsteht eine reine Mathematik, die quasi autonom nur nach innermathematischen Gesetzen funktioniert. Es zeigt sich dann, dass dies zu einer ausgesprochenen Entwicklungsdynamik in der Mathematik führt, wobei die in diesem Bereich entwickelten Theorien und Modelle sich später als ausgesprochen hilfreich bei der Anwendung auf die ebenfalls komplexer werdenden Theorien in den Naturwissenschaften sind. Die Mathematisierung der Naturwissenschaften, also die Anwendbarkeit der Mathematik in anderen Wissenschaftsdisziplinen, hat paradoxerweise geradezu als Grundlage die Befreiung der Mathematik von ihrer Gebundenheit an die Realität.

Aus der komplexen politischen, gesellschaftlichen, kulturellen und ökonomischen Entwicklung des 19. Jahrhunderts, die aufs engste mit der Entwicklung der

Medien verbunden ist, will ich drei Tendenzen herausgreifen, die sich jeweils auf unterschiedliche Sinne des Menschen beziehen. In visueller Hinsicht ist die Entwicklung der Fotografie zu erwähnen. Mit einer Belichtungszeit von 8 Stunden gelang es Joseph Nièpce 1826, das erste beständige Bild aufzunehmen. Es befindet sich heute in der Universität von Texas in Austin. Basis ist die schon seit der ersten Hälfte des 18. Jahrhunderts bekannte Entdeckung, dass das Sonnenlicht in der Lage ist, chemische Substanzen zu färben. Seinem Mitarbeiter und Nachfolger Louis Daguerre, der oft als Erfinder der Fotografie charakterisiert wird, gelang es erst 1837, allerdings mit erheblich kürzerer Belichtungszeit, eine Fotografie herzustellen. In der Folgezeit wurde die Belichtungszeit weiter verkürzt, sodass ab 1888 Kodak die erste industriell gefertigte Rollfilmkamera herstellen konnte.

Die Fotografie wird begeistert von den Menschen aufgenommen und von Faulstich als „Medium des Kleinbürgers" (a.a.O., 79) charakterisiert. Auch der begeisterte Fotograf Pierre Bourdieu, der seine ethnologischen Studien im Norden Afrikas als junger Wissenschaftler mit zahlreichen Fotografien (die er später ausgestellt hat) begleitete, spricht von einer „illegitimen Kunst", weil die Fotografie über viele Jahre größte Schwierigkeiten hatte, als Kunstform anerkannt zu werden. Das liegt zum einen sicherlich an der leichten Handhabung und der entsprechenden massenhaften Verbreitung (sie also als Distinktionsmerkmal nicht taugt), es liegt aber auch daran, dass Fotografie wie später auch der Film zunächst geradezu eine Jahrmarktattraktion, zumindest aber als Teil der Unterhaltungsindustrie genutzt wurde. Frühe Fotografien und Filme hatten oft einen pornographischen Charakter. Interessant ist, dass die zwischenzeitlich abgeschriebene Polaroid-Technik, die offenbar niemand mehr haben wollte, weil es mit dem Handy leicht ist, quasi unbegrenzt Fotografien anzufertigen, zurzeit eine neue Konjunktur erlebt.

Während es bei der Fotografie um das Auge geht, entwickeln sich im 19. Jahrhundert auch Techniken, Töne zu konservieren und später auch zu übertragen. Man hat es also mit klassischen Funktionen von Medien zu tun, nämlich mit dem *Speichern* (etwa punktuelle visuelle Eindrücke über die Fotografie und später von Bewegungsabläufen im Stummfilm), mit dem *Übertragen,* auf das ich später eingehen werde, und mit dem *Prozessieren,* also den internen Verarbeitungsprozessen von Daten und Informationen (vgl. Winkler 2008, 111). Im Hinblick auf die entstehenden akustischen Konservierungsmöglichkeiten spricht man von einer sekundären Oralität, weil damit auch die gesprochene Sprache, die zeitweilig durch das Buch, den Buchdruck und die geschriebene Sprache große Konkurrenz bekommen hat, eine neuere Relevanz erhält, die bis heute anhält.

Spätestens jetzt ist der geniale Erfinder Thomas Alvar Edison zu erwähnen, der 1877 seine „Sprechmaschine" vorführte, eine Möglichkeit der Aufnahme und Wiedergabe von Schall mithilfe von Tonwalzen. Bei all diesen Erfindungen, die in diesem Bereich zu nennen sind, muss man allerdings auch die zum Teil harten

Konkurrenzkämpfe berücksichtigen. Dabei geht es nicht bloß um die Ehre, als erster etwas erfunden zu haben, sondern es geht um Patente und damit um Verwertungsrechte und um sehr viel Geld. Bekanntlich entwickelte sich das zunächst vorgestellte Gerät rasch weiter, so ersetzte man die Tonwalzen durch Wachswalzen, später durch Zelluloid bis hin zur Entwicklung der ebenfalls heute wieder beliebt werdenden Schellack- und späteren Vinylplatte.

Beide bisher vorgestellten Entwicklungen zeigen, dass man zwar zum einen geniale Erfinder braucht, die allerdings das Geld, die Zeit und die Muße haben müssen, sich jahrelang mit ihren Erfindungen zu befassen. Doch selbst dies genügt nicht, denn das Ganze findet in einem Rechtsrahmen statt, in dem geregelt wird, wer diese Erfindungen kommerziell verwerten darf. Für diese kommerzielle Verwertung wiederum sind erhebliche Investitionen notwendig, damit man die angestrebte größere Zahl der Geräte auch herstellen kann. Es entsteht ein Markt mit all den marktspezifischen Merkmalen wie Angebot und Nachfrage, Herstellung und Distribution, die Bereitschaft zum Konsum, Konkurrenzen bis hin zu dem Wunsch, den entstehenden Markt zu monopolisieren. Es entstehen Rechtsstreitigkeiten und es entsteht ein Wettbewerb um effektivere Techniken.

Die dynamische gesellschaftliche und ökonomische Entwicklung, die sich zunehmend auf immer weitere Weltregionen ausdehnt, erzeugt auch einen größeren Bedarf an Informationen, genauer, an Informationen aus den unterschiedlichsten Regionen der Welt, die zudem schnell zur Verfügung stehen. Es geht also um die Entwicklung einer entsprechenden Nachrichten- und Informationstechnik, die genau dies leisten kann. Für diesen Bedarf sind die oben erwähnten visuellen und optischen Informationsketten zu unzuverlässig und zu langsam. Interessant sind allerdings in unserem Zusammenhang auch diese älteren Übertragungsmedien, weil man wegen der starken Begrenztheit der übermittelbaren Signale (zum Beispiel Licht/kein Licht) man raffinierte Codes benötigt und auch entwickelt, um komplexere Botschaften übertragen zu können. Bekanntlich verwendet man auch heute noch gelegentlich in der Schifffahrt solche Zeichensysteme („Winker-Alphabet"; siehe insgesamt zur Beschreibung solcher Codes in der optischen Telegrafie Oberliesen 1982, 44 ff.).

Es entwickeln sich daher Übertragungsmedien, bei denen man die Möglichkeiten der bereits im 18. Jahrhundert entdeckten und erforschten Elektrizität nutzt. Es geht dabei sowohl um Telegrafie als auch später um das Telefon. Im 20. Jahrhundert hat man es dann mit einem weiteren Entwicklungsschritt zu tun, nämlich mit dem Übergang zu einer drahtlosen Telegrafie als Basis für den Funk, das Radio und später für das Fernsehen, und dies auf der Basis der Elektronik und elektro-magnetischer Wellen. Dies gehört allerdings bereits in das Kapitel der Digitalisierung.

An dieser Stelle ist es aus meiner Sicht notwendig, die in kulturgeschichtlichen Ansätzen einer Mediengeschichtsschreibung verpönte Technikgeschichte und insbesondere die Geschichte der Entwicklung der Erforschung der Elektrizität und ihrer Nutzung mit einzubeziehen, denn diese ist auch die Grundlage für die aktuell diskutierte Digitalisierung.

Oberlieser (1982, 82 ff.) zeigt die enge Verbindung zwischen der Entstehung der neuen kapitalistischen Produktionsweise im Zuge der Industrialisierung und der Entwicklung neuer Nachrichtentechniken. Er beschreibt, dass bereits Anfang des 18. Jahrhunderts Reibungselektrizität nicht nur erfunden, sondern auch ein Verfahren entwickelt wurde, sie systematisch herzustellen. Mitte des 18. Jahrhunderts wird mit dem Kondensator die Möglichkeit einer Speicherung elektrischer Ladungen erfunden (Leidener Flasche). Auch der universell begabte Benjamin Franklin spielt in diesem Kontext eine Rolle, man denke etwa an seine Erfindung des Blitzableiters.

Nun tauchen all die Namen auf, die man auch heute noch im Alltag mit Elektrizität in Verbindung bringt: Ampère, Volta, Ohm, Coulombe, Galvani und andere. Bereits am Anfang des 19. Jahrhunderts werden elektrochemische Telegrafen vorgestellt, man entdeckt den Elektromagnetismus und die elektrische Magnetisierbarkeit des Eisens. Georg Simon Ohm (1789-1854) entdeckt den Zusammenhang zwischen Stromstärke, Spannung und Widerstand („Ohmsches Gesetz"). Bereits in der ersten Hälfte des 19. Jahrhunderts wurden die ersten elektromagnetisch funktionierenden Telegrafensysteme vorgestellt. Auch der bedeutende Mathematiker Carl Friedrich Gauß war bei dieser Entwicklung involviert. Das sich ausdehnende Eisenbahnnetz machte präzise und zeitnahe Informationen erforderlich, sodass hier ein erstes wichtiges Anwendungsfeld und eine Bewährungsprobe für entsprechend entwickelte Telegrafen zu finden ist.

Die technische Basis konnte allerdings nur dann ihre Funktion erfüllen, wenn entsprechende Kodierungssysteme vorlagen. Interessanterweise war es ein Maler, nämlich Samuel Morse, der hier als Pionier gilt und dessen Namen man später zur Kennzeichnung dieses Kommunikationssystems verwendete, obwohl man sein ursprüngliches System längst durch ein einfacheres („Hamburger Alphabet" mit den bekannten Punkten und Strichen) ersetzt hat. Mitte des Jahrhunderts entstand bereits durch die Firma Siemens&Halske eine Großindustrie, wobei militärische Zwecke im Vordergrund standen. Man baute das Telegrafennetz erst auf nationaler Ebene, später auch international aus, wobei zunächst die Kabel-Verbindung zwischen England und dem Kontinent zustande kam (zwischen Calais und Dover im Jahre 1851). Nach vielen Fehlschlägen gelang es dann auch im Jahre 1866, eine kabelgebundene Telegrafenverbindung zwischen Europa und Amerika dauerhaft in Betrieb zu nehmen. Welcher technische, organisatorische und insbesondere auch finanzielle Aufwand dazu notwendig war, kann man sich leicht vorstellen.

Eine weitere Entwicklung besteht in der Erfindung und Nutzung des Telefons. Ähnlich wie das Foto visuell eine Form der punktuellen Wirklichkeitsdarstellung ist, wollte man auch eine ähnliche akustische Wirklichkeitsdarstellung. Die beiden hier zu nennenden Namen sind zum einen der Erfinder und Lehrer

Philipp Reis (1834-1874), der ein entsprechendes Gerät 1860 baute. Einige Zeit später, nämlich im Jahre 1876, erhielt der Amerikaner und Taubstummenlehrer Graham Bell (1847-1922) ein Patent für das von ihm entwickelte Gerät. Auch um diese Erfindung herum gab es heftige Konkurrenzkämpfe um die Priorität und die Nutzungsrechte. In Deutschland wurde das einfachere System von Bell übernommen und von Siemens nachgebaut, da das amerikanische Patent in Deutschland keine Gültigkeit hatte. Auch das Telefon als Einzelgerät war zwar eine originelle Erfindung, konnte seinen Nutzen allerdings erst im Rahmen eines sich ausbreitenden Telefonnetzes erfüllen. Auch hier musste sich also eine aufwendige Infrastruktur mit Verkabelung, Endgeräten und Vermittlungsämtern entwickeln. Dies geschah in den 1870 er Jahren.

Die nächste Etappe in dieser Entwicklung ist die Erfindung des drahtlosen Funks, also die Nutzung elektromagnetischer Wellen, die der Physiker Heinrich Hertz erforscht hat. Hierbei spielt die Erfindung des Physikers und späteren Nobelpreisträgers Goglielmo Marconi (1874-1937) eine entscheidende Rolle. Marconi war ausgesprochen geschäftstüchtig und gründete 1897 in London eine Firma, die diese Entwicklung vermarktete.

8 Lebenswelten als Medienwelten – eine Zwischenbemerkung

Bei einem hinreichend weiten Medienbegriff waren Lebenswelten immer schon Medienwelten. Legt man einen engeren Medienbegriff an, der insbesondere die Medienentwicklung in den letzten 200 Jahren erfasst, sich also im Wesentlichen auf Massenmedien konzentriert, erhält man eine relevante Zeitsignatur, die in dieser Form neu und aussagekräftig ist. Dies begann schon mit dem berühmten „Strukturwandel der Öffentlichkeit", den Jürgen Habermas (1962) beschrieben hat.

Allerdings muss man sehen, dass viele Debatten in der Vergangenheit von Philosophen, Künstlern und Wissenschaftlern geführt wurden, also sogenannte „Intellektuellendiskurse" waren, die nur sehr begrenzt etwas mit dem Leben des Großteils der Bevölkerung zu tun hatten. Zum einen hatten die meisten Menschen überhaupt keine Zeit, sich mit Fragen zu befassen, die über den täglichen Überlebenskampf hinaus reichten. Zum anderen verfügten sie auch nicht über die notwendige Bildung und die Ressourcen, um sich an diesen Debatten zu beteiligen.

Das bedeutet allerdings nicht, dass solche Debatten folgenlos blieben. So wurden etwa die Diskussionen im Vorfeld der amerikanischen Unabhängigkeitserklärung von einem Kreis von gebildeten Menschen geführt, die die europäischen Debatten in der politischen Philosophie sehr gut kannten. Der Einfluss von John Locke auf das Denken der Akteure ist bekannt. Allerdings befindet man sich damit bereits im 18. Jahrhundert, also in einer Zeit, in der sich das allgemeine Bildungsniveau – auch aufgrund der sich durchsetzenden allgemeinen Schulpflicht – deutlich steigerte, in der in immer mehr Ländern ein System von Schulen, Akademien und Universitäten eingerichtet wurde und wo man eine deutliche Steigerung der öffentlichen Debatten spürte.

Es gab Zeitungen und Zeitschriften, die von einem immer größeren Kreis von Menschen gelesen worden, und es gab öffentliche Orte, in denen die politischen Entwicklungen diskutiert wurden. Man sprach halb scherzhaft davon, dass ohne die öffentlichen Cafés die großen Revolutionen des 18. Jahrhunderts nicht stattgefunden hätten. Diese Entwicklung dynamisiert sich im 19. Jahrhundert aufgrund der oben beschriebenen Entwicklungen.

Diese Entwicklungen sind keineswegs nur positiv zu bewerten. So ist die Industrialisierung zwar auch damit verbunden, dass sich das Verkehrs- und Nachrichtennetz immer mehr entwickelt und verdichtet. Man muss allerdings sehen, dass die entstehenden Fabriken noch keine ausgebildete Arbeiterschaft zur Verfügung hatten, sodass Bauern in großer Anzahl von ihren Ländereien vertrieben wurden („Bauernlegen"), sich in den wachsenden Industriestädten niederließen und zur ersten Generation der Industriearbeiterschaft wurden. Damit war ein gravierender und erzwungener Mentalitätsbruch verbunden. Es entstand damit die „Masse", die gegen Ende des 19. Jahrhunderts immer häufiger zu besorgten Debatten unter konservativen Intellektuellen und der Führungsschicht führten. Für jede Gesellschaftsgruppe entstanden dabei spezifische und populäre Medien.

Es entstanden erfolgreiche Zeitschriften wie die „Gartenlaube", und es entstanden am Ende des Jahrhunderts und im Übergang zum 20. Jahrhunderts Massenmedien wie das Radio und später das Fernsehen. Man sprach zum ersten Mal von Freizeit, sodass auch eine massenkulturelle Unterhaltungsindustrie ein lohnenswertes Geschäftsfeld fand, kurz: Es entwickelte sich das, was man als „modernen Lebensstil" beschrieb (vgl. Becher1990). Ursula Becher beschreibt diesen Prozess in seinen verschiedenen Dimensionen: Eine allgemeine Veränderung von Verhaltensstandards und kulturellen Normen und dies in den Bereichen Ernährung, Wohnen, Freizeit, Reisen. Es entwickelte sich die moderne Konsumgesellschaft.

Im Hinblick auf die sich entwickelnden und verändernden Mentalitäten der Menschen spielen gerade die elektrisch basierten Massenmedien insofern eine (bis heute) wichtige Rolle, weil man sich damit daran gewöhnte, mit elektrisch betriebene Apparate zu verwenden, die immer mehr auf individuelle Bedürfnisse eingingen, deren Funktionsweise man allerdings kaum noch verstand. Es entsteht eine eigenartige Mischung einer Individualisierung des Konsums angesichts einer sich vergrößernden Programmauswahl bei einer gleichzeitigen kollektiven Versorgung eines anonymen Marktes.

Mit der Verbreitung dieser Medien intensivierte sich nicht bloß die Debatte darüber, wie man sie politisch oder ökonomisch nutzen kann. Beide Aspekte spielen – wie gesehen – bei der Entwicklung der neuen Massenmedien eine entscheidende Rolle, wenn man daran denkt, wieviel Geld für die Entwicklung einer entsprechenden Infrastruktur investiert werden musste und welche politischen Entscheidungen dazu notwendig waren. Es entwickelt sich auch ein Bewusstsein darüber, dass der Einfluss und die Wirkungen der neuen Medien auf die Menschen erheblich waren.

Diese Zeit ist daher auch eine Art Geburtsstunde von Medientheorien, die man heute noch diskutiert (siehe Pias u. a. 2000 und Ziemann 2019). Denn sowohl beim Radio als auch bei Fernsehen entwickelte man Utopien und Visionen darüber, wie diese Medien das Leben der Menschen verbessern und einen Beitrag dazu leisten können, endlich ein „Reich der Freiheit" herzustellen. Dies geschah bereits bei der Einführung des Buchdrucks und findet erneut bei der Entwicklung des Internets statt. Man denke etwa an die Radiotheorie von Brecht, die heute in keiner Darstellung von (immer noch aktuellen) Medientheorien fehlen darf und in der nicht bloß das demokratische Potenzial des Radios ausgelotet, sondern sogar Vorschläge für eine zu entwickelnde Interaktivität unterbreitet werden. Man freute sich bei den neuen Medien darüber, dass man nunmehr eine enge Verbindung mit der gesamten Welt eingehen kann und Zeitzeuge von Ereignissen wird, die sich in der Jetztzeit abspielen. Kathrin Fahlenbrach (2019) dokumentiert hierzu einige prägnante Aussagen:

> „Wir stehen am Anfang eines neuen Zeitalters, in dem das mechanische Auge alle großen Ereignisse für uns betrachtet und ins Haus liefern kann“ (Daily Herald vom 4.6.1931; Zitat a. a. O. auf Seite 239)

Adolf Grimme, der Generaldirektor des Nordwestdeutschen Rundfunks NWDR, erklärte:

> „So hat uns denn die Technik jene kunstvolle Schale geliefert, die sich fortan alltäglich mit dem bunten Weltgeschehen füllen wird. (...) Das Schicksal der Anderen wird künftig mitten in unserer eigenen Stube stehen, und das Fernsehen kann so aus dem Entfernten unseren Nächsten machen.“ (1953; Zitat auf Seite 240)

Alle neuen Medien wurden zunächst für militärische, ökonomische und politische Zwecke genutzt und später dann für den Privatgebrauch eines allgemeinen Publikums geöffnet. Das gilt bis heute, wenn man etwa an die Geschichte des Internet oder des GPS denkt. Damit entstand allerdings auch das Problem, geeignete Inhalte zu finden. Interessant ist, dass etwa der Protest von Anhängern klassischer Musik dazu führte, die zunächst sehr begrenzte Aufnahmedauer der neuen Schallplatten so auszudehnen, dass sie komplette Symphonien speichern konnten. Technische (und wissenschaftliche) Weiterentwicklungen verfolgen zwar auch eine immanente Entwicklungslogik, sie werden allerdings auch durch äußere Anforderungen angetrieben, die umso größer werden, je erfolgreicher sie sind. Mit dieser Entwicklung entsteht auch der Typus eines (Medien-) Stars (zu diesem und anderen Typen siehe Frevert/Haupt 1998).

An der Entwicklung der Medien und dem Nutzungsverhalten der Menschen lässt sich auch das Generationsproblem ablesen. Auf die Befürchtungen der älteren Generation, dass die neuen Medien die jüngere Generation verderben, habe ich oben schon hingewiesen („Bewahrpädagogik“). Die heutige Debatte über die Nutzung digitaler Medien, die vor allen Dingen von Neurowissenschaftlern (M. Spitzer) und Kriminologen (Chr. Pfeifer) mit größter Besorgnis geführt wird, hat also durchaus eine jahrhundertealte Tradition. Offenbar spielt hierbei eine Rolle, dass gerade die Heranwachsenden eine besondere Affinität zu den jeweils neuen Medien entwickelten und sie sich entsprechend aneignen. Es entwickeln sich eigene Jugendkulturen, die ganz entschieden Jugendmedienkulturen sind. Ich werde später im Kontext der Thematisierung von Medienbildung darauf eingehen.

Mediendebatten spielen also eine entscheidende Rolle in jeweils aktuellen Zeitdiagnosen, in Intellektuellendebatten, sie werden berücksichtigt bei der Entwicklung gesellschaftlicher Utopien oder bei besorgten Überlegungen darüber, ob nunmehr der „Untergang des Abendlandes" bevorsteht. Man versucht, die Medien im Sinne einer Volkserziehung zu regulieren. Medien sind zugleich Hoffnungsträger gesellschaftlichen Fortschritts oder Ursache eines gesellschaftlichen Verfalls.

Es waren die Erfahrungen von Immigranten in den Vereinigten Staaten, die zu weitreichenden Medien-, Kultur- und Gesellschaftsanalysen geführt haben. Bis heute hat das Buch „Dialektik der Aufklärung" von Max Horkheimer und Theodor Adorno (1971) eine große Bedeutung. Es war das Erleben und das Unverständnis der beiden Philosophen gegenüber der völlig kommerzialisierten Massenkultur, vor allem im Bereich der Musik und des Films. Der negativ und kritisch gemeinte Begriff der „Kulturindustrie" geht auf diese Publikation zurück, die allerdings erst mit Verspätung nach dem Zweiten Weltkrieg in Deutschland veröffentlicht werden konnte. Viele der Immigranten wurden nie heimisch in dem Land, das sie als Flüchtlinge vor der Barbarei der NS-Diktatur aufgenommen hat.

Auch unter Bezug auf diese Veröffentlichungen ergab sich eine intensive Diskussion über den Wert populärer Kultur. Während die einen den Verfall der sogenannten Hochkultur beklagten (und dabei oft deren politische Funktion bei der Identitätsbildung des Bürgertums im 19. Jahrhundert vergaßen; vgl. Nipperdey 1990), sahen andere in der populären Kultur ein emanzipatorisches Potenzial. Gerade im Rahmen der Jugendkulturforschung hatten dabei die Studien des CCCS in Birmingham eine große Bedeutung, weil sie zeigen, dass auch die durchkommerzialisierte Musik- und Filmkultur gerade bei Arbeiterjugendlichen eine emanzipatorische Wirkung hatte, insofern sie sich diese Kulturangebote kreativ aneigneten und entsprechend umwandelten (vgl. Willis 1991). Kaspar Maase (1992) zeigte in seiner Studie „BRAVO Amerika", dass der oft negativ gesehene Einfluss der Amerikaner nach dem Zweiten Weltkrieg in Deutschland wesentlich zur Entwicklung eines zivilen Habitus und zur Auflösung einer stark verkrusteten Gesellschaft (Stichwort „Informalisierung") beigetragen hat. Immerhin konnte man zeigen, dass ein bisher von der Hochkultur beanspruchtes Deutungsrecht bei kulturellen Fragen nunmehr durchbrochen wurde, weil etwa mit dem Rock'n'Roll erstmals eine proletarische Kulturform für die gesamte Gesellschaft relevant wurde (siehe auch Hügel 2003).

Werner Faulstich (2011) fasst seine Studien zur Medienkulturgeschichte (im 20. Jahrhundert) zusammen wie folgt:

- die Ausdifferenzierung des medialen Zugriffs auf die Welt
- die mediale Erzeugung und Steigerung der Illusionierung

- die Erweiterung der Teilhabe an der Welt
- die Transformation von Massenereignis zum individualisierten Angebot
- die Steigerung der Verfügbarkeit von Medien
- die mediale Durchdringung der Kultur.

Graphik 6 versucht, den komplexen Wirkungszusammenhang nachzubilden.

Ungleichheit in der Medienwelt

Gerade dann, wenn man die Möglichkeiten zu kreativem Handeln, die Chancen eines fast unbegrenzt erscheinenden Zugangs zu Wissen und die Idee einer besseren Partizipation am sozialen, kulturellen und politischen Leben durch einen Umgang mit den neuen Medien und damit ihre Bedeutung für die Entwicklung von Bildung hervorhebt, muss man den Blick auch darauf werfen, wer überhaupt welche Zugangsmöglichkeiten zu welchen Medien hat.

Dies gilt umso mehr, wenn man sich an die Visionen erinnert, die gerade in der Anfangszeit des Internets formuliert wurden. Es ging nicht nur um Freiheit im Internet, sondern es ging auch um Zugangsmöglichkeiten für alle Menschen, die gewährleistet sein mussten, wenn das im Internet als „Reich der Freiheit" funktionieren soll.

Allerdings hat sich der Gedanke, dass im Internet nunmehr alles kostenfrei zur Verfügung stehen soll, sehr schnell im Rahmen seiner Ökonomisierung als Illusion herausgestellt (siehe Kapitel 12). Ebenso hat sich als Illusion herausgestellt, dass damit ein herrschaftsfreier Raum ohne Zensur, Kontrolle und repressive Maßnahmen entstanden sei (siehe Kapitel 13).

Zudem muss man zweierlei sehen: Wenn auch die Rede von Medienwelten zutreffend ist, so handelt es sich immer noch um eine Gesellschaft, die kapitalistisch organisiert ist. Selbst Soziologen, die in ihren Gesellschaftsanalysen in den 1980 er Jahren das Ende der Klassengesellschaft verkündeten - zu denken ist etwa an Ulrich Beck mit seinem Bild vom Fahrstuhl, in dem es zwar immer noch kleinere Unterschiede geben mag, in dem wir aber alle gemeinsam zu einem immer höheren Wohlstandsniveau nach oben getragen werden – thematisiert man inzwischen wieder verstärkt eine sich vergrößernde Ungleichheit. Dies gilt auch für Soziologen wie Andreas Reckwitz, in deren Gesellschaftsanalysen in früheren Zeiten die kulturelle Dimension dominierend war und die heute wieder von „gesellschaftlichen Klassen" sprechen. Das Problem sozialer Ungleichheit gilt insgesamt auch für das Bildungswesen, wie nicht zuletzt die PISA Studien gezeigt haben: Der Schulerfolg der Heranwachsenden hängt wesentlich von der sozialen Lage des Elternhauses ab.

Vor diesem eher nüchternen Blick auf die Realitäten unserer Gesellschaft ist es auch nicht verwunderlich, dass sich gravierende Ungleichheiten auch im Zugang und im Umgang mit den Medien zeigen. Überraschend ist allerdings, dass dieser sozialstrukturelle Aspekt in zahlreichen – auch pädagogischen – Medientheorien kaum angesprochen wird. Selbst in einer aktuellen „Soziologie der Medien“ (Ziemann 2012) taucht diese Problematik erst gar nicht auf.

Dabei wird bereits seit Jahrzehnten von einer „digitalen Kluft“ gesprochen, die sich sowohl auf erhebliche Unterschiede im Zugang auf nationaler Ebene, aber auch im Vergleich zwischen verschiedenen Ländern ergibt. Eine Ursache für diese Nichtberücksichtigung scheint mir darin zu bestehen, dass generell in der Pädagogik insgesamt, speziell aber auch in der Kulturpädagogik und möglicherweise auch in der Medienpädagogik eine kritische Perspektive auf unsere Gesellschaft in den letzten Jahren zurückgedrängt wurde (vgl. Fuchs/Braun 2017 und insbesondere den Beitrag von Horst Niesyto). In der Gesellschaftstheorie dominierten in den 1990er Jahren eher solche Theorien, die einen Schwerpunkt auf die kulturelle Dimension legten und für die die soziale Frage weniger interessant war. In der Erziehungswissenschaft wurden kritische Ansätze, die sich etwa auf die Frankfurter Schule oder auf Hans-Joachim Heydorn beziehen, weniger hoch gehandelt als solche Ansätze, die – allerdings mit einer erheblichen Verspätung – die Ansätze aus der französischen Postmoderne rezipierten. Insgesamt kann man geradezu von einer Entpolitisierung der Pädagogik sprechen, was man auch daran erkennen kann, dass technokratischen Reformen wie die Bologna Reform oder Verkürzungen des Bildungsbegriffs, wie er durch die PISA Studien zustande kam, wenig entgegengesetzt wurde (vgl. Fuchs 2017). Allerdings kann man sehen, dass in den letzten Jahren eine kritische Haltung in den Gesellschaftswissenschaften an Bedeutung gewonnen haben. So gibt es etwa eine Wiederentdeckung von Marx und Engels, man thematisiert Entfremdungserscheinungen und Pathologien in der aktuellen Gesellschaft, und dies auch deshalb, weil die negativen Folgen eines jahrelangen neoliberalen Regimes quer durch (fast) alle Parteien in der Bildungs-, Gesundheits- oder Sozialpolitik, also in allen Bereichen der Daseinsvorsorge nicht mehr zu übersehen sind. Man muss allerdings auch sehen, dass die Pädagogik insgesamt und auch die Kultur- und vermutlich auch die Medienpädagogik einen Nachholbedarf haben, eine ursprünglich vorhandene emanzipatorische Zielrichtung und eine kritische Haltung gegenüber gesellschaftlichen Fehlentwicklungen in ihrer Theoriekonzepten wiederzugewinnen. Es geht letztlich um nichts weniger als das für eine Demokratie zentrale Grundrecht auf Teilhabe (vgl. Maedler 2008).

Graphik 6: Mittelbare und unmittelbare Einflussmöglichkeiten der Künste und Medien – ein Wirkungsmodell

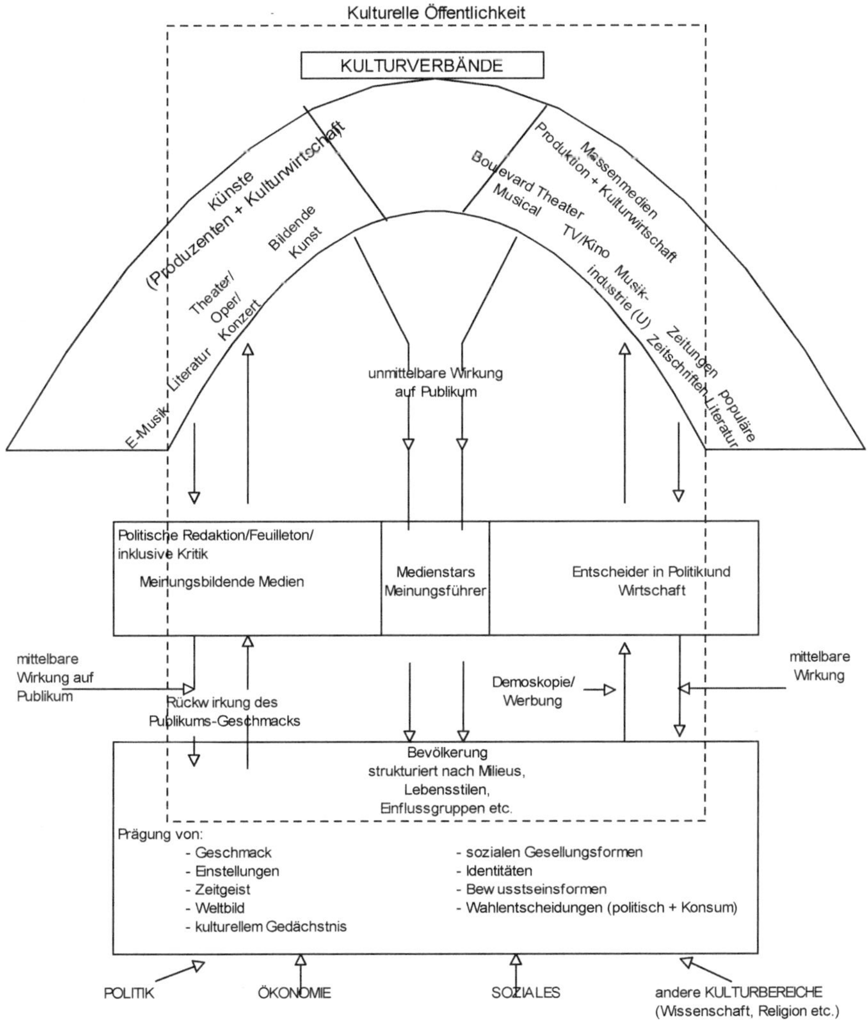

10 Hinweise zu den technischen Grundlagen und der Vorgeschichte digitaler Medien

Einige historische Daten

Es lohnt sich stets aus mehreren Gründen, an die Entwicklung und Genese aktueller Gegebenheiten zu erinnern. Dies gilt insbesondere im Medienbereich. Denn immer wieder stellt man fest, dass gerade die allerneuesten Medien mit sehr großen Hoffnungen in politischer, kultureller oder ökonomischer Hinsicht verbunden waren und sich relativ rasch eine Mythologie um diese Medien herum entwickelt, die sehr lange Zeit das Bild dieser Medien prägt.

Bei dem Internet ist es etwa das von Anfang an kolportierte Ideal eines „Reiches der Freiheit“, das nun endlich zustande gekommen sei, was etwa dazu führte, dass man lange Zeit die ökonomische und politische Dimensionen dieses neuen Mediums ignoriert (so Stöcker 2011, der den Impuls wichtiger Akteure hervorhebt, alles kostenfrei zur Verfügung stellen zu wollen, weshalb Bill Gates und Co. bei seiner Bewertung schlecht abschneiden). Medien sind beliebte Gegenstände einer Ideologieproduktion. Ein historischer Blick zeigt, dass dies nun überhaupt nicht neu ist, sondern dass dies bei der Einführung eines jeden jeweils neuen Mediums geschah.

Ein zweiter Grund dafür, die Nützlichkeit einer mediengeschichtlichen Betrachtung zu erkennen, besteht in der Erkenntnis, dass oft mit jeweils neuen Medien ganz alte Träume realisiert werden. So ist der Computer als Kernstück der neuen Medienwelt schon von seiner Begrifflichkeit her ein Rechner, eine Rechenmaschine. Die Geschichte einer automatisierten Rechenmaschine ist sehr alt und es waren neben dem immer wieder auftretenden Spaß am Tüfteln und Erfinden auch ganz pragmatische, anwendungsbezogene Gründe, die die Menschen veranlasst haben, sich mit dem Problem automatisierten Rechnens zu befassen. In dieser Hinsicht steht der Computer in einer jahrhundertealten Entwicklungslinie.

Immer wieder waren es aber auch militärische und politische Gründe, die die Entwicklung von neuen Medien vorangetrieben haben. Dabei kann man feststellen, dass es nach einer ersten militärischen Nutzung (und einer entsprechenden Geheimhaltung) immer wieder auch zur Öffnung gekommen ist, wobei neben einer pragmatischen Nützlichkeit auch der Aspekt der Unterhaltung und des Spielens wichtig wurde. Dies gilt auch und gerade für den Computer. Denn natürlich wollte man eine Rechenmaschine, natürlich wollte man auch ein Gerät, das Büroarbeiten wie etwa das Rechnen und Schreiben erleichtert, und viele

Menschen haben die neuen Geräte genau in dieser Form genutzt: Sie betrachteten sie als Teil ihres Arbeitslebens, der mit ihrer Freizeit nichts zu tun hat. Eine besondere Entwicklungsdynamik ging aus diesem Anwendungsbereich gerade bei dem Computer gerade nicht aus.

Neben militärischen Anwendungsproblemen, also der Aufgabe, etwa große Rechenleistungen bei dem Bau der Atom- und Wasserstoffbombe vollziehen zu müssen, war es – allerdings sehr viel später – die Entdeckung, dass solche Rechner ausgesprochen gute Spielgeräte sind. Christian Stöcker (2011) beschreibt diese Entwicklung

> „Das Arbeitstier PC versteckte sich gewöhnlich in einem quaderförmigen, kniehohen Gehäuse in der Farbe von Sichtbeton oder Zahnstein, es machte laute Klackergeräusche und nervte mit dem ständigen Föhnen seines Lüfters. Ein PC war offenkundig ein industrielles Werkzeug. Schön war das nicht, aber gerade für Studenten ging ohne Rechner sehr schnell nichts mehr: mühsam auf der Schreibmaschine getippte Semesterarbeiten waren schon Anfang der Neunziger die Ausnahme." (144 f.)

Stöcker beschreibt, dass die Zeit des klassischen Heimcomputers (C 64) eigentlich schon zu Ende war und sich nunmehr der von IBM vorgegebene PC Standard durchsetzte. Vor allem Studenten entdeckten die Möglichkeit, in diesem „hässlichen Arbeitstier" neue, wundersame, schreckliche, faszinierende Welten spielerisch zu erschließen (145).

Entsprechende Programme wurden mit ausgesprochen geschickten Marketingstrategien publiziert, wobei es das erste Egoshooter-Spiel „Doom" war, das den Weg bereitet habe und das bis heute in immer neuen Varianten seinen Marktanteil behauptet. Andere populäre Spiele wie Super Mario sind ebenfalls zu nennen.

Mit der Einführung des Internet wurde sofort auch dieses, ursprünglich für den wissenschaftlichen Austausch entwickelt, für eine spielerische Nutzung erschlossen. Nicht die Nutzung im Büro, sondern die Entwicklung immer neuer anspruchsvoller Spiele, bei denen die Handlungen immer komplexer und die grafischen Darstellungen immer besser wurden, waren ein wesentlicher Motor der weiteren Entwicklung im Hinblick auf Schnelligkeit, Speicherkapazitäten, leichtere Handhabbarkeit etc. Stöcker weist darauf hin, dass eine Idee immer noch lebendig ist, nämlich die Hacker-Idee, dass im Netz alles frei zugänglich sein müsse.

Auch dieser Aspekt der Entwicklung der aktuellen neuen Medien hat eine lange Tradition und es ist sicherlich nicht zu gewagt, diesen Bedarf am Spielen mit einer anthropologischen Bestimmung des Menschen in Verbindung zu bringen (auch wenn der Hinweis auf das berühmte Schiller Zitat, dass der Mensch nur dann Mensch sei, wenn er spiele, für viele in Verbindung mit Computerspielen ein Sakrileg ist.).

Neben dem Spiel ist es – wie erwähnt – vor allem der Wunsch, Rechnen zu erleichtern bzw. bei umfangreichen Rechenaufgaben Rechnen überhaupt erst zu ermöglichen. Solche umfangreichen Rechenaufgaben stellen sich im militärischen Bereich, sie stellen sich aber auch im ökonomischen Bereich angesichts einer immer komplexer werdenden wirtschaftlichen Vernetzung, etwa im Versicherungswesen, das ebenfalls in der Neuzeit aufgekommen ist und eine immer stärkere Verbreitung gefunden hat.

Es ging in der Geschichte auch immer wieder darum, zu wissen, wie groß die Bevölkerung ist, etwa um das Steueraufkommen abschätzen zu können. Man denke etwa an die Weihnachtsgeschichte, bei der Maria und Josef aufgrund eines entsprechenden Befehls von Kaiser Augustus sich auf den Weg nach Bethlehem machen mussten.

Erleichterung des Rechnens und die Bewältigung umfangreicher Daten sind also zwei Aufgaben, die bei der Entwicklung des Computers eine wichtige Rolle spielen. Über die Idee automatischer Rechenmaschinen dachte man schon seit Jahrhunderten nach (siehe Oberwiesen 1982, 165 ff.). Oben wurde gezeigt, dass Rechnen zu den primären Kulturtechniken des Menschen gehört. Rechnen bedarf gegenständlicher Hilfsmittel, seien es Striche, Steine oder andere Materialien. Insbesondere haben sich in diesem Kontext unterschiedliche Ziffernsysteme entwickelt, die unterschiedlich brauchbar bei der Entwicklung von Rechenverfahren waren (Ifrah 1993). Die Einführung des indisch-arabischen Ziffernsystems insbesondere unter Einbeziehung der Null im späten Mittelalter war eine wesentliche Voraussetzung zur Verbesserung dieser Verfahren. Die Erfindung eines binären Codes durch Leibniz (1646-1716) reiht sich in diese Entwicklungslinie ein und bot – allerdings Jahrhunderte später – die Grundlage der heutigen digitalen Kultur. Man entwickelte schon früh weitere Hilfsmittel beim Rechnen wie etwa den römischen Abakus. Außerdem verwendete man immer raffiniertere Verfahren des Rechnens unter Nutzung diverser Körperteile.

Rechnen ist auch und gerade die Basis des Wirtschaftssystems:

> „Bis zum 16. Jahrhundert war dieses Rechnen auf den Linien in Europa verbreitet, wenn auch nur wenige Leute die Fähigkeit des Lesens und Schreibens oder gar des Rechnens besaßen. Rechnen blieb die Zunftskunst der Kaufleute. Rechnete man im Kontor mit Rechenbrettern auf den Tischen, blieb auf dem Markt nach wie vor das Fingerrechnen vorherrschend." (Ifrah a.a.O., 173)

Etappen bei der Entwicklung eines automatisierten Rechnens sind die folgenden:

- die Entwicklung einer mechanischen Rechenmaschine von Wilhelm Schickhardt (1592-1635)
- eine entsprechende Entwicklung von Blaise Pascal (1623-1662)
- die Entwicklung der Maschine von Leibniz (1646-1716).

Es waren geniale mechanische Konstruktionen, in denen insbesondere das Problem des Zehnerübergangs gelöst werden musste.

Im Rahmen der Industrialisierung wurde auch die Produktion von Rechenmaschinen zu einem Geschäftsfeld. Insbesondere ist hier der Chef von Versicherungsgesellschaften, Charles Xavier Thomas (1785-1870) zu nennen, der 1820 ein französisches Patent auf eine Rechenmaschine erhielt und erfolgreich ein entsprechendes Unternehmen gründete. Die Rechenmaschine wurde zunehmend zu einem obligatorischen Bestandteil eines Büros.

Charles Babbage (1792-1871) arbeitete auf der Basis der Steuerungstechnik von Webstühlen (Josef-Maria Jacquard) an einen Rechenautomaten, der komplexere Rechenvorgänge automatisch verarbeiten konnte. Als eine wichtige Etappe ist die Arbeit des deutschen Bauingenieurs Konrad Zuse zu nennen, der seit 1936 versuchte, Rechenautomaten zu bauen. 1941 wurde der von ihm konstruierte frei programmierbare Rechner auf der Basis des dualen Systems auf einer elektro-mechanischen Grundlage von Relais in Betrieb genommen (Z 3).

Die Relais wurden in der nächsten Entwicklungsetappe durch die inzwischen entwickelten Elektronenröhren ersetzt (Mark I in den Vereinigten Staaten, 1944, noch elektromechanisch; ENIAC im Jahre 1945 vollelektronisch, 17000 Röhren, 1500 elektromechanische Relais, 150000 Watt Energieverbrauch, 30 Tonnen Gewicht; vgl. Hiebel 1997). Diese Elektronenröhren wurden ab 1957 durch die Halbleitertechnik, nämlich durch die neu entwickelten Transistoren ersetzt, wodurch die Rechenleistung wiederum erheblich gesteigert werden konnte. Der nächste und bis heute aktuelle Entwicklungsschritt bestand in der Entwicklung integrierter Schaltkreise (Chips), die die Rechengeschwindigkeit und Rechenleistung erheblich steigerten und die Rechenzeiten extrem verkürzten. Jedes Smartphone, das man heute mit sich führt, hat eine größere Leistung als die Computer, die bei der ersten Mondlandung verwendet wurden.

Auch die Bewältigung von immer größer werdenden Datenmengen war eine Herausforderung bei der Entwicklung entsprechender Formen der Datenverarbeitung und -speicherung. Ein Pionier auf diesem Feld ist der Amerikaner Herman Hollerith (1860-1929), der ein System einer Lochkartensteuerung (die auch schon bei den Webstühlen von Jacquard verwendet wurde und die man heute gelegentlich bei automatischen Drehorgeln auf Jahrmärkten noch findet) einsetzte. Hollerith-Maschinen waren bis in die zweite Hälfte des 20. Jahrhunderts in Betrieb, bis auch sie durch die elektronische Datenverarbeitung ersetzt wurden.

Einige Hinweise zu physikalisch-technischen Grundlagen der neueren Entwicklung

Auf die Bedeutung der Elektrizität bei der Entwicklung neuer Medien (Telekommunikation) bin ich bereits oben kurz eingegangen. Eine wichtige Etappe war die Erschließung der Möglichkeiten des Funks, wobei die Bedeutung des Radios und später des Fernsehens nicht überschätzt werden kann. Eine wichtige Rolle bei der Möglichkeit einer massenhaften Nutzung dieser neuen Technologie spielten Elektronenröhren zum Zwecke der Verstärkung der übermittelten Signale. Basis der Elektronenröhren ist die Entdeckung, dass ein glühendes Metall in Abhängigkeit von der Temperatur Elektronen aussendet. Zuerst entdeckt wurde sie im Jahre 1873 durch Frederic Guthry, sieben Jahre später erneut von Thomas Alva Edison. Eine erste auf dieser Basis funktionierende Schaltung wurde im Jahre 1883 patentiert. Weitere Etappen waren die Patentvergabe im Jahre 1906 in Deutschland an Robert von Lieben für seine Verstärkerröhre. Die Entwicklung erfolgte nun Schlag auf Schlag und wurde bei der Verstärkung der Signale bei dem erste Überseekabel 1914 eingesetzt. Es gab Einsätze während des Ersten Weltkrieges. Nach dem Ersten Weltkrieg wurde die Röhre die Basis für die entstehende Radioindustrie. Die Braunsche Röhre wurde wiederum die Grundlage des Fernsehens.

Abgelöst wurden die Röhren durch die Entwicklung der Halbleitertechnik, die zum einen zuverlässiger und zum anderen effektiver und auch energiesparender war. Bei einem Halbleiter wird der Strom nur in einer Richtung durchgelassen, eine Erscheinung, die Ferdinand Braun bereits 1874 entdeckt hat. Historische Darstellungen gehen gelegentlich bis auf das Jahr 1823 zurück, als nämlich Silizium als Basismaterial der Halbleitertechnik entdeckt wurde (nach dem auch das später sogenannte Silicon Valley als Zentrum der Computertechnologie benannt wurde).

Nach dem Zweiten Weltkrieg schritt die Entwicklung durch die Erfindung des Transistors als Kombination verschiedener Dioden insofern voran, als damit die bis dahin verbreiteten Elektronenröhren nach und nach ersetzt werden konnte. Das erste Transistor Radio, das mit Batterien betrieben wird, kam 1954 auf den Markt und wurde spätestens seit den 1960er Jahren – vor allem nach der Einführung der UKW-Technik – zu einem wichtigen Bestandteil der Jugendkultur.

Teil 3
Das Internet

11 Das Internet im Fokus verschiedener fachlicher Zugänge: Ein Überblick

Der Begriff des Netzes ist in den letzten Jahrzehnten zu einer beliebten Metapher in den unterschiedlichsten Gesellschaftsbereichen geworden. Ein Grund dafür ist, dass sich ein „Netz" immer schon in vielerlei Hinsicht als nützlich erwiesen hat: Es gibt Moskitonetze, die vor dem Blutdurst aggressiver Insekten schützen, es gibt Fischernetze, mit denen der Mensch seit Jahrzehnttausenden sein Überleben sichert, es gibt Netze, die den Menschen in Gefahrensituationen auffangen. Ein Netz kann also sehr verschiedene Funktionen haben: Es kann schützen, es kann das Überleben sichern, man kann sich allerdings auch darin verfangen. Schon Machiavelli empfahl dem aufstrebenden Politiker, Netzwerke zu knüpfen, die ihm bei der Durchsetzung seines Anliegens helfen. In diesem Sinne spricht man etwa im Großraum Köln davon, dass die dichteste Form eines Netzes der Klüngel oder der Filz ist.

Manfred Faßler (2001) beginnt seinen kulturwissenschaftlich angelegten Durchgang durch unterschiedliche Dimensionen des Netzbegriffs mit den Worten:

> „Seit wenigen Jahren steht der Terminus „das Netz" in unübersehbarer Konkurrenz zu Gesellschaft, Institutionen, Territorium, zu gedrucktem Wort, zum Buch als Speicher und Imaginationsmaschine, zum Nationalen Fernsehsender oder zu nationaler Kultur." (9)

Faßler zielt damit sogleich auf jene Assoziation, die man heute mit dem Netzbegriff verbindet: auf das Internet, also jener Möglichkeit, Computer so miteinander zu verbinden, dass ein Datenaustausch möglich wird. Durch das Internet wird der Computer aus einer Rechen- und Datenverarbeitungsmaschine zu einem Kommunikationsmedium. Doch sind damit die Möglichkeiten dieser neuen technischen Entwicklung noch lange nicht ausgelotet.

Für das Internet gilt, was für alle Erfindungen und in besonderer Weise für die Entwicklungen im Bereich der Elektronik gilt: Es ist kaum möglich, einen einzigen oder auch nur wenige Erfinder dieser Innovation zu identifizieren. Das beginnt schon mit der zeitlichen Abgrenzung. Faßler (a.a.O., 9) nennt den 10. Oktober 1969, denn an jenem Tag fand eine erste Datenübertragung zwischen zwei und mehreren Computern per Telefonleitung in Stanford statt. Warnke (2011, 33) wiederum nennt den 29.10., denn an diesem Tag wurde erstmals ein Wort („lo") übertragen. Dann brach die Verbindung zusammen. Väter gibt es gleich mehrerer: Leonard Kleinrock, Vinton Cerf, Robert Kahn und andere (siehe unten).

Diese Möglichkeit des Datentransfers wurde Schritt für Schritt ausgedehnt, sodass in der Tat ein Netz entstand, bei dem es eine wachsende Zahl von Knotenpunkten gab. Doch blieb diese Entwicklung für einige Jahre zunächst einmal der wissenschaftlich-akademischen Kommunikation vorbehalten. Erst Ende 1980er Jahre begann die dynamische Entwicklung, mit der wir es heute zu tun haben, und dies mit heftiger Unterstützung durch die amerikanische Regierung. In einem späteren Kapitel werde ich auf die Entwicklung genauer eingehen.

Mit dieser zeitlichen Festlegung kann man von einem Alter von etwa 30 bis 40 Jahren ausgehen. In dieser Zeit entwickelte sich zunehmend das Interesse am Netz in den unterschiedlichsten Disziplinen. Man nennt in der Literatur oft drei Akteure, die diese Entwicklung vorantrieben: Das Militär mit einer großzügigen finanziellen Unterstützung, der wissenschaftliche Bereich und eine gleichzeitig entstehende studentische Subkultur von Bastlern und Programmierern. Neben der Informatik, die sich um die entsprechende Hardware und die Software kümmerte, waren es dann auch die Soziologie, die Kommunikationswissenschaften, die Medienwissenschaften, die Psychologie, die Ökonomie und nicht zuletzt auch die Philosophie, die sich um ein Verständnis dieses neuen Phänomens bemühten. Insbesondere findet man zahlreiche Literatur- und Sprachwissenschaftler/innen unter denjenigen, die Theorien zum Verständnis dieses neuen Mediums entwarfen. Das gilt insbesondere für den deutschsprachigen Bereich, wo man den Professionalisierungsprozess rund um die (neuen) Medien im Zusammenhang mit der Entstehung einer eigenständigen Medienwissenschaft sieht, die sich allmählich von der Literaturwissenschaft emanzipiert (siehe Schröter 2014).

In einem ersten großen Entwurf einer „Medienphilosophie“ im Jahre 2000, also nach dem ersten Drittel der Lebenszeit des Internets, schrieb der österreichische Philosoph Frank Hartmann (2000):

> „Das Internet ist für die neunziger Jahre wahrscheinlich das, was die Raumfahrt für die sechziger Jahre war: es vereint eine visionäre Perspektive für die Menschheit mit der schnöden technischen Alltagspraxis der Ingenieure, die utopische Wunschvorstellung mit der materiellen Basis des Fortschritts. Wie schon beim Apollo-Programm und der medial unifizierenden Mondlandung diese Ingenieurperspektive durch mythologisierende Medienprodukte wie „Starship Enterprise“, so wird derzeit die Infrastrukturentwicklung des „Netzes“ ideologisch überhöht – mit gesellschaftspolitisch aufgeladenen Visionen über geglückte Kommunikation jenseits bestehender gesellschaftlicher Zwänge, über das Versprechen allgemeiner Demokratie und über das *Bit-Business*, die Vision vom *Ecommerce,* eines entgrenzen elektronischen Marktplatzes. Sollen wir nun die visionäre Rede übernehmen oder uns im kulturkritischen Pessimismus üben?“ (309)

Hartmann spricht damit einige Facetten an, die man auch und gerade in einer pädagogischen Perspektive berücksichtigen sollte: die Informatikperspektive der Hard- und Software, also die ingenieurtechnischen Grundlagen, die Fantasien über soziale und politische Folgen und mögliche Ernüchterungen, also die Frage von Machtstrukturen und Einflusssphären im Internet, die ökonomische Perspektive, die Betrachtung des Internets als spezifischem Raum, in dem bestimmte Werte und Normen verhandelt werden, sodass man auch von einer „Internetkultur“ sprechen kann.

Es werden die Mythen rund um das Internet angesprochen mit entsprechenden Hoffnungen und Visionen, aber auch die mit jedem neuen Medium verbundenen kulturpessimistischen Äußerungen, dass wieder einmal der „Untergang des Abendlandes“ bevorstehe. All dies wurde in den Jahren, die nach der Publikation von Frank Hartmann folgten, von ihm selbst und auch von anderen weiter ausgearbeitet.

Einen Eindruck dieser vielfältigen Überlegungen vermittelt die Textsammlung von Tilman Baumgärtel (2017), der von den medientheoretischen Grundlagentexten von Brecht und McLuhan ausgeht, die mit dem Internet verbundenen Gesellschaftsvisionen der 1990er Jahre vorstellt. Er stellt Texte vor, die die Veränderungen in der Ökonomie beschreiben, die auf die Auswirkungen des Internets auf die Subjektformen des Einzelnen eingehen und in denen nicht zuletzt die Möglichkeiten des neuen Mediums für die ästhetische Praxis beschrieben werden.

Interessant sind die unterschiedlichen Strukturprinzipien, die von den verschiedenen Autorinnen und Autoren im Internet gefunden werden bzw. von denen man sich wünscht, dass sie auch bei der zukünftigen Entwicklung des Internets erhalten bleiben. Es geht um Konnektivität und Digitalisierung, um Quantifizierung, Algorithmisierung und Datifizierung, es geht um einen freien Zugang zu vorhandenen Informationen und der Möglichkeit, selbst als Gestalter eingreifen zu können. Es geht aber auch um Kommerzialisierung.

Die meisten Autoren/innen sind sich weitgehend einig darin, dass mit dem Internet ein Epochenwechsel verbunden ist, der mit der Durchsetzung der Industrialisierung im Übergang zum 19. Jahrhundert vergleichbar ist. Ebenso wie bei diesem Epochenwechsel wird man daher damit rechnen müssen, dass sich die Vorstellungen von Gesellschaft, Politik, Zusammenleben, von Wirtschaft und Kultur ebenso ändern werden (oder sich schon geändert haben), wie sich die Formen von Subjektivität ändern.

Auch dies ist nicht weiter überraschend, wenn man an die Studien denkt, die die Auswirkungen des Übergangs von der Oralität zur Literalität auf das Denken, Fühlen und Handeln der Menschen behandeln. Es ist also durchaus naheliegend, wenn der einflussreiche Medientheoretiker Lew Manovich einen Buchtitel in Anlehnung an die klassische Studie von Siegfried Giedions „Die Herrschaft der Mechanisierung“ (auf Englisch: Mechanization Takes Command) wählt: Software Takes Command, sodass (kritische) Software-Studien in den Mittelpunkt einer jeden Analyse der Gegenwartsgesellschaft rücken (siehe auch Eder 2017).

Dies deckt sich mit verbreiteten Beschreibungen unserer Gesellschaft als Wissens- und Informationsgesellschaft (siehe aber kritisch dazu Kübler 2009). Man spricht von einer „Medialisierung" oder „Mediatisierung" der Gesellschaft (vergleiche Hepp in Schröter 2015, 190ff.), wobei auch hierbei die Bewertung dieses Sachverhaltes über die dominante Rolle digitaler Medien weit auseinandergehen: Sehen die einen nur die Zerstörung des Zusammenhalts, die wachsende Manipulierbarkeit und Ausbeutung, einen digitalen Burnout (Markowetz 2015) oder eine digitale Demenz (Spitzer 2012), thematisieren andere nur die neuen kreativen Möglichkeiten und Beteiligungsformen (Marotzki/Jörissen 2009).

Es geht also darum, wie ein verbreitetes Verständnis der neuen Medien realisiert werden kann, das zwar die genannten Risiken und Probleme nicht übersieht, also politisch nicht blind oder naiv ist, das aber vor allem seinen Schwerpunkt darin sieht, neue Denk- und Handlungsmöglichkeiten zu erproben: *das Internet also als Möglichkeitsraum zu verstehen.* Auch dies ist nicht neu, denn – wie oben gezeigt – findet man ähnliche Auseinandersetzungen bereits bei der Einführung der Schrift in der griechischen Antike.

Gerade dann, wenn man den Einfluss der neuen digitalen Medien auf die Gesellschaft und die Menschen nicht nur akzeptiert, sondern auch begrüßt, wird man allerdings überlegen müssen, inwieweit herkömmliche Verständnisweisen von Politik, etwa die Erhaltung der Grundwerte einer parlamentarischen Demokratie wie Freiheit, Gleichheit oder Gerechtigkeit, oder Konzepte wie Emanzipation, Aufklärung und Bildung in diesem neuen Kontext verstanden werden. Man muss überprüfen, ob sie weiterhin Bestand haben oder ob man Veränderungen in seiner Grundbegrifflichkeit vornehmen muss. In jedem Fall sind erhebliche Herausforderungen zu bewältigen. So wird sich die Automatisierung aller Lebensbereiche weiter entwickeln, wie man etwa an der Rede von einer Industrie 4.0 sehen kann. Dies hatte bereits erhebliche Auswirkungen auf die erforderlichen Qualifikationen der Menschen. Man spricht von einer Integration der Medien in den Menschen selbst.

Allerdings muss man sehen, dass trotz der Rede, dass heute eine Unterscheidung von analog und digital nicht mehr sinnvoll sei, immer noch das Analoge in der Lebenswelt der Menschen eine wichtige Rolle spielt. Nach wie vor werden Bücher gelesen, wird mit Materialien gearbeitet, wird mit Menschen unmittelbar geredet und gemeinsam gehandelt. Ein großer Teil des Handwerks arbeitet heute kaum anders als vor einigen Jahren, man muss nur an notwendige Arbeiten bei der Sanierung und Renovierung eines Altbaus denken. Nach wie vor geht es in der kapitalistischen Wirtschaft darum, Gewinne zu erzielen und dies auf Kosten arbeitender Menschen, die keinen gerechten Anteil an diesen Gewinnen erhalten (vgl. Chr. Fuchs 2019). Der „Neue Geist des Kapitalismus" (Boltanski/Chiapello 2006) ist zu einem wesentlichen Teil identisch mit dem traditionellen kapitalistischen Geist. Es ändern sich zudem möglicherweise die Erscheinungsformen des „Elends der Welt“ (Bourdieu 1997, Schultheis/Schulz 2005), doch ist das Elend weltweit kaum kleiner geworden. Es lohnt sich zwar, den „Geist des Informationszeitalters“ (so im Anschluss an Max Weber der Untertitel von Himanen 2001) zu untersuchen und die zu Unrecht oft verunglimpfte Hackerszene zu rehabilitieren, doch wird man feststellen müssen, dass man sich bei aller Freude an den neuen Möglichkeiten nicht darüber hinwegtäuschen darf, dass bestimmte Grundprinzipien unserer Gesellschafts- und Wirtschaftsordnung durchaus gleich bleiben, auch wenn in vielen medienpädagogischen und medientheoretischen Ansätzen dies nicht berücksichtigt wird.

Aber immerhin ermöglicht das Internet den Zusammenschluss von Menschen, die für die Durchsetzung demokratischer Prinzipien im Netz aktiv werden. Der niederländische Medienaktivist und Theoretiker Geert Lovink (2008) etwa spricht zwar von einer „entpolitisierten Internetforschung“, ist aber selbst mit seinem Netzwerk ein Beispiel dafür, dass es Einfluss- und Gestaltungsmöglichkeiten gibt. Dies gilt v. a. für die internationalen Initiativen um internet governance, wobei es insbesondere Gruppierungen und Akteure aus der Zivilgesellschaft sind, die sich dafür einsetzen, dass ursprüngliche Visionen des Internets über einen freien Zugang, einen ungehinderten Datenaustausch und unbeobachtete Kommunikationen und Kooperationen weiterhin möglich sind (siehe etwa Beckedahl/Lüke 2012, Lessig 2001, 2006).

Dies ist aus meiner Sicht ein wichtiger Aspekt, der in einer zeitgemäßen Medienpädagogik, die die Augen nicht vor ökonomischen und politischen Deformationen verschließt, berücksichtigt werden muss. Denn immerhin spricht man inzwischen von einem Überwachungskapitalismus (Zuboff 2018) und einer digitalen Kontrollgesellschaft, was darauf hinweist, dass auch das Internet und die digitalen Medien auch insofern Medien sind, als sie produktiv und destruktiv genutzt werden können. Es kommt also darauf an, dass die Menschen Lust haben, sich auch in diese Debatten einzumischen und über die dazu notwendigen Kompetenzen verfügen. Dies wird im nächsten Teil thematisiert werden.

12 Einige Aspekte aus der Geschichte des Internets

Wozu Geschichte?

In diesem Kapitel soll es nicht darum gehen, erneut die Geschichte des Internets zu rekonstruieren, denn es gibt inzwischen eine Reihe empfehlenswerter Gesamtdarstellungen bzw. Darstellungen einzelner Aspekte (Bunz 2009, Abbate 2000, Warnke 2011; siehe auch die knappe Darstellung von Sebastian Gießman in Schröter 2015, 334ff.). Ich will vielmehr einige Daten, Personen und Entwicklungen herausgreifen, von denen ich denke, dass sie in einer erziehungs- und kulturwissenschaftlichen Perspektive von Interesse sind.

Eine erste Erkenntnis besteht bereits darin, dass man die Geschichte des Internets aus sehr unterschiedlichen Perspektiven schreiben kann: Man kann sie als Technikgeschichte, als Geschichte der Softwareentwicklung, als Geschichte unterschiedlicher Akteure mit sehr verschiedenen Interessen beschreiben. Man kann sie als folgerichtigen Ablauf, möglicherweise sogar mit einer teleologischen Grundüberzeugung schreiben.

Vor diesem Hintergrund ist der Beginn des Überblicksartikels von Sebastian Gießmann (a.a.O.) aufschlussreich:

> „Die Geschichte des Internets ist eine Geschichte der Überraschungen, auch aus der Sicht der beteiligten Akteure (…). Ungeplant, unerwartet und nicht unterstützt – „unplanned, unanticipated, and unsupported" – sei zum Beispiel der E-Maildienst ab 1972 entstanden (..). Anstelle von vereinfachten Gründungslegenden, die eine hauptsächlich militärische Motivation für die verteilte Netzarchitektur annehmen, werden mittlerweile vielfältige Faktoren für die unerwartete Entstehung des Internets benannt." (334).

Es gibt also nicht bloß unterschiedliche fachliche Perspektiven, die unter Umständen auch zu sehr verschiedenen Datierungen über den Beginn des Internets führen, es gibt auch unterschiedliche Sichtweisen darüber, was der Motor dieser Entwicklung und welches das anzustrebende Ziel waren.

Interessant in dieser Hinsicht ist, dass aufgrund der relativ jungen Geschichte des Internets viele der einflussreichen Akteure noch leben und selbst ihre Sichtweisen, Konzeptionen und Vorstellungen – und dies nicht nur über Bücher und Aufsätze, sondern über Vorträge, die im Netz zugänglich sind – erläutern können.

Wichtig ist auch die Berücksichtigung der Tatsache, dass trotz all der im Zitat angesprochenen Überraschungen das Internet auf vielerlei Vorarbeiten und Traditionen aufbaut. So ist das Internet eine Vernetzung von Computern bzw. Computernetzwerken, sodass all das, was bei der Entwicklung von Computern berücksichtigt werden muss, auch eine entscheidende Rolle bei der Entwicklung des Internets spielt (siehe Kapitel 9). Das betrifft insbesondere die zugrunde liegenden Basistheorien. In mathematisch-logischer Hinsicht baute das Internet wie der Computer auf dem Binärcode und der Boolschen Algebra auf. Der Mathematiker und Philosoph Klaus Mainzer (2014) beschreibt diese Grundlagen unter besonderer Berücksichtigung der mathematikphilosophischen und ontologischen Theorien der Berechenbarkeit der Welt („Weltformel") und ihren Grenzen (Gödel, Turing; vgl. auch Schreiber1977). Zudem gibt es inzwischen auch eine jahrzehntelange Tradition mit der Programmierung von Computern und der Entwicklung entsprechender Programmiersprachen (Breuer 1995; inzwischen sogar als Schulfach: Engelmann 2013).

In technischer Hinsicht baut das Internet auf der dynamischen Entwicklung der Halbleitertechnik auf. Eine gewisse Berühmtheit hat etwa das Mooresche Gesetz erlangt (nach dem Mitbegründer von Intel Gordon Moore, geb. 1929), demzufolge es eine rasante Entwicklung bei den Speicher- und Rechnermöglichkeiten gibt: Sie werden in immer kürzerer Zeit immer billiger, immer leistungsfähiger und haben ein immer größeres Speichervolumen. Man diskutiert inzwischen kontrovers darüber, ob aus physikalischen Gründen (weil man auf der Ebene der Quanten angekommen ist) dieses Gesetz seine Gültigkeit verloren hat oder ob in naher Zukunft dieses Ende erreicht werden wird.

Wichtig ist dieser Hinweis auf die materielle, naturwissenschaftliche und technische Basis des Internets, weil bei seiner kulturellen, politischen und sozialen Bedeutsamkeit das Internet zunächst einmal eine *technische* Infrastruktur anbietet. Zu erwähnen ist hier insbesondere Frank Hartmann (etwa 2006) mit seiner Rezeption der Mediologie (nach dem französischen Philosophen und Medientheoretiker Regis Debray, geb. 1940), der in seinen medientheoretischen Arbeiten diese technische Basis darstellt. Auch Martin Warnke (2011) nennt sein Buch zwar „Theorien des Internet", geht aber letztlich nur in seinem letzten Kapitel explizit auf eine „Theorie des Internets" ein und behandelt in den vorangehenden Kapiteln ausführlich die technischen, politischen und ökonomischen Grundlagen.

Dies ist deswegen erwähnenswert, weil im Kontext des Internets sehr oft von „Virtualität" und „Cyberraum" so gesprochen wird, als ob es eine solche materielle Basis gar nicht mehr gäbe. Auch Firmen, die lediglich Daten sammeln, auswerten und daraus ertragreiche Geschäftsmodelle gemacht haben (siehe Zuboff 2018), stützen sich auf die Tätigkeit von tausenden von Mitarbeitern, benötigen für ihre Geschäftstätigkeit riesige Mengen an Energie, Raum und Geräten und investieren enorme Summen in diese materielle Basis ihrer immateriellen Tätigkeit. So haben etwa Microsoft und Facebook zusammen das Projekt des leistungsfähigen Unterseekabels Marea (2017) realisiert, das über 6600 km Bilbao mit Virginia Beach verbindet. Die digitale Sphäre benötigt zu ihrer Existenz also ein großes Maß an Materialität, Ingenieurskunst und handwerklicher Praxis, was in einer zeitgemäßen Erziehungswissenschaft und -praxis auch zu berücksichtigen ist.

Eine Beschäftigung mit der Geschichte des Internets ist auch aus weiteren Gründen wichtig. So hat das Internet als bislang letzter Etappe der Entwicklung von Medien auch insofern eine Bedeutung, als man spätestens mit dem Aufkommen der sogenannten Toronto School (Herbert A. Innis, Marshall McLuhan und andere; siehe oben) Epochenunterscheidungen in der Geschichte danach treffen kann, welche mediale Kommunikationsweise vorwiegend verwendet wurde. Im Kontext dieser Schule hatte man nämlich untersucht, wie sehr die jeweiligen Leitmedien die gesellschaftlichen und kulturellen Verhältnisse, die Verständnisweisen von Raum und Zeit und nicht zuletzt die Formen von Subjektivität prägen. Der Übergang von der Oralität zur Literalität und speziell zum Buchdruck ist im Hinblick auf die Folgen für Gesellschaft und Subjekt genau untersucht worden. Es gibt gute Gründe dafür anzunehmen (und es gibt erste Studien, die dies belegen; siehe Teil 4), dass solche Formungsprozesse nun auch von der Nutzung des Internets ausgehen.

Dies lenkt die Aufmerksamkeit auf die Struktur und Architektonik des Internets, also auf die Frage, welches die tragenden Ideen und Prinzipien sind, nach denen das Internet aufgebaut ist. Man wird bei dem Internet zwar mit einer ausgesprochen dynamischen Entwicklung konfrontiert, sodass der Medientheoretiker Stefan Münker (2009) feststellen kann, dass es nach seiner Anfangszeit keine diskreten Sprünge in der Entwicklung des Internets mehr gibt, weil es aus einer großen Anzahl unterschiedlichster Programme besteht. Andererseits gibt es viele Versuche, überdauernde Strukturmerkmale in der Architektur des Internets zu identifizieren. Dabei ist gelegentlich die Abgrenzung schwierig, welches real vorfindliche Strukturen sind und wo man es (bloß) mit Visionen, Utopien und Hoffnungen zu tun hat, die man mit dem Internet verbindet. Darauf ist in einem späteren Kapitel einzugehen, weil es gerade diese Visionen und Hoffnungen sind, die zum Teil in die Architektur des Internets eingeschrieben sind und die heute zu Konflikten und kontroversen Diskussionen darüber führen, wer dieses Internet in welcher Weise und zu welchem Zwecke nutzen will und darf. Damit sind etwa Grundprinzipien der Gründungsväter und Gründungsmütter des Internets angesprochen, bei denen Aspekte der freien Zugänglichkeit, der Zensurfreiheit, der Möglichkeit der Mitwirkung eine ganz entscheidende Rolle spielen.

Bei dem Nachdenken über das Internet ist zudem die Frage relevant, wo und wie das Internet an bereits vorhandene Traditionsbestände anknüpft und wo man es mit neuen Entwicklungen zu tun hat. Bereits in der Bezeichnung als „Netz“ hat man es mitnichten mit einer neuen Denkfigur zu tun, vielmehr kann man auf eine lange Kulturgeschichte von Versuchen zurückblicken, eine solche „Verbundenheit der Dinge“ (Gießmann 2016) herzustellen. In seiner Kulturgeschichte des Netzgedankens beschreibt Sebastian Gießmann die Vernetzung als Kulturtechnik mit einer langen Tradition. Es geht um Eisenbahnen, um die Kanalisation, es geht um die Vernetzung von Telefonen und Verkehrsmitteln. Es geht um eine mathematische Netzwerktheorie und auch um Unterschiede zwischen verschiedenen Formen der Vernetzung. So kann man zentrale oder dezentrale Typen von Vernetzung unterscheiden, man kann Dinge, Prozesse oder Personen miteinander vernetzen, man muss die unterschiedlichsten Zwecke und Ziele einer Vernetzung unterscheiden.

All diese Überlegungen sind insbesondere dort interessant, wo man innerhalb des Internets (als Netzwerk von Netzen) spezielle Soziale Netze unterscheidet und man zurecht die Frage stellt, wie sozial diese Sozialen Netze eigentlich sind: Welche Formen von Sozialität werden in den sozialen Netzen realisiert, welche Gemeinsamkeiten gibt es mit einer analogen sozialen Vernetzung, welche Unterschiede gibt es, welchen Unterschied machen diese Unterschiede? Im Hinblick auf Netze kann man die Frage stellen, wer dazugehört und wer ausgeschlossen wird, man kann fragen, ob es leicht oder schwierig ist, Teil eines Netzes zu werden, was man dazu tun muss und welche Leistungen man für eine solche Mitgliedschaft zu erbringen hat. Auf der technischen Ebene ist es interessant, danach zu fragen, welche Voraussetzungen gegeben sein müssen, damit eine solche Vernetzung überhaupt funktionieren kann.

Damit ist man in der Tat bei dem Anfang der Geschichte des Internets angelangt, denn dies war das zu lösende Problem, wenn man eine Kommunikation zwischen zwei Rechnern herstellen wollte. Dabei war auch die Vernetzung von Rechnern nicht wirklich neu, denn bereits vorher gab es bereits ein hierarchisches Prinzip, bei dem an einen Großrechner („Master“) mehrere Terminal-Rechner („Slaves“) angeschlossen wurden (siehe Bunz 2009, 27 ff.). Nunmehr ging es darum, gleichberechtigte Rechner miteinander zu verbinden, wobei Bunz beschreibt, dass die ersten Versuche einer solchen Verbindung so funktionierten, dass man zwei im Grunde gleichberechtigte Rechner so miteinander verband, dass einer von beiden als „dummes Terminal“ verstanden wurde (ebd.).

Neben dem technischen Problem, das hier zu lösen war, wird bereits ein wichtiger, möglicherweise der wichtigste Grundgedanke der späteren Entwicklung deutlich: Es geht um Hierarchiefreiheit, es geht um Gleichberechtigung, es geht um Zugangs- und Mitgestaltungsmöglichkeiten, also um all das, was in den 1990er Jahren als Vision, vielleicht aber auch als Ideologie des Internets formuliert wurde und was bis heute im Kontext der Debatten um eine Internet-Governance noch immer als Problem diskutiert wird.

Ausgewählte Daten, Ereignisse und Personen

Wie beschrieben sind an der Entwicklung des Internets zahlreiche Institutionen und Personen mit unterschiedlichen Professionen und Interessen beteiligt. Am Anfang des Internets waren die unterschiedlichen Szenen (studentische Subkultur, akademisch-wissenschaftlicher Bereich, etablierte Telekommunikationsunternehmen, staatliche Instanzen, privatwirtschaftliche Unternehmen mit ihren eigenen Forschungseinrichtungen etc.) und dies auf unterschiedlichen Kontinenten noch weitgehend getrennt voneinander. Je mehr sich jedoch ein Bedarf an einer Zusammenarbeit entwickelte, je mehr man sich deshalb auch Gedanken darüber machte, wie die entstandenen Systeme miteinander kooperieren und kommunizieren können, desto mehr wuchsen die unterschiedlichen Szenen auch zusammen. Damit stellte sich dann das technische Problem, wie die verschiedenen Systeme zusammenkommen können. Das bedeutet, dass eine Einigung erzielt werden musste: Es stellte sich die Frage nach entsprechenden Programmen („Protokolle"), die diese Anpassung leisten konnten.

Aufgrund der Heterogenität der Initiativen und Akteursgruppen ist es schwierig, eine einheitliche Entwicklungslinie des Internets zu skizzieren, da jede der angesprochenen Szenen eine eigene Geschichte mit eigenen Denkweisen, Interessen und Persönlichkeiten hat. Eine aktuell verbreitete Redeweise spricht etwa von der Industrie 4.0 und beschreibt die aktuelle computer- und internetgestützte Wirtschaft als vierte industrielle Revolution. Eine erste Phase ist die Anfangszeit seit dem Ende des 18. Jahrhunderts mit der Einführung mechanischer Produktionsanlagen (Dampfkraft), eine zweite Industrielle Revolution sieht man mit der Einführung des Fließbandes in der Autoproduktion und in den Schlachthöfen (Fordismus), eine dritte Industrielle Revolution sieht man seit Beginn der 1970er Jahre, die durch den Einsatz der Elektronik zur Automatisierung der Produktion geprägt ist.

Auch innerhalb der kürzeren Geschichte des Internets lassen sich unterschiedliche Phasen identifizieren, wobei die reale Entwicklung immer auch begleitet wurde durch die Publikation visionärer Vorstellungen über die zukünftige Entwicklung und über den Einfluss dieser Technologie auf Kultur und Gesellschaft. Dabei spielten Autoren wie Stanislaw Lem, William Gibson, John Perry Barlow oder Bruce Sterling eine wichtige Rolle.

Ein erstes wichtiges Dokument, „Wie wir denken werden" („As we may think") stammt aus dem Jahr 1945 von dem amerikanischen Ingenieur Vannevar Bush (1890-1974; in Auszügen in Ziemann 2019, 183ff.). Heute sieht man in diesem Dokument die Ideen eines Personalcomputers und des Hypertextes vorgezeichnet. Bush wird auch zu den Gründern des militärisch-industriellen Komplexes gezählt, bei dem es darum geht, im Zuge des erwarteten Wettrüstens zwischen den Vereinigten Staaten und der Sowjetunion eine enge Verbindung zwischen Militär und Wissenschaft herzustellen.

Eine zweite hier zu nennende Person ist der Philosoph Ted Nelson (geboren 1937), der im Jahr 1965 die Begriffe Hypertext und Hypermedia prägte. Nelson hatte das Interesse, den Umgang des Menschen mit dem Computer zu vereinfachen, denn bis zu dieser Zeit war ein unmittelbarer Umgang mit den damals vorhandenen Großrechnern aufgrund einer schwer zugänglichen Benutzeroberfläche nur wenigen Experten und Expertinnen vorbehalten.

Auch der Hinweis auf Expert*innen* ist in diesem Zusammenhang wichtig, denn in der Tat hat eine breitere Beschäftigung mit der Geschichte des Computers und des Internets auf die Traditionslinie von Mathematikerinnen und Informatikerinnen hingewiesen (von Ada Lovelace im 19. Jahrhundert bis hin zur legendären Grace Hopper („Amazing Grace"; 1906-1992), die es bis zu dem Dienstgrad eines Admirals gebracht hat und die den Begriff der Wanze („Bug") erfunden hat.

In der Folgezeit war es immer wieder das MIT, das bedeutende Persönlichkeiten in diesem Kontext hervorgebracht hat, etwa den Psychologen und Informatiker Josef Licklider (1915-1990). Jetzt geht es bereits um Fragen der Vernetzung und um die Entwicklung einer entsprechenden Netzarchitektur. Dies ist verbunden mit einer „wirkmächtigen Gründungslegende" (Gießmann a. a. O, 334), nämlich der Behauptung, dass es wesentlich militärische Interessen waren, die zu dieser Entwicklung geführt haben.

In der Tat gab es Mittel aus dem Verteidigungsetat, die von ARPA (Advanced Research Project Agency) vergeben wurden. Sie wurden aber offenbar sehr großzügig und ohne engere Bindung an militärische Zwecke vergeben. In diesem Kontext entstand dann auch ARPANET (Leitung: Lawrence Roberts, 1937–2018) mit der grundlegenden Idee der Paketverschickung (Packet Switching, Paul Baran, 1926–2011 in den USA und Donald Davies, 1924 – 2000, in Großbritannien). Hierbei ging es darum, größere Datenpakete in viele kleinere aufzuteilen, die auf verschiedenen Wegen verschickt und beim Empfänger wieder zusammengebaut wurden. Ein Grund dafür war die Unzuverlässigkeit der telefonischen Verbindungen über nur einen einzigen Kanal. Es wird auch die These vertreten, dass durch diese Aufteilung der Daten der Datenfluss – etwa im Krieg – nicht zerstört werden könne.

Notwendig war dafür, dass die miteinander kommunizierenden Rechner eine gemeinsame Programmbasis, sogenannte Protokolle, für die Verarbeitung der Daten hatten. Auch hierbei gab es Meinungsverschiedenheiten, etwa die eher zentralistischen Vorstellungen der staatlichen Telekommunikationsunternehmen wie AT&T (x.25), mit denen das Netz leichter zu kontrollieren gewesen wäre, und auf der anderen Seite das sich dann durchsetzende Protokoll TCP/IP, das bis heute seine Gültigkeit hat. Man spricht von einem „Protokoll-Krieg", also von einem Streit über die Frage der notwendigen Standardisierung.

Zwar spielen in der ganzen Entwicklung aufgrund der großzügigen Förderung die Vereinigten Staaten eine entscheidende Rolle, doch gab es nennenswerte und interessante Entwicklungen auch in Frankreich oder Großbritannien, die in den 1970 er Jahren bis hin zur Einführung umfassenderer Systeme führten.

Natürlich wären hier noch weitere geniale Erfindungen zu nennen: graphische Oberfläche, die zuerst bei Xerox entwickelt wurde, wobei man sich am Handeln von Kindern orientierte. Die Erfindung der Maus, die zuerst im Apple Macintosh serienmäßig eingebaut wurde (Douglas Engelbart, 1925–2013, ebenfalls Xerox), die Apple Gründer Steve Jobs (1955–2011) und Steve Wozniac (geb. 1950), die Programmierer und Unternehmer Bill Gates (geb. 1955) und Paul Allan (1953–2018) mit Microsoft.

Eine wichtige Rolle spielt auch die Freigabe des Betriebssystems Unix durch den Telefonkonzern AT&T (Bell Laboratories):

> „Die 1980er Jahre gelten – etwas zu Unrecht – als die dunklen Jahre der Internetentwicklung. Denn bereits vor dem massenhaften Erfolg des World Wide Web setzt eine weitere Popularisierung von Diensten ein. Innerhalb der universitär-gegenkulturell geprägten Szene blühten ab 1980 die Unix-basierten Newsgroups, die sich dem Austausch unter Gleichgesinnten verschrieben. Aus der Szene um das Betriebssystem Unix heraus entwickelte sich auch das BITNET, durch das Mailinglisten an Beliebtheit gewannen. Zugleich entstanden neben Bulletin-Board-Systemen (BBS) lebendige Szenen und textbasierte Adventure-Spiele und Multi-User-Dungeons (…). 1988 kam der Internet Relay Chat hinzu, der die bereits bekannten Chatformen als einen eigenen Dienst etablierte." (Gießmann a. a. O., 335)

Es entstanden Foren und es bildete sich eine „frühe digitale Elite" (ebd.), zu der John Perry Barlow (1947–2018) und Howard Rheingold (geb. 1947) gehörten, die flankierend zu diesem Entwicklungsprozess ihre utopisch-visionäre Vorstellungen über die Möglichkeiten und Zukunft des Internet publizierten.

Das Internet als Möglichkeitsraum ist auch ein Raum der Spiele, wobei der Gedanke eines lustvollen Spielens bis heute im Mittelpunkt entsprechender Internetphilosophien steht (siehe etwa Himanen 2001). Die Entwicklung immer anspruchsvollerer Spiele bis hin zu den aktuellen Onlinespielen war und ist zudem ein wichtiger Motor bei der Entwicklung immer leistungsfähigerer Hard- und Software.

Eine weitere maßgebliche Entwicklung fand wiederum aus einem rein wissenschaftlichen Interesse im Kernforschungszentrum CERN in der Schweiz statt. Auf der Basis des schon bestehenden Internets entwickelte der englische Physiker Tim Lerners-Lee (geboren 1950) sein Projekt zur leichteren Übermittlung von Daten zwischen den unterschiedlichen Standorten des Forschungszentrums und wurde so zum Begründer des World Wide Web. Es geht um den Gedanken des Hypertextes:

> „Es gab Textstellen, die auf andere Textstellen nicht nur zeigten, wie es eine akademische Fußnote tut, sondern diese Verweise auch maschinell ausführbar machten, sodass man unabhängig voneinander an einem gemeinsamen Text schreiben konnte. Die eine Gruppe verwies auf das, was die andere machte, und den Zusammenhang stellte das maschinelle Hypertextsystem her." (Warnke 2011, 51)

Grundlage dafür, dass diese Kommunikation und Kooperation funktioniert, ist das gemeinsame Protokoll TCP/IP. *Das Konzept des Hypertextes, dieses Protokoll und die Paketvermittlung können also als Grundlage der heutigen Internettechnik gesehen werden.*

Anfang der 1990er Jahre entdeckte der amerikanische Vizepräsident Al Gore die ökonomischen und politischen Möglichkeiten des Internets und brachte den Begriff des Information Super Highways ins Gespräch verbunden mit einer erheblichen staatlichen Förderung entsprechender Initiativen (Der Videokünstler Nam June Paik wies später darauf hin, dass er diesen Begriff bereits 1974 verwendet hat.).

Zugleich gab es einen ersten Kommerzialisierungsschub in der Zeit zwischen 1995 und 2000, die mit dem Platzen der sogenannten Dotcom-Blase endete. Trotz dieses abrupten Endes war der Erfolg einer ökonomischen Nutzung des Internets nicht aufzuhalten. Es gründete sich die erste musikalische Tauschbörse Napster auf der Basis der Möglichkeit, auch Musikdateien zu verschicken. 1998 wurde Google gegründet, im Jahr 2001 Wikipedia, im Jahr 2003 sprach der Journalist Tim O'Reilly vom Web 2.0, das – entsprechend einer frühen Vision von Bertolt Brecht zum Radio – nunmehr auch als interaktives Medium verstanden werden konnte. Facebook wurde 2004 gegründet, YouTube 2006, 1994 Amazon und Twitter im Jahre 2007. Im Jahre 2007 stellte Apple mit dem iPhone das erste Smartphone vor, mit dem man zwar auch noch telefonieren konnte, das aber dafür sorgte, dass nunmehr jeder zu jeder Zeit eine leistungsfähigen Kleincomputer mit sich führen konnte. Heute hat die Leistungsfähigkeit aktueller Smartphones einen solchen Standard im Bereich der Speicherkapazitäten und der Rechenleistungen erreicht, den vor wenigen Jahren höchstens einige Großrechner erreicht hatten.

Im selben Umfang, wie das Internet ökonomisch bedeutsamer wurde, ergab sich auch die Notwendigkeit rechtlicher Regelungen. Bereits mit der Musiktauschbörse Napster entstand das Problem des Urheberrechts. Seither entwickelt sich eine immer intensivere Debatte über Internet Governance, also über die Frage, inwieweit das Internet politisch und rechtlich gesteuert werden kann. Insbesondere spielt das Jahr 2013 eine wichtige Rolle, als der ehemalige Mitarbeiter der CIA und „Whistleblower" Edward Snowdon (geboren 1983) umfangreiche Materialien über die Überwachungsaktivitäten amerikanischer Geheimdienste öffentlich machte. Darauf gehe ich im nächsten Kapitel ein.

Aktuell stellt die Möglichkeit, riesige Datenmengen zu sammeln und zu analysieren (Big Data) die größte Herausforderung dar: für die Politik und das Recht, für die Ökonomie und auch für die Wissenschaften. Denn es wird sogar die These aufgestellt, dass vor dem Hintergrund der Analyse großer Datenmengen eine Theorienbildung nicht nur nicht mehr möglich, sondern sogar überflüssig geworden sei (siehe insgesamt etwa Reichert 2014).

Gerade auf der Grundlage der beschriebenen These von der Unplanbarkeit der Entwicklung und den zahlreichen Überraschungseffekten, die die reale Entwicklung mit sich gebracht hat, kommt Gießman (a. a. O., 340) zu der Schlussfolgerung:

> „Die sozialtechnische Verfasstheit des Internets wird so als ein weitgehend kontingenter Möglichkeitsraum aufgefasst, dessen dynamische Entwicklung auf kollektiven Präferenzen und Entscheidungen beruht."

12 Das Internet und die Ökonomie

Vorbemerkung

Dass das Internet spätestens seit der Mitte der 1990er Jahre auch als ökonomisch interessanter Raum eine immer wichtigere Rolle spielt, dürfte niemand bestreiten. Vor diesem Hintergrund verwundert es etwas, dass die ökonomische Dimension sowohl in Medientheorien als auch in Konzeptionen der Medienpädagogik nicht immer berücksichtigt wird. In einem Beitrag über „Medienpädagogik und digitaler Kapitalismus" (Niesyto 2019b) gibt der Autor einen Überblick über Beiträge zum Thema „digitaler Kapitalismus" aus unterschiedlichen fachwissenschaftlichen Perspektiven und arbeitet in einem eigenen Analyseansatz Kernpunkte einer Affinität zwischen digitalen und kapitalistischen Strukturprinzipien heraus. Gleichzeitigt betont Niesyto:

> „Es geht um Affinitäten, um die Verknüpfbarkeit beider Strukturprinzipien – es werden keine determinierenden Wirkungszusammenhänge unterstellt. Digitale Technologien sind für unterschiedliche Zwecke nutzbar".

Niesyto weist darauf hin:

> „Medienpädagogik als kritische Medien- und Gesellschaftsanalyse und zugleich als subjektorientierte Handlungswissenschaft und pädagogisches Arbeitsfeld zu entwickeln, ist kein Widerspruch. Wir benötigen beides: Die konsequente Orientierung an den Menschen, ihren Bedürfnissen, Interessen und Lebensformen, aber auch die Untersuchung struktureller gesellschaftlich-medialer Muster, die Wahrnehmung, Denken und Handeln der Menschen beeinflussen und sozialisationsrelevant sind." (Niesyto 2019b).

In der Wirtschaftswissenschaft wird das Netz mit seinen Möglichkeiten und Risiken inzwischen ein integraler Bestandteil. Man kann dabei zwanglos anschließen an das Feld der Medienwirtschaft, also an eine Ökonomie rund um Bücher und Zeitungen, die Telekommunikation, das Radio, das Kino und das Fernsehen. Schon bei der Erfindung und Durchsetzung des Buchdrucks spielte – wie gesehen – die ökonomische Dimension eine entscheidende Rolle.

Dies ist auch bei der Entwicklung der elektronischen Medien der Fall, denn es musste die Forschung bezahlt werden, es musste ein Interesse an neuen Entwicklungen bestehen. Menschen, die größere Geldmengen investierten, mussten eine Chance dafür sehen, dass sich diese Investitionen auch lohnten. Dies gilt für alle Bereiche rund um die neuen Medien, es gilt für die Entwicklung der Hardware, etwa bei den neuen Speichermedien, es gilt aber auch bei der Entwicklung von Software. Man muss sich nur daran erinnern, dass das Unternehmen Microsoft, das seinen Schwerpunkt in der Software-Produktion hat, zu den weltweit größten Unternehmen gehört und über viele Jahre sogar an deren Spitze stand. Am Beispiel von Microsoft kann man auch zeigen, dass es nicht unbedingt die das beste Produkt ist, das sich letztlich durchsetzt, sondern dass Marktmacht und geschicktes Management eine möglicherweise wichtigere Rolle spielen.

Man spricht von einer Netzökonomie (Knieps 2007) oder von einer „Neuen Medienökonomik“ (Hutter 2006). In diesen Kontexten ist es völlig klar, dass Medien und Kommunikation auch ökonomisch interessante Geschäftsfelder sind. Auch die Rede von einer Informations- und Wissensgesellschaft, auf die später noch einzugehen sein wird, spricht weniger kulturelle Entwicklungsprozesse in der Gesellschaft an, sondern bezieht sich vor allem darauf, dass sich die Art und Weise unseres Wirtschaftens aufgrund der Entwicklung der Medien entscheidend verändert. In diesem Sinne sind auch die zahlreichen Berichte, Verlautbarungen und Programme etwa von der Europäischen Union, des Bundestages mit seiner Enquetekommission „Internet und digitale Gesellschaft“ oder der Bundesregierung und nicht zuletzt auch der „Digitalpakt“ zu verstehen.

Auch rechtliche Regelungen des Internets sind ökonomisch relevant, sodass in diesen Debatten die Lobbyorganisationen der digitalen Wirtschaft eine wichtige Rolle spielen (siehe unten). Das Internet und insgesamt der Aspekt der Digitalisierung spielen also bei der Charakterisierung unserer Gesellschaft eine wichtige Rolle. Man spricht von einer „digitalen Ökonomie“ oder von einem „digitalen Kapitalismus“, man spricht davon, dass „immaterielle Arbeit“, die man in der Welt der Computer und des Internets sieht, eine immer größere Rolle in der Volkswirtschaft spielt.

Die Wirtschaft hat dabei ein großes Interesse an Informationen darüber, wie groß anvisierte Märkte sind, wie die Menschen – verstanden als potenzielle Konsumenten – auf angebotene Produkte reagieren, welche Interessen sie haben und wie man unter Umständen diese Interessen beeinflussen kann. Marktforschung und Werbung sind daher hochrelevant. Dabei gibt es vielfältige Verbindungen zwischen dem digitalen Bereich der immateriellen Arbeit und dem analogen Bereich handfester Güter und Dienstleistungen. Inzwischen hat der Onlinehändler Amazon die Spitze der umsatz- und ertragsstärksten Firmen erreicht und sein Gründer Jeff Bezos (geb. 1964) gilt mit einem Vermögen von 130 Milliarden Dollar als reichster Mann der Welt. Dabei beschränkt sich Amazon heute nicht mehr nur auf den Handel mit Gütern, sondern hat seine Produktpalette auch auf Streamingdienste, auf die Produktion eigener medialer Inhalte und Endgeräte ausgedehnt.

Exemplarisch für die Funktionsweise dieses Handelns mit Daten und ihrer umfassenden Sammlung soll die Analyse der amerikanischen Wissenschaftlerin

Shoshana Zuboff (2018) vorgestellt werden. Dabei kommt es zu engen Verknüpfungen von Politik und Ökonomie, so wie es das zurzeit wiederbelebte Konzept einer „Politischen Ökonomie“ schon im 19. Jahrhundert realisiert hat.

Zuboff geht davon aus, dass Apple und Microsoft ihre Datenerfassung bei Endverbrauchern am Anfang tatsächlich zur Verbesserung der Produkte betrieben, während Google und später Facebook bereits recht früh die Nutzerdaten ihrer jeweiligen Produkte für Zwecke jenseits der propagierten Anwendung, nämlich für eine immer passgerechtere Werbung, verwendeten.

Basistheorien und Grundlagen für den Erfolg

Die Zeiten waren in vielfältiger Hinsicht günstig für die hochbegabten Informatiker wie Bill Gates, Marc Zuckerberg, Larry Page und Sergei Prim, die zudem klug genug waren, clevere Strategen wie Eric Schmidt oder Cheryl Sandberg zu engagieren. In ökonomischer Hinsicht war es der Neoliberalismus, wie er in Chicago von Milton Friedman vorgedacht wurde. Damit war ein bestimmtes Verständnis von Freiheit – bzw. einer durchaus erfolgreichen Umdeutung dieses politischen Begriffs – verbunden: Freiheit nämlich nicht als Freiheit eines selbstbestimmenden Individuums, sondern als Freiheit des Unternehmers, machen zu können, was ihm nützlich erscheint. Ein freier und unregulierter Markt wird als Grundbedingung einer Demokratie propagiert, so wie sie die neoliberalen Ideologen verstehen. Der Staat mit seinen Regulierungswünschen (und mit seiner Anforderung, Steuern zu bezahlen) ist ein Hindernis bei der Realisierung einer solchen Freiheit, seine Gesetze sind veraltet und können mit der technischen Entwicklung nicht Schritt halten, so heißt es vielfach in Stellungnahmen der Akteure in diesem Feld. Daraus ergibt sich für diese das Recht, diese gesetzlichen Regelungen nicht berücksichtigen zu müssen. Weil hinreichend Finanzmittel zur Verfügung stehen, fanden sich zahlreiche Wissenschaftler, die diese Überzeugungen mit ihrer Expertise unterstützten. Zuboff spricht von über 1000 Studien aus dem Hochschulbereich, die eine entsprechende Interpretation – vor allem des ersten Verfassungszusatzes der amerikanischen Verfassung – vornehmen.

Politisch auf derselben, letztlich antidemokratischen und (im klassischen Sinne) antiliberalen Linie liegt die Nutzung der Verhaltenspsychologie von Skinner. Dieser hat den Behaviorismus nämlich nicht nur als durchaus erfolgreiche Methode der Verhaltensmodifikation verstanden, sondern zu einer umfassenden totalitären Gesellschaftsvision weiterentwickelt. Angewandte Verhaltenspsychologie findet in vielfacher Hinsicht insbesondere rund um Facebook und Google statt (siehe unten).

Man muss dabei sehen, dass mit den Angeboten der genannten Unternehmen reale menschliche Bedürfnisse angesprochen, dann aber in einer sehr engen und spezifischen Weise „befriedigt" werden, so wie sie den Interessen der Anbieter dienen. So will sich der – insbesondere junge – Mensch in sozialen Gruppen (peer group) vergleichen, er will verbunden sein („Teilhabe"), er will spielen, er will sich gespiegelt sehen im Meinungsbild anderer. All dies wird durch die gesellschaftliche Entwicklung (Stichwort Individualisierung) verstärkt, gestützt und sogar gefordert. Offensichtlich liegen die Angebote von Facebook und co auf dieser Linie realer individueller Bedürfnisse und gesellschaftlicher Entwicklungen. Sie greifen sie auf, nutzen sie im eigenen Interesse und gestalten zunehmend selbst die gesellschaftliche Entwicklung.

Ein weiteres Spezifikum, das Zuboff präzise ausarbeitet, ist die weitgehende Indifferenz gegenüber Inhalten („Content") der Daten. Alles hilft den Unternehmen bei ihrem Ziel einer immer präziseren und umfassenderen Datenerfassung, wobei ethische Maßstäbe geradezu hinderlich wären. Daher wehrt man sich vehement dagegen, Verantwortung für die Inhalte zu übernehmen – auch unter Bezug auf das zentrale Recht der Meinungsfreiheit. Man muss dabei sehen, dass durch die Postmoderne ohnehin der Boden bereitet war, Wahrheitsansprüche zu relativieren oder sogar zurückzuweisen: Ein Unterschied zwischen News und Fake News ist vor diesem Hintergrund kaum noch auszumachen.

Was ist neu an digitalen Kapitalismus? Auf dem Weg zur dritten Moderne

Der Industrie-Kapitalismus entstand wie beschrieben auf der Basis technischer Entwicklungen wie der Dampfmaschine und einer neuen Form des Umgangs mit Vermögen. Die technischen Entwicklungen hatten dabei zunächst immanente Bewegungsursachen, etwa die Neugierde der Entwickler und das Interesse an Verbesserungen des ursprünglich katastrophalen Wirkungsgrades der ersten Dampfmaschine. Doch ergab sich rasch eine Liaison zwischen dem Erfindergeist und einer Gewinnorientierung. Die neuen Kapitalisten legten dabei ihr Geld in Maschinen und Fabriken an und wurden zu Besitzern der Produktionsmittel, während die Arbeiter – zunächst vertriebene Bauern und Tagelöhner – nur ihre Arbeitskraft hatten. Dies ist der Grundzug der Marxschen Klassentheorie.

Der Industrie-Kapitalismus beruht dabei nicht nur auf der Ausbeutung der Arbeiter: Er wird auch durch ein zwar produktives, aber eben auch ausbeuterisches Verhältnis zur Natur charakterisiert.

In diesem Mensch-Natur-Verhältnis wird nicht nur die Natur verändert (und – wie deutlich zu spüren ist – auch zerstört), es wird auch der Mensch entsprechend geformt: Jede Gesellschaftsordnung korrespondiert mit einer bestimmten Subjektform (Fuchs 2012, Veith 2001). Immerhin hat sich im Zuge der Entwicklung der bürgerlichen Gesellschaft und dem ökonomischen Liberalismus auch der moderne philosophische und politische Liberalismus entwickelt: der Anspruch der Menschen auf Mit- und Selbstbestimmung, ganz so, wie es die Menschenrechte formulieren.

Wirtschaft, Gesellschaft, Politik und Kultur (Religion, Künste, Wissenschaften, Erziehungssystem) entwickeln sich entsprechend und bedingen einander. Immerhin geht Zuboff davon aus, dass sich dieser entwickelte Kapitalismus immer noch auf reale Bedürfnisse der Menschen bezieht: Sie ist keine grundsätzliche Gegnerin der Marktwirtschaft, denn innerhalb dieses Kontextes konnten sich die liberalen Vorstellungen vom Menschen als gestaltendes Subjekt seines Lebens und die Vision einer demokratischen Ordnung entwickeln (vergleiche Fuchs 2019a). Dieses System geriet in der zweiten Hälfte des 20. Jahrhunderts ins Stolpern. Man sprach von einer Zweiten Moderne, bei der der Dienstleistungsbereich den Industriebereich an Bedeutung verdrängte.

Auch dies war eine Entwicklung, die alle Gesellschaftsbereiche erfasste und die die Rede von einer Postmoderne, einer Zweiten Moderne, einer reflexiv gewordenen Moderne etc. provozierte. In den Wissenschaften ist man sich bis heute uneinig, ob es sich um ein Ende (der Geschichte, der Moderne, des souveränen Subjekts etc.) oder bloß um eine neue Etappe der Moderne handelt.

In dieser Situation beginnt der eingangs beschriebene Prozess der Digitalisierung. Zuboff sieht den grundlegenden Paradigmenwechsel dieser von ihr „Überwachungskapitalismus“ genannten Entwicklungsphase darin, dass nunmehr der Mensch selbst unmittelbar zum Gegenstand ökonomischer Interessen wird: Ebenso, wie der Industrie-Kapitalismus die Natur bearbeitet, ausbeutet und in Teilen zerstört, sind es nunmehr der Mensch und seine komplexen Lebensvollzüge, die erfasst, bearbeitet, verändert werden - natürlich mit dem gleich gebliebenen Interesse an Gewinn.

Dass dies inzwischen gelungen ist, zeigt nicht nur die Rede vom „digitalen Kapitalismus“, sondern auch der gigantische Reichtum und die Macht von Facebook, Microsoft, Apple und Google. *Dabei – und darauf weist Zuboff stets hin – ist es nicht das Technische der Digitalisierung, das quasi im Selbstlauf zu der Entwicklung führt, sondern es ist der spezifische Gebrauch von Technik.* Technik selbst mag sicherlich nicht unschuldig sein, sondern bedarf – wie jedes vom Menschen hergestellte Werkzeug und Mittel – der ständigen ethisch-moralischen Bewertung (vergleiche Fuchs 2019b). Doch ist es erst der menschbezogene und letztlich die Menschlichkeit verachtende Benutzung digitaler Technik, die zu dem Überwachungskapitalismus führt.

Zuboff charakterisiert diesen neuen Kapitalismus wie folgt:

> „*Überwachungskapitalismus*, der
> 1. neue Marktform, die menschliche Erfahrung als kostenlosen Rohstoff für ihre versteckten kommerziellen Operationen der Extraktion, Vorhersage und des Verkaufs reklamiert; 2. eine parasitäre ökonomische Logik, bei der die Produktion von Gütern

und Dienstleistungen einer neuen globalen Architektur zur Verhaltensmodifikation untergeordnet ist; 3. eine aus der Art geschlagen Form des Kapitalismus, die sich durch eine Konzentration von Reichtum, Wissen und Macht auszeichnet, die in der Menschheitsgeschichte beispiellos ist; 4. Fundament und Rahmen einer Überwachungsökonomie; 5. so bedeutend für die menschliche Natur im 21. Jahrhundert wie der Industriekapitalismus des 19. und 20. Jahrhunderts für die Natur an sich; 6. der Ursprung einer neuen instrumentären Macht, die Anspruch auf die Herrschaft über die Gesellschaft erhebt und die Marktdemokratie vor bestürzende Herausforderungen stellt; 7. zielt auf eine neue kollektive Ordnung auf der Basis totaler Gewissheit ab; 8. eine Enteignung kritischer Menschenrechte, die am besten als Putsch von oben zu verstehen ist – als Sturz der Volkssouveränität." (7)

Offensichtlich werden alle Gesellschaftsbereiche angesprochen: Wirtschaft, Politik, Soziales und verschiedene kulturelle Felder (Wissenschaften, Religion etc.). Es geht insbesondere um einen gravierenden Wandel im Konzept des Subjekts, bei dem alle bisherigen Errungenschaften einer Entwicklung starker Subjektivität beendet werden.

Interessant ist in diesem Zusammenhang die Entwicklung im Umgang mit dem Internet in den letzten 20 Jahren. Schon am Ende des letzten Jahrhunderts war erkennbar, dass es mit Microsoft und Co. eine Monopolisierung der Verfügungsgewalt über das im Netz verfügbaren Wissens gab, sodass sich die Frage nach der politischen, ökonomischen und kulturellen Macht ergab – und auch diskutiert wurde. Doch markiert der Übergang zu einer systematischen Generierung von Wissen über die Nutzer, die Umwandlung von Nutzern in eine Quelle für den Rohstoff Daten – auch über (scheinbar) kostenfrei zur Verfügung gestellte Angebote wie YouTube oder das Betriebssystem Android – den von Zuboff beschriebenen Paradigmenwechsel.

Veränderungen in einzelnen Gesellschaftsfeldern – einzelne Stichworte

Hier kann nicht die komplexe Analyse der unterschiedlichen Facetten der Veränderung wiedergegeben werden, die Zuboff auf den über 700 Seiten ihres Buches entfaltet. Es sollen nur einige Stichworte genannt werden, die dem subjektwissenschaftlichen Interesse des vorliegenden Textes entsprechen.

Im Bereich der Ökonomie hat man es mit einem Oligopol aus den vier großen Playern (Google, Facebook, Microsoft und Apple) zu tun. Es ist eine Realisierung neoliberaler Prinzipien in Reinform, bei der der „Markt" – als Mythos und Religion – rhetorisch im Mittelpunkt steht, was die Akteure jedoch nicht daran hindert, ungeniert Prinzipien eines freien Marktes zu verletzen. Letztlich geht es um den permanenten Versuch einer Monopolisierung und einer totalen Kontrolle und Marktbeherrschung, wobei eigentlich verachtete Prinzipien der herkömmlichen Ordnung – etwa der Rechtsordnung – zur Durchsetzung eigener Interessen genutzt werden. Dabei werden Entwicklungen des herkömmlichen Kapitalismus (sich öffnende Schere zwischen Arm und Reich, Imperialismus, Nutzung unterschiedlicher nationaler Regelungen, Multinationalität, Produktionsverlagerungen etc.) benutzt und forciert. Neu ist ein Umgang mit Wissen, der bisherigen Standards – und letztlich auch den Menschenrechten – widerspricht. Er besteht im Wesentlichen darin, öffentliche Daten als handelbares Wirtschaftsgut zu verstehen und Privatheit des Einzelnen zu negieren. Das dahinterstehende Selbstverständnis wird in „Deklarationen“ von Google deutlich.

Dies gilt auch für die enge Liaison mit der Politik. So wurden nach 9/11 die Schutzsysteme des Einzelnen und des Privaten immer mehr durch den Staat gelockert, sodass es zu einer intensiven Zusammenarbeit der Geheimdienste mit den genannten Unternehmen, kommt. Auch im Hinblick auf die Einflussnahme auf Wahlen ist es keineswegs Trump, sondern es war Obama, der den Unternehmen und insbesondere Google Türen der Einflussnahme auf Gesetzgebung und Administration geöffnet hat. Eric Schmidt wurde von Obama in alle möglichen strategischen, politischen und ökonomischen Thinktanks, Beratungs- und Steuerungsgremien berufen. Damit war eine Uminterpretation fundamentaler Begriffe (Freiheit, Teilhabe, Souveränität, Schutz des Privaten, Meinungsfreiheit etc.) verbunden. Dies gilt auch für die Konstitution des Sozialen, vor allem über Facebook. Es geht um ein anderes Verständnis von Zusammenhalt („Vernetzung“; „Schwarm“), um andere Kommunikationsformen (Twitter), um neue Formen von (Selbst-) Reflexivität (Likes). Zuboff spricht von einer quasi-religiösen Haltung gegenüber dem Netz, wobei von informationeller Selbstbestimmung keine Rede mehr sein kann.

Eine neue Stufe der Entwicklung wird nunmehr durch eine Synthese der digitalen mit der (materiellen) Welt der Dinge erreicht (Smarthome, Smart City, Internet der Dinge etc.).

Die Zerstörung der Demokratie durch den Überwachungskapitalismus macht Zuboff an folgenden Entwicklungen fest:

> „die unbefugte Enteignung menschlicher Erfahrung, die Übernahme der Wissensteilung in der Gesellschaft, die strukturelle Unabhängigkeit vom Menschen an sich, das Aufoktroyieren des kollektivistischen Schwarmes, den Aufstieg der instrumentären Macht und seiner radikalen Indifferenz, auf die seine Extraktionslogik sich stützt, Aufbau, Besitz und Betrieb der Mittel zur Verhaltensmodifikation, die ich als Big Other bezeichnet habe, die Aufhebung des natürlichen Rechts auf Zukunft und des natürlichen Rechts auf Freistatt, Unterminierung des selbstbestimmten Individuums als Dreh- und Angelpunkt demokratischen Lebens und das Bestehen auch die psychische Abstumpfung als Antwort auf sein illegitimes Quidproquo.“ (592 f.)

Das digitale Subjekt – ein erster Zugang

Wie jede ökonomische, politische und insgesamt gesellschaftliche Ordnung prägt auch der Überwachungs-Kapitalismus die Konstituierung von Subjektivität. Diese Prägung bedeutet: die Formung eines willfährigen Menschen, der seine Person als Beschaffungsstelle von Daten, als Objekt manipulativer Formung und natürlich nicht zuletzt als Konsument zur Verfügung stellt. Als wissenschaftliche Basistheorie kann eine erfolgreich angewandte Verhaltenspsychologie gelten. Zuboff zeigt, in welcher Weise die subjekt- und gesellschaftsbezogenen Visionen einer totalen Verhaltenssteuerung von Skinner durch die betriebene Kommodifizierung von Verhalten Wirklichkeit werden. Es werden dabei alle Dimensionen der Persönlichkeit berührt, die erforscht, bearbeitet und – im eigenen Interesse – geformt werden: die Wahrnehmung, die Kognition, die Emotionalität, das Sozialverhalten, das Verhältnis zu sich und zur Natur, die Werte, die Einstellungen, der Wille, das Wissen etc. Damit werden alle Dimensionen des in der Neuzeit entstanden Konzeptes eines autonomen Subjekts (Fuchs 2012, 2016, 2017) bearbeitet: Empathie, Lernen, die Setzung eigener Ziele, Selbstreflexion, Authentizität, Integrität, Impulskontrolle, Selbstregulierung (Zuboff 2018, 350 ff.; vergleiche Gerhardt 1999)

Gesellschaftlich macht man sich die alte Erkenntnis von Francis Bacon zunutze: Wissen ist Macht. Es geht dem Überwachungskapitalisten um das totale Wissen, über das die Firmen selbst verfügen und das der Einzelne mittels raffinierter – und oft kostenfreier – Gadgets bereitstellt (YouTube, Betriebssysteme, Suchmaschinen, Fitness-Tracker, Streamingdienste etc.), das jedoch als Geheimwissen und Betriebsgeheimnis nicht preisgegeben wird.

Dabei geht es längst nicht mehr um eine Beschreibung vergangenen oder gegenwärtigen Verhaltens: Zuboff weist darauf hin, dass die aktuelle Entwicklungsphase auf die Eroberung der Zukunft des Einzelnen (und der Gesellschaft) zielt, insofern Verhaltensvoraussagen auf der Basis detaillierter Studien des vergangenen Verhaltens des Einzelnen zu bestimmen versuchen, wo der Mensch was mit wem demnächst tun wird. Google will quasi „Co-Pilot" des einzelnen Lebens werden.

Zuboff nennt solche Produkte Vorhersageprodukte und fordert ihr Verbot. Denn es wird zum einen gegen das Recht auf Vergessen (im Internet: digitale Enteignung) und das Recht auf (selbstbestimmte) Zukunft und auf Ungewissheit verstoßen (357 ff).

Es sind raffinierte Algorithmen und Maschinen, in die die Subjektivität insbesondere die Willensfreiheit damit das Recht auf ein selbstgestaltetes Leben verlagert werden: Zuboff spricht von der instrumentären Macht, die keine Flucht, keinen Ausweg offen lässt: "No Exit!"

An dieser Stelle rezipiert sie Totalitarismustheorien, etwa von Hannah Arendt. Allerdings sieht Zuboff auch wesentliche Unterschiede zwischen dem alten Totalitarismus und dem „Instrumentären" der Überwachungskapitalisten (siehe die vergleichende Tabelle auf Seite 441). Einzelne Aspekte: Radikale Vereinzelung im herkömmlichen Totalitarismus versus radikales Verbundensein; Kontrolle der Gewaltmittel vs. Kontrolle der Wissensteilung in der Gesellschaft; Big Brother versus Big Other (die Maschinenwelt); hierarchische Verwaltung des Terrors vs. Besitz der Mittel zur Verhaltensmodifikation etc. Allein diese wenigen Beispiele zeigen, dass der neue Totalitarismus von Google und Co. gefährlicher ist, weil er als solcher weniger erkannt werden kann und viele Operationen verdeckt und scheinbar in Übereinstimmung mit den Menschen stattfinden („Nutzer").

Widerstand ist möglich

Völlig ohne Hoffnung lässt uns die Autorin nicht. Dies schon allein deshalb, weil die Suggestion von Alternativlosigkeit, Zwangsläufigkeit und Unvermeidbarkeit zu den Prinzipien der von Google und Co. gewünschten schönen, neuen Welt gehört. Wie Günter Dux (2013) ausführlich erläutert, widerspricht bereits jede Form des Kapitalismus demokratischen Prinzipien. So weit geht Zuboff nicht, doch gelten die Kritikpunkte von Dux erst recht für den Überwachungskapitalismus, weil er alle, wirklich alle demokratischen Prinzipien aufhebt oder so uminterpretiert, dass sie in ihr Gegenteil umgewandelt werden. Daher ist die demokratische Tugend des Widerstandes gefordert. Allerdings ist für einen effektiven Widerstand die klare Kenntnis über die Wirkungsweise und über das Zustandekommen des aktuellen Zustands nötig.

Zuboff gibt die folgenden Etappen und Entwicklungsfacetten an:

- man konnte am Anfang der Entwicklung nicht erkennen, worauf sie hinausläuft
- Google erklärte durch „Deklarationen" öffentlich zugängliche bzw. private Daten zu seinem Eigentum
- die neoliberale Ideologie schützt die Unternehmen vor Einmischung des Staates
- die genannten Unternehmen haben sich stark durch finanzielle Unterstützungen in die Wahlkämpfe eingemischt
- man setzte sich – ohne Sanktionen befürchten zu müssen – über gesetzliche Regelungen weg
- man lockt die Nutzer mit kostenlosen Diensten, die durchaus realen Bedürfnissen entsprachen
- man vermittelte das Gefühl, dass man ohne Nutzung der entsprechenden Angebote kein gelingendes Leben führen kann

- man inszeniert sich als heroischen Unternehmer
- man überträgt die im eigenen Arbeitsbereich natürlich vorhandene Kompetenz auf eine Autorität im Hinblick auf die Gestaltung der gesamten Gesellschaft
- man nutzt innovativ und kreativ Methoden der Werbung
- man stellt die Entwicklung als alternativlos dar
- man vermittelt das Gefühl, sich nicht mehr wehren zu können
- man wendet geschickt die Ergebnisse der Verhaltensökonomen an
- man baut sein Wissensmonopol weiter aus
- man forciert die Entwicklung immer neuer Techniken in einer Weise, dass eine kritische gesellschaftliche Reflexion kaum stattfinden kann (398 ff.).

Trotzdem gibt es ein Aufbegehren zum Schutz des Privaten, es gibt einen Datenschutz, es gibt eine wachsende Verpflichtung der großen Unternehmen zur Selbstkontrolle, es gibt eine neue Betonung der Rolle des Staates als Schutzinstanz für den Einzelnen und nicht als Türöffner für die Firmen. Es gibt Aktivisten und zivilgesellschaftliche Organisationen, die den Kampf aufgenommen haben, die die Rechtsverstöße und Lügen öffentlich machen. Nicht zuletzt gibt es ehemalige Mitarbeiter, die trotz Androhung drakonischer lebenszerstörender Strafen schmutzige Betriebsgeheimnisse veröffentlichen. Dabei ist die Erkenntnis von Unternehmensstrategien oft nicht schwer. Gerade Eric Schmidt, aber auch Zuckerberg und Co publizieren, halten Vorträge, geben Interviews, in denen sie – oft mit überraschender Offenheit – ihre problematischen Weltanschauungen und Ziele mitteilen.

Ein Beispiel:

> „‚Die Leute haben keinen Halt mehr. Eine Menge von dem, was ihnen früher Halt gegeben hat, existiert nicht mehr.' Zuckerberg glaubt, dass er und seine Firma für eine Zukunft sorgen können, ‚die allen etwas bringt', und ‚persönliche, emotionale und spirituelle Bedürfnisse' zu erfüllen, mit anderen Worten ‚Sinn und Hoffnung', ‚moralische Bestätigung' sowie den ‚Trost, nicht alleine zu sein', zu geben vermag." (466)

Ihre schlussendliche Aufforderung: Seid Sand im Getriebe! Es gibt also die Hoffnung auf das starke widerständige Subjekt, das durchaus die Vorteile des Digitalen nutzt, das sich nicht weltfremd von der Entwicklung der Technik abwendet, das sich aber dessen bewusst ist, dass Technik als Menschenwerk auch von Menschen gesteuert werden kann und muss: Es kommt auf die Ziele und Werte an, die man verfolgen will.

(Dieses Kapitel basiert auf einer Studie, die bereits auf der Wissensplattform kubi-online.de veröffentlicht wurde.)

13 Das Internet, die Politik und das Recht

Überblick

> „Regierungen der industriellen Welt, Ihr müden Giganten aus Fleisch und Stahl, ich komme aus dem Cyberspace, der neuen Heimat des Geistes. Im Namen der Zukunft bitte ich euch, Vertreter einer vergangenen Zeit: Laßt uns in Ruhe! Ihr seid bei uns nicht willkommen. Wo wir uns versammeln, besitzt ihr keine Macht mehr.
> Wir besitzen keine gewählte Regierung, und wir werden wohl auch nie eine bekommen – und so wende ich mich mit keiner größeren Autorität an euch als der, mit der die Freiheit selber spricht. Ich erkläre den globalen sozialen Raum, den wir errichten, als gänzlich unabhängig von der Tyrannei, die Ihr über uns alle auszuüben anstrebt. Ihr habt hier kein moralisches Recht zu regieren noch besitzt ihr Methoden, es zu erzwingen, die wir zu befürchten hätten.“ (John Perry Barlow)

Mit dieser „Unabhängigkeitserklärung des Cyberspace“ reagierte der Netzaktivist und Autor John Perry Barlow (geboren 1947) im Jahre 1996 auf ein Gesetz gegen Pornographie im Internet, das kurz zuvor vom amerikanischen Kongress verabschiedet worden ist (und das später in weiten Teilen vom Supreme Court für nicht verfassungsgemäß erklärt worden ist). In dieser Erklärung beschreibt er einige grundlegende Prinzipien, die für viele Akteure bei der Entstehung des Internets wichtig waren: Freiheit im Zugang zum Internet, die Möglichkeit zur Mitgestaltung, die Offenheit und Zensurfreiheit. Es geht um Selbstregulation und Herrschaftsfreiheit, wobei sich dieser Protest gegen eine jegliche politische und rechtliche Regulierung des Netzes richtete. Einige Jahre zuvor, nämlich im Jahr 1990, hat er bereits zusammen mit anderen die Electronic Frontier Foundation (EFF) gegründet, die die Bürgerrechte im Cyberspace verteidigen wollte (Baumgärtel 2017, 66; dort findet sich auch der Auszug aus der „Unabhängigkeitserklärung“). Man bemerkt sicherlich den performativen Widerspruch, dass sich dieser anarchistische Anspruch auf Herrschaftsfreiheit und auf Verzicht auf rechtliche und politische Regelungen ausgerechnet auf ein zentrales Rechtsdokument, nämlich die Verfassung der Vereinigten Staaten stützt. So einfach scheint es offenbar nicht zu sein mit der Herrschaftsfreiheit im Internet. Denn gerade dann, wenn man das Internet als sozialen und kulturellen Raum versteht, der eigene Regeln produziert, wird man den Aspekt der Macht (und damit die Frage nach möglichen Machthabern) nicht ausklammern können.

Wie gesehen spielte dies bereits bei der Entwicklung des Internets eine entscheidende Rolle. Es ging um Einflusssphären der beteiligten Akteursgruppen (staatliche Instanzen, Telekommunikationsunternehmen, subkulturelle Programmierergruppen, wissenschaftlich-akademischer Bereich), wobei sich das Ringen um Hegemonie und Einfluss in der Geschichte des Internets ständig verschärfte. Dabei muss man sehen, dass es gerade die Strukturprinzipien des Internet waren, die notwendigerweise zu der Thematisierung der Frage nach der Macht führten. Tilman Baumgärtel (2017, 10 ff.) führt die folgenden Strukturprinzipien an: Konnektivität (als Gebrauch durch jedermann), Globalität, Egalität und Offenheit, Interaktivität, Immaterialität der digitalen Daten, Multimedialität, Netzneutralität. Es liegt auf der Hand, dass sich keines dieser Prinzipien im Selbstlauf durchsetzt und aufrechterhalten werden kann. Vielmehr zeigte es sich, dass von Anfang an erhebliche Anstrengungen unternommen wurden, einzelne der Prinzipien auszuhebeln zugunsten weniger Akteure, die eine gewisse Hegemonie beanspruchten und durchsetzen wollten. Es zeigte sich aber auch, dass es von Anfang an Widerstand gegen solche Machtansprüche gegeben hat. *Dies bedeutet allerdings nichts anderes, als dass die Frage der Macht, also eine genuin politische Frage, eine zentrale Rolle spielt.*

Der Soziologe und Internettheoretiker Manuel Castells (2001) spricht in diesem Zusammenhang von einer vierfachen Macht: der Macht der Netzwerke selbst, der Macht über die Netzwerke, der Macht einzelner Knoten in diesem Netzwerk über andere Knoten und nicht zuletzt der Macht, Netzwerke zu schaffen. Mit der Entwicklung des Computers von einem Rechenautomaten zu einem Kommunikationsmedium müssen zudem alle Machtfragen, die sich generell bei jedem Medium stellen, auch bei der Nutzung des Computers und des Internets gestellt werden. Dies bedeutet, dass man zunächst eine allgemeinen Medienpolitik – und dies differenziert im Hinblick auf spezifische Einzelmedien wie Buch, Zeitung und Presse insgesamt, Radio, Fernsehen etc. – auf den Umgang mit dem Internet anwenden kann und dann herausarbeiten muss, welche Besonderheiten sich aufgrund dieses spezifischen Mediums ergeben.

Es geht also um traditionelle Fragen des Urheberrechts, des Patentrechts und des geistigen Eigentums, wie es bereits mehrfach in dem vorliegenden Text angesprochen worden ist. Es geht entsprechend einer eingeführten Dreiteilung in der Politikwissenschaft um die drei Felder policy, also um Ideen und Konzepte, um polity, also um die Akteure und Institutionen, und um politics, also um das Handeln und die Aktivitäten bei der Durchsetzung politischer Ziele. Diese formalen Kategorien lassen sich sinnvoll auch im Hinblick auf das Internet anwenden, so wie es auch in einer generellen wissenschaftlichen Medienpolitik geschieht (vgl. Puppis 2007). Bei einer Berücksichtigung der traditionellen Medienpolitik wird man allerdings berücksichtigen müssen, dass es eine erhebliche Kritik an den Verständnisschwierigkeiten traditioneller Medienpolitiker/innen im Hinblick auf dieses neue Medium gibt. So eröffnen etwa die beiden Rundfunkexperten Lutz Hachmeister und Dieter Anschlag (2013) ihre Textsammlung zur Medienpolitik mit einem kritischen Rundumschlag gegenüber der bislang praktizierten Medienpolitik in Deutschland. Sie kritisieren zum einen die politischen Strategien und vorhandenen Institutionen wie die Landesmedienanstalten – etwa die hilflosen Versuche rund um einen wirkungsvollen Jugendmedienschutz – und prangen insbesondere die Unfähigkeit der etablierten Rundfunkpolitik an, das Internet zu verstehen:

> „Das Internet ist, anders gesagt, keine Fortsetzung von Rundfunk in einer lediglich veränderten technischen Gestalt. Eine Webseite in ihrer neuartigen, Text, Ton, Stand- und Bewegtbilder verknüpfenden Präsentationsform ist eben eine Webseite und kein Rundfunkprogramm." (25)

In der anschließenden Textsammlung kommen dann aktive Rundfunkpolitiker/innen, aber auch Wissenschaftler/innen zu Wort, die zum Teil diese Kritik teilen, sie allerdings auch teilweise für überzogen halten. Eine Konsequenz aus der Erkenntnis, dass offensichtlich das Internet anders funktioniert als der herkömmliche Rundfunk besteht darin, dass man als neue politische Sparte „Netzpolitik" eingeführt hat, etwa durch die Einrichtung eines entsprechenden Ausschusses im Bundestag.

Noch härter gehen die beiden „digital natives" Markus Beckedahl und Falk Lüke (2012) mit dem politischen Umgang mit dem Internet ins Gericht:

> „Viele politische Aktivitäten, die das Internet betreffen, sind sinnlos, weil sie auf mangelnde Sachkenntnis zurückgehen oder technisch und juristisch nicht durchdacht sind. Das gilt für jederzeit umgehbare Internetsperren gegen Kinderpornographie wie für Forderungen, die Anonymität im Netz aufzuheben. Nicht nur die chinesischen Dissidenten haben Pseudonyme, schon Kurt Tucholsky und Willy Brandt hatten sie, und mit gutem Grund. Denn es gibt gute Gründe, diese und alle weiteren Fragen, die das Internet betreffen, offen und konstruktiv zu diskutieren, ohne auf der anderen Seite immer nur die Bösen zu sehen." (So der Klappentext)

Und so kritisieren die beiden sowohl nationale als auch internationale Versuche zur Regulierung des Internets, wobei sie selbst an entsprechenden Veranstaltungen (etwa am World Summit of Information Society (WSIS) oder als Experten in der schon erwähnten Enquetekommission des Deutschen Bundestages „Internet und digitale Gesellschaft") teilgenommen haben. Ich komme darauf zurück.

Im Folgenden gehe ich kursorisch darauf ein, in welcher Weise sich Macht im Internet zeigt, welche Akteure man in diesem neuen Feld der Netzpolitik und der „Internet Governance" identifizieren kann, welche Ideen dahinterstehen und welche Verhandlungsformen es gibt. Dabei zeigen sich nicht erst heute zentrale Probleme, die etwas mit den oben genannten Strukturprinzipien des Internet zu tun haben, nämlich Probleme des Urheberrechts, der Zensur, der Überwachung, der Datensammlung („data mining"), wobei die Grundlage all dieser Prinzipien in dem Prozess der Digitalisierung, der Algorithmisierung und der Datafizierung verbunden mit der Idee einer generellen Berechenbarkeit des Menschen, seiner Handlungen und der Gesellschaft zu sehen ist.

Daten und Algorithmen

Es ist ein Charakteristikum des Menschen, die Welt und sich verstehen zu wollen. Hierfür entwickelt der Mensch unterschiedlichste Methoden und Weltzugangsweisen, so wie sie in den ersten Kapiteln zur Anthropogenese beschrieben worden sind. Ein wesentliches Machtmittel in diesem Zusammenhang, nämlich in dem Versuch, die Welt nicht nur zu verstehen, sondern vielleicht sogar zu beherrschen, ist die Mathematik. Ein früher und folgenreicher Versuch stammt von Pythagoras und seiner Schule im Süden Italiens, der eine mathematische Erfassung der Welt deshalb für möglich hielt, weil er in der Mathematik quasi die ontologische Struktur der Welt sah. Dieser Gedanke ist bis heute aktuell geblieben und kann auf eine grandiose Erfolgsgeschichte zurückblicken.

Das Problem bei einer solchen Mathematisierung auf der Basis einer Quantifizierung besteht darin, dass Menschen aufgrund der bisherigen Erfolge dazu neigen, ihren Anwendungsbereich zu überdehnen, also auch auf solche Felder auszudehnen, in denen diese Methode weniger geeignet ist. Man vergisst hierbei zu oft die wissenschaftstheoretische Erkenntnis, dass eine theoretische Modellierung eines Sachverhaltes notwendigerweise mit einer Reduktion der Komplexität dieses Sachverhaltes verbunden ist. Eine solche Reduktion kann gut oder schlecht gelingen, und sie gelingt dann schlecht, wenn man relevante Aspekte des Untersuchungsgegenstandes deshalb ausblendet, weil sie mit der favorisierten Methode nicht erfasst werden können. Dies ist aktuell das Problem mit einer „evidenzbasierten Politik“, in deren Kontext man glaubt, „Evidenz“ nur durch quantifizierende Methoden erreichen zu können (vgl. Fuchs 2017, Kap. 11: Wissen was wirkt: - evidenzbasierte Bildungspolitik). Der Soziologe Steffen Mau schreibt dazu:

> „Der neue Quantifizierungskult – der „Zahlenrausch“, wie es Jürgen Kaube einmal genannt hat (...) – ist in engem Zusammenhang mit der Digitalisierung zu sehen, die sich in ganz unterschiedlichen Lebensbereichen manifestiert und diese radikal rekonstruiert. Die vielfältigen Daten, die wir produzieren und die fortwährend gespeichert werden, erzeugen einen immer größeren digitalen Schatten, manchmal mit unserem Einverständnis, oft auch ohne dieses. In der Welt von Big Data sind Informationen über Nutzer, Bürger oder einfach nur Menschen *der* Rohstoff, aus dem sich Gewinn schlagen lässt. Daher ist es nicht verwunderlich, dass sich die Informationsökonomie zu einer Krake entwickelt hat, die nicht nur massenhaft Daten einzieht, sondern diese mithilfe von Algorithmen auswertet und für vielfältige Zwecke bereitstellt.“ (Mau 2017, 11)

Es werden große Mengen an Daten produziert – bzw. wir selbst produzieren in jedem Augenblick viele Daten, so wie es im letzten Kapitel auch beschrieben worden ist –, die anschließend von nicht immer bekannten Instanzen analysiert und ausgewertet werden. Man verwendet dabei raffinierte Programme (Algorithmen), die diese Arbeit verrichten. Im Grundsatz ist dies nicht neu. So sprach von vor über 50 Jahren der Aachener Physiker Wilhelm Fucks (1969) von „Formeln zur Macht“ und zeigte in seinen Arbeiten, dass quasi alles, die Entwicklung von Bevölkerungen, ein Vergleich von Volkswirtschaften, Machtverhältnisse und nicht zuletzt sogar künstlerische und wissenschaftliche Produkte quantifiziert und auf dieser Basis miteinander verglichen und bewertet werden können. Konnte man damals noch eine naive Freude an der Anwendung „exakter“ naturwissenschaftlicher Methoden auf Bereiche außerhalb der Naturwissenschaften empfinden, so wie dies Fucks tat, so hat sich dies inzwischen deutlich gewandelt. Aktuelle Buchtitel sprechen von „Metrik power“ (Beer 2016, siehe auch Mau 2017), wobei hier die für unangemessen gehaltene Quantifizierung etwa im Bereich der Erziehung (PISA) und insgesamt die Sucht nach ständiger Evaluation aller Lebens- und Gesellschaftsbereiche im Mittelpunkt steht (siehe hierzu auch Fuchs 2017, Kap. 10: Bildungspolitik und Educational Governance).

Die beiden Mathematikerinnen Cathy O'Neil („Angriff der Algorithmen, wie sie Wahlen manipulieren, Berufschancen zerstören und unsere Gesundheit gefährden“, 2018) und Hannah Fry (Hello World. Was Algorithmen können und wie sie unser Leben verändern; 2019) untersuchen kritisch den Einfluss der Algorithmen in der Politik, in der Justiz, in der Medizin, in der Justiz, in der Kunst und nicht zuletzt im Berufsleben im Hinblick auf die Chancen, überhaupt einen Arbeitsplatz zu finden. Algorithmen berechnen,

> „für welche Berufe wir qualifiziert sind, welche Liebhaber zu uns passen, welche politische Einstellung wir besitzen und ob wir zu kriminellem Verhalten neigen.“ (So die Beschreibung des Buches von Cathy O'Neil).

Dabei ist für beide Autorinnen nicht bloß das Problem, dass dies geschieht und dass es überall Probleme mit Datenschutz, Verzerrungen, Fehlern, Verantwortlichkeit und Transparenz gibt (Fry a. a. O., 233): Das entscheidende Problem wird darin gesehen, dass wir dazu neigen, diese Macht der Algorithmen ohne Probleme zu akzeptieren und nicht infrage zu stellen (vgl. aus medienpädagogischer Perspektive Eder 2017.

So sieht es auch Steffen Mau:

> „Das Zahlengehäuse, das wir uns gebaut und in dem wir uns eingerichtet haben, entpuppt sich also nicht als Hort der Gerechtigkeit, auch wenn manche Diskriminierung beseitigt werden mag. In der Datenwelt der Gegenwart sind Leistungs- und Performanz-

messungen zwar das Kerngeschäft sozialer Bewertung, sie fußen jedoch oftmals auf einer reduktionistischen Vorstellung dessen, was als relevante Leistung anzusehen ist. So findet häufig nur das, was quantifizierbar ist, Eingang in die Beobachtungs- und Bewertungssysteme. Differenzen werden regelmäßig überzeichnet, der Blick für Gemeinsamkeiten und Ähnlichkeiten geschwächt. Mit der zahlengetriebenen Inszenierung von Wettbewerb geht darüber hinaus eine Überbetonung oder gar Fetischisierung dessen einher, was in Zahlen ausgedrückt und vermessen werden kann." (Mau 2017, 285)

Damit ergibt sich nicht nur in politischer Hinsicht, sondern auch für die Pädagogik ein Regelungsbedarf und eine Handlungsnotwendigkeit: Es handelt sich um ein *Problem für das Verständnis von Bildung* in der heutigen digitalen Gesellschaft, das im nächsten Teil aufgegriffen wird. Dabei wird es insbesondere darum gehen, wie sich Widerständigkeit dem Menschen gegen solche Formen von Vereinnahmung entwickeln kann. Diese Überlegungen wurden in den vergangenen Jahren unter dem Konzept eines „starken Subjekts" (Taube 2017; siehe auch Fuchs 2016 und 2018) diskutiert.

Macht

Der Begriff der Macht ist ein klassischer Begriff im politischen Denken, und dies ist zwangsläufig der Fall, weil es keinen sozialen Zusammenschluss gibt, in dem Fragen der Einflussnahme auf andere und der Durchsetzung eigener Vorstellungen keine Rolle spielen. Klassische Definitionen gehen auf Max Weber zurück, der unter Macht „jede Chance (versteht), innerhalb einer sozialen Beziehung den eigenen Willen auch gegen Widerstreben durchzusetzen". Davon unterschieden wird der Begriff der Herrschaft als „Chance, für einen Befehl bestimmten Inhalts bei angebbaren Personen Gehorsam zu finden." (Zitiert nach Berger 2009, 13; ausführlich werden Macht, Herrschaft und Gewalt in Fuchs 2018 diskutiert).

Neben dieser klassischen Verortung von Macht in sozialen Beziehungen gibt es allerdings ein erweitertes Verständnis von Macht und Herrschaft, wenn man etwa von der Macht des Menschen über die Natur spricht oder von seiner Fähigkeit, Prozesse und Geräte zu beherrschen. In diesem Verständnis sind Macht und Herrschaft ein Grundelement der Welt- und Selbstverhältnisse des Menschen, beide gehören also zu seiner anthropologischen Grundausstattung dazu.

Es sind allerdings nicht immer nur Menschen, die über andere Menschen Macht oder Herrschaft ausüben. Eine Suchanfrage im Internet führt etwa zu Filmtiteln wie „Herrschaft des Feuers" oder „Herrschaft der Schatten". Oben wurden zudem die Bücher von Siegfried Giedeon („Die Herrschaft der mit Mechanisierung") und von der Lew Manovich („Software takes Command") genannt. Offenbar können nicht nur andere Lebewesen als der Mensch, sondern auch Abstraktheiten wie „Software" oder Prinzipien wie „Mechanisierung" die

Macht ergreifen und Herrschaft ausüben. Macht kann also einen verschiedenen Ursprung haben, wobei hier an die Erkenntnis von Michel Foucault zu erinnern ist, das Macht immer ein wechselseitiges Verhältnis ist: Jeder ist zugleich Täter und Opfer von Machtstrategien, ist also Machtansprüchen unterworfen und übt selbst immer wieder auch Macht aus.

Macht kann sich zudem auf unterschiedliche Bereiche erstrecken, auf Menschen und Menschengruppen, auf die Natur, auf Gegenstände und Werkzeuge, auf Methoden und Strategien. Es ist zudem im Hinblick auf das Internet auf die oben zitierten Anmerkungen von Manuel Castells zu erinnern, der von einer Macht der Netzwerke und über Netzwerke, von der Macht einzelner Knotenpunkte über andere Knotenpunkte im Netzwerk und schließlich von der Macht, Netzwerke selbst zu schaffen, spricht.

Im Kontext von Macht muss man zudem thematisieren, auf welche Weise Macht ausgeübt wird. Gewalt war lange Zeit – und ist es bis heute – ein probates Mittel, seinen Willen durchzusetzen. Man spricht von der Macht der Religionen, der Fürsten und des Staates, der Ökonomie und der Macht des Geldes, des Wissens und der Technik (so die einzelnen Kapitel in Berger 2009). Eine solche Machtausübung ruft aber immer wieder auch erheblichen Widerstand hervor (vergleiche Fuchs 2018). Daher hat man subtilere und unblutigere Formen der Machtausübung entwickelt, etwa Überredung, Erpressung, Verführung und Bestechung. Es gibt also unterschiedliche Methoden der Machterlangung, der Machtausübung und des Machterhalts. Ein Grundwerk in diesem Kontext sind die Schriften von Machiavelli.

Es gibt akzeptierte Macht und eine Macht, die nicht akzeptiert wird. Damit stellt sich die Frage nach der Legitimität von Macht, also eine Grundfrage der Demokratie. Ein wichtiges Kriterium einer demokratischen Grundordnung besteht darin, dass ein friedlicher Machtwechsel möglich und eine Transparenz in der Machtausübung vorhanden sein müssen. In der Politikwissenschaft und in der politischen Praxis wurde daher das Konzept Governance entwickelt.

Internet Governance

Wie oben erwähnt, arbeitet man inzwischen in der Politikwissenschaft auch im deutschsprachigen Bereich mit der Dreiteilung policy, polity und politics. Dieser Ansatz lässt sich gut mit dem Governance Konzept kombinieren, denn mit diesem Konzept erfasst man die Entwicklung, dass es keineswegs mehr nur die Regierungen, der Staat und seine Organe (Government) sind, die politisch wirksam werden: Es gibt eine Vielzahl anderer Akteure, die an den Debatten und letztlich sich sogar an den Entscheidungen beteiligt werden. Insbesondere ist es die organisierte Zivilgesellschaft, die sich in den verschiedenen Politikfeldern zu Wort meldet. Gerade in Deutschland gibt es eine lange Tradition von Vereinen und

Verbänden, die die Interessen spezifischer Bevölkerungsgruppen, etwa von Kindern und Jugendlichen, oder spezifische politische Anliegen wie etwa der Naturschutz oder die Menschenrechte vertreten.

Auch die Wirtschaft hat ihre Lobbyorganisationen, die sich wirkungsvoll sowohl in der Öffentlichkeit als auch in der Kommunikation mit dem Parlament, der Verwaltung und der Regierung einmischen. Auch auf europäischer und internationaler Ebene gibt es wirkungsvolle zivilgesellschaftliche Organisationen. Diese sind zum Teil sogar offiziell bei Entscheidungsorganen wie Parlamenten bzw. Exekutivorganen akkreditiert und werden bei Überlegungen im Rahmen von Konsultationsverfahren zu neuen gesetzlichen Regelungen zugezogen. Dies gilt auch bei Enquetekommissionen des Deutschen Bundestages, die zur Hälfte mit außerparlamentarischen Fachleuten besetzt sind.

Das Governance-Konzept berücksichtigt diese Vielfalt unterschiedlicher Akteure, wobei es auch die unterschiedlichen Ebenen politischer Debatten und Entscheidungsfindung mit einbezieht. So gibt es in Deutschland die kommunale, die Länder- und die Bundesebene, es gibt die Ebene des Europarates und der Europäischen Union und auf internationaler Ebene die unterschiedlichsten Mitgliedsorganisationen der Vereinten Nationen, wobei im Kontext des Themas dieses Textes insbesondere die UNESCO eine Rolle spielen. International wirkungsvoll sind auch solche internationalen Organisationen wie die Welthandelsorganisation WTO oder die Weltgesundheitsorganisation WHO, bei deren Konsultationen inzwischen auch die Beteiligung zivilgesellschaftlicher Organisationen zum Standard gehört.

Der Ansatz einer Internet Governance konnte also auf diesen Traditionen in anderen Politikfeldern aufbauen. Dies ist deshalb wichtig und notwendig, weil sich gerade dieses Politikfeld weder fachlich noch territorial begrenzen lässt. Man spricht von einem Multi Stakeholder Ansatz, also der Berücksichtigung all jener Personen und Personengruppen, die über die Eigentümer und Aktionäre hinaus ein legitimes Interesse an den Arbeitsergebnissen des betreffenden Untersuchungsgegenstandes haben.

Joachim Betz und Hans-Dieter Kübler (2013) unterscheiden im Hinblick auf die Steuerung des Internets verschiedene Etappen:

- die Initialphase und das „technische Regime“
- die Institutionalisierung von Internet Governance (1995-2003)
- Intergouvernementale Organisationskonzepte: der anhaltende Kampf ums Internet (2003-2005)
- die Etappe, in der nationale und wirtschaftliche Einflüsse wachsen (2005-2012).

Es werden auf internationaler Ebene die unterschiedlichen Akteure wie ICANN, der Welt Informationsgipfel, das Internet Governance Forum IGF, die UNESCO, die World Intellectual Property Organisation WIPO, die internationale Telekommunikationsunion ITU, die Organisation für wirtschaftliche Zusammenarbeit und Entwicklung OECD und die Europäische Union genannt. Es können an dieser Stelle nicht umfassend die Strukturen, die Arbeitsweisen und die unterschiedlichen Ziele und Inhalte dieser verschiedenen Akteure vorgestellt werden. Ich will nur einiger Einzelaspekte herausgreifen.

Die unterschiedlichen Akteure arbeiten etwa in den verschiedenen Handlungsfeldern, die man im Bereich des Internet Governance identifizieren kann: Netzneutralität, Domainnamen, staatliche Kontrolle und Überwachung, Zensur und Informationsbehinderung, Urheberrecht und Copyright, Datenschutz und Persönlichkeitsrechte, E-Commerce und Online Shopping, Internet- oder Cyberkriminalität, Cyberwar und Internetkrieg, die digitale Spaltung und der Jugendmedienschutz.

All diese Themen werden auch auf nationaler Ebene diskutiert, wobei aufgrund der grundsätzlichen Globalität und Internationalität des Internets nationale Regelungen nur begrenzt wirkungsvoll sind:

> „Die Gesetze, an die wir uns halten müssen, stammen vom deutschen Gesetzgeber oder von den Institutionen der EU. Was für Internetnutzer*innen in Deutschland geht, muss daher nicht auch für Brasilianer*innen gelten, die von Rio de Janeiro aus auf Inhalte im Netz zugreifen.
> Das Intern ist weltumspannend, aber dezentral organisiert und rechtlich fragmentiert. Je nachdem, von wo aus man online geht, gelten unterschiedliche Regelungen. (…) Die Situation im Netz spiegelt die politische Situation des jeweiligen Landes. Freiheitsrechte, die zum Beispiel Bürger*innen der EU wie selbstverständlich auch online genießen, mögen für Nutzer*innen in einem anderen Staat mit einem autoritären Regime unerreichbar sein.“ (Niesyto 2019, 7)

Die Arbeitshilfe der Friedrich-Ebert-Stiftung formuliert die folgenden Kernfragen der Internetregulierung:

Wer setzt die Regeln? Was wird reguliert?

Es werden vier Ebenen der Internetregulierung unterschieden:

- die inhaltliche Ebene, also die Nutzerinhalte: Text, Ton, Bilder, Videos etc.,
- die anwendungsorientierte Ebene, also die Software-Anwendungen,
- die logische Ebene, also die technischen Normen und Standards (IP, DNS etc.),
- die infrastrukturelle Ebene, die Hardware: Gruyter, Switches, Server, Kabel etc.

Es ist bei diesen Regelungsversuchen zudem zu berücksichtigen, dass es sehr unterschiedliche nationale kulturelle Traditionen gibt, die zu einer unterschiedlichen Bereitschaft im Hinblick auf Regelungen führen. So ist es etwa in den Vereinigten Staaten, die immer noch eine gewisse Dominanz bei Regelungen durch den Staat haben, üblich, im Zuge der Meinungsfreiheit, also dem ersten Verfassungszusatz, in Fragen problematischer Inhalte sehr wenig agieren zu wollen. Auch die gerade in Deutschland hochrelevante Frage nach dem Urheberrecht ist in anderen Ländern von nicht so großer Relevanz, wobei es zudem schwierig ist, bestimmte Rechtsansprüche in Ländern mit einem grundsätzlich verschiedenen Rechtssystem – aktuell ist etwa China in dieser Hinsicht von Bedeutung – durchzusetzen. Gerade um das Urheberrecht gibt es kontroverse Debatten, weil die einen darin eine Einschränkung der Informationsfreiheit sehen, wohingegen andere auf den Lebensunterhalt der Produzenten hinweisen. Allerdings spielt als dritte Akteursgruppe die weltweit agierenden Konzerne eine Rolle, die aus dem geistigen Eigentum anderer für sich einen Gewinn erzielen wollen (vgl. Smiers 2009, Deutsche UNESCO-Kommission 2007, Grassmuck 2004). Dabei muss ein Unterschied zwischen Patentschutz (um den sich überwiegend WIPO kümmert), dem geistigen Eigentum etwa im Bereich künstlerischer Produktionen (Bilder, Texte, Filme etc.) und den Persönlichkeitsrechten wie dem Recht am eigenen Bild gemacht werden. Interessant sin in diesem Zusammenhang die Aktivitäten des Rechtsprofessors (Harvard) Lawrence Lessig (2001, 2006), der gegen die Kontrolle der Kreativität durch Medienkonzerne kämpft und ein freies Internet fordert, bei dem trotz der Freiheit das Prinzip des geistigen Eigentums gilt:

> „Eine freie Kultur ist nicht eine Kultur ohne Eigentum, nicht eine Kultur, in der Künstler nicht bezahlt werden." (Lessig 2006, 11)

In inhaltlicher und konzeptioneller Hinsicht und im Hinblick auf Ziele und Werte habe ich dieses Kapitel mit einem Zitat aus der Unabhängigkeitserklärung von Barlow begonnen. Bei aller Pathetik in diesem Text werden zentrale Grundideen der gewachsenen Internetkultur formuliert. Es gibt inzwischen unterschiedliche Bemühungen, solchen Grundideen, die im Wesentlichen übereinstimmen mit den Bürger- und Menschenrechten, so wie sie in den letzten Jahrhunderten entwickelt und kodifiziert wurden, eine verbindlichere rechtliche Form zu geben. Der Bezug auf die Menschen- und Bürgerrechte ist deshalb wichtig, weil man davon ausgeht, dass hiermit ein weitgehend akzeptierter Konsens in der Frage geteilter Grundwerte formuliert wird. So gibt es den Entwurf einer „Charta der digitalen Grundrechte", es gibt das Recht auf informationelle Selbstbestimmung, es gibt internationale Konferenzen wie die 2014 in Brasilien stattgefundene Weltkonferenz NETmundial, die sehr stark von der brasilianischen Präsidentin unterstützt worden ist. Nähere Informationen darüber findet man etwa auf dem Vortrag der deutschen Medienwissenschaftlerin und Netzaktivistin Jeanette Hofmann bei dem jährlichen Kongress re-publica (leicht zu finden auf Youtube unter ihrem Namen). Ein Anliegen der internationalen Akteure besteht etwa darin, bislang staatlich verwaltete Organe (die allerdings meist keine offizielle bindende Kraft haben) wie etwa ICANN aus dem staatlichen Kontext herauszulösen mit einer demokratischeren Struktur zu versehen. So haben sich die Vereinigten Staaten 2014 auch bereit erklärt, die Aufsicht über ICANN auf abzugeben.

Immerhin kann man inzwischen feststellen, dass die oben zitierte Kritik an der offiziellen Medienpolitik von Hachmeister/Anschlag (2013) oder von Beckedahl/Lüke (2012) in dieser Form nicht mehr aufrechterhalten werden kann. Dies lässt sich bereits an den Themen ablesen, mit der sich die Bundestags-Enquetekommission „Internet und digitale Gesellschaft" auseinandergesetzt hat: Medienkompetenz, Urheberrecht, Netzneutralität, Datenschutz und Persönlichkeitsrechte, Bildung und Forschung, Zugang, Struktur und Sicherheit im Netz, Demokratie und Staat, Kultur, Medien und Öffentlichkeit, Verbraucherschutz, Wirtschaft und Arbeit, Standards und freie Software und nicht zuletzt Internationales und Internet Governance. Es gibt zudem eine Reihe von Medienwissenschaftlerinnen und Medienwissenschaftlern, die sich mit diesen politischen Fragen auseinandersetzen.

In ihrem Lehrbuch zur Internet Governance, das allerdings schon 2013 erschienen ist (aufgrund der Dynamik der Internetentwicklung spielen einige Jahre durchaus eine Rolle), werden unter anderem die folgenden Initiativen und Maßnahmen gefordert:

- die Schaffung grenzübergreifende Grundwerte
- die Sicherung des Rechts auf geistiges Eigentum
- der Schutz der persönlichen Daten
- ein praktikabler Jugendmedienschutz
- Netzneutralität
- eine deutliche Verbesserung der Infrastruktur durch einen Ausbau des Netzes
- eine bessere Koordinierung der bislang zu stark aufgeteilten Kompetenzen und Handlungsfelder, insbesondere im Hinblick auf die Regelungskompetenzen der Europäischen Union.

Immerhin gibt es jetzt die Datenschutzgrundverordnung (DSGVO) als verbindliche Richtlinie der Europäischen Union seit dem 25.5.2018, die einige der hier genannten Probleme regelt. Es gibt die Bundesnetzagentur mit umfassenden Aufgaben (Frequenzverteilung, Beratung von Bürgern, Regulierung des Telekommunikationsmarktes und des Postmarktes sowie weitere Aufsichts- und Regulierungsaufgaben im Transport- und Energiebereich. Man muss allerdings die Grenzen nationalstaatlicher Regelungen sehen. So wird gerade im Bereich internationaler Handelsabkommen ein erheblicher Druck aus der Wirtschaft ausgeübt, zu Regelungen kommen, die nicht als einschränkend empfunden werden.

Solche Konflikte gab es etwa bei der Entwicklung der Konvention zur kulturellen Vielfalt im Rahmen der UNESCO, bei der es ebenfalls darum ging, die Spannung zwischen dem Warencharakter von Kunst und ihrem Eigenwert und Eigensinn auszubalancieren. Diese UNESCO-Konvention entstand seinerzeit als Instrument, um der generellen Ökonomisierungstendenz in den Medien, der Bildung, der Kultur, der Gesundheit, so wie es das GATS-Abkommen der Welthandelsorganisation vorsieht, auf völkerrechtlich relevanter Ebene ein Gegengewicht entgegensetzen zu können (siehe etwa Mattelart 2006).

Zudem gibt es strukturelle Widersprüche, etwa das Ziel der Sicherstellung von Meinungs- und Informationsfreiheit auf der einen Seite und auf der anderen Seite der Kampf gegen Fake News, Verleumdungen und Beschimpfungen, was eine Kontrolle des Internets notwendig machen würde. Zu berücksichtigen ist auch, dass die rechte politische Szene ausgesprochen internet-affin ist und dieses Medium aktiv für die eigenen Zwecke nutzt. Julia Ebner (2020) spricht von „Radikalisierungsmaschinen“ und schlägt eine ganze Reihe von Gegenmaßnahmen, nicht zuletzt eine Verstärkung von Bildungsanstrengungen vor. Es gibt zudem auf internationaler Ebene ein Anwachsen autoritärer Regierungen, die ebenfalls kein Interesse an der Umsetzung der Bürger- und Menschenrechte im Internet haben.

Als eine Grundlage dafür, dass problematische Entwicklungen weiterhin beobachtet und entsprechende Gegenmaßnahmen getroffen werden können, gilt – auch in entsprechenden Papieren der Vereinten Nationen – das Multi-Stakeholdermodell:

> „Für die Beibehaltung des Multistakeholder-Modells sowohl bei ICANN als auch in Diskussionsforen wie dem IGF sprechen also gute Gründe. Denn nur dieser Ansatz kann gewährleisten, dass die Stimmen der gesamten Netzcommunity Gehör finden. Transnationale Entscheidungsprozesse und Bottom-up-Regelsetzungsmechanismen entsprechen der diversifizierten Stakeholder-Struktur des Internets und werden den tatsächlichen Interessensgeflechten besser gerecht als multilaterale, alleine durch die Regierungen top-down oktroyierte Normsetzungen für die Regulierung des Netzes.“ (Niesyto a.a.O., 38).

14 Medien und das Internet: Theorien und Reflexionen

A. Allgemeine Medientheorien: Was ist ein Medium?

Komplizierte Antworten auf eine einfache Frage

Wieso und in welcher Hinsicht sind die Antworten auf die Frage, was ein Medium sei, oft so kompliziert? Zunächst einmal muss man sehen, dass es sehr verschiedene Antworten auf diese Fragen geben kann. So entwickelt und verändert sich das, was man für ein Medium hält, im Laufe der Geschichte. Wenn man versuchen würde, diese entstehende Vielzahl von Medien mit einer einzigen Definition zu erfassen, müsste diese Definition einen hohen Abstraktionsgrad haben. Dies wiederum würde bedeuten, dass man die Spezifik eines konkreten Mediums mithilfe eines solchen abstrakten Medienbegriffs erst gar nicht untersuchen kann.

Zudem gibt es das wissenschaftstheoretische Problem, dass – wie etwa Hegel sagt – eine Definition erst am Ende einer Untersuchung über Entwicklungen, über unterschiedliche Facetten, Funktionen etc., und nicht am Anfang einer solchen Untersuchung stehen könne. Denn eine vorab formulierte Definition schränkt zwangsläufig den Untersuchungsgegenstand ein, weil sie normativ etwas festlegt, was nur das Ergebnis einer Analyse sein kann. In den vorliegenden Text habe ich daher zwar immer wieder Vorschläge zur Strukturierung dessen notiert, was verschiedene Autoren dem Begriff eines Mediums für wichtig hielten, mich aber auch auf die Realgeschichte von „Medien" eingelassen.

Es gilt noch einen weiteren Aspekt zu berücksichtigen: Begriffe stehen niemals allein, sondern sind immer Knoten eines theoretischen Netzes. Theorie und Begriff gehören daher immer zusammen, da Begriffe immer nur in einem System von Begriffen ihre Bedeutung erlangen. Das heißt, dass zu erwarten ist, dass bereichsspezifische Untersuchungen auch einen entsprechenden Medienbegriff wählen, der ihrem Forschungsinteresse entspricht. So wählt man etwa in einer „Soziologie der Medien" einen Medienbegriff, der den Bezug zur Gesellschaft hervorhebt. Ein Beispiel:

> „Unser soziologischer Definitionsvorschlag lautet: Medien sind gesellschaftliche Einrichtungen und Technologien, die etwas entweder materiell oder symbolisch *vermitteln* und dabei eine besondere *Problemlösungsfunktion* übernehmen. Sie verfügen über ein *materielles Substrat* (und sind deshalb Materialitäten menschlichen und gesellschaftlichen Seins), welches im Gebrauch oder durch seinen Einsatz Wahrneh-

mungen, Handlungen, Kommunikationsprozesse, Vergesellschaftung und schließlich soziale Ordnung im Generellen ermöglicht wie auch *formt.*" (Ziemann 2012, 17)

Eine Darstellung der Geschichte der Medien muss den Wandel des Medienbegriffs und damit seine Vielfalt berücksichtigen. So unterscheiden etwa Böhn/ Seidler (2014, 15 ff.) einen weiten und einen semiotischen Medienbegriff, sie unterscheiden technische Medienbegriffe, primäre, sekundäre und tertiäre Medien, analoge und digitale Medien, sie treffen eine Unterscheidung nach genutzten Sinneskanälen oder nach kommunikativer Reichweite, sie kennen Medienbegriffe im Rahmen der Organisations- und Kommunikationssoziologie und landen nicht zuletzt bei Mediendispositiven im Sinne von Michel Foucault.

Die Medienpsychologie wird wiederum auf einen Medienbegriff zurückgreifen, der die Entwicklungstendenzen des Subjekts und seiner Persönlichkeit im Hinblick auf den Gebrauch unterschiedlicher Medien untersucht, und in der Medienphilosophie wird man versuchen, im Rahmen bestimmter philosophischer Hintergrundtheorien einen dazu passenden Medienbegriff zu entwickeln. Beispiele werden in dem vorliegenden Text immer wieder zitiert, wobei es auffällt, dass es insbesondere Vertreter der sogenannten französischen Postmoderne sind, die nicht bloß eine Faszination für Medien entwickeln, sondern auf die auch Vertreter unterschiedlicher Medienwissenschaften und auch der deutschen Medienpädagogik gerne zurückgreifen. Mir scheint in diesem Zusammenhang ein Satz zutreffend zu sein, der auf Fichte zurückgeht: Dass die Philosophie, die man vertritt, davon abhinge, was für ein Mensch man sei. Zumindest kann man feststellen, dass eine überzeugende Begründung für einen und nur einen spezifischen wissenschaftlichen oder philosophischen Ansatz bislang nicht gefunden wurde (und auch nicht gefunden werden kann).

Natürlich sind auch in den Medienwissenschaften, die ohnehin ein Sammelbecken für eine Auseinandersetzung mit Medien in den unterschiedlichsten Fachdisziplinen darstellt, verschiedene Medienbegriffe im Angebot. Das „Metzler Lexikon Medientheorie Medienwissenschaft" (Schanze 2002, 199f.) bietet die folgende Definition an:

„**Medien** (sing., lat. *medium*, plur. lat. *media* von gr. *méson*: das Mittlere, auch Öffentlichkeit, Gemeinwohl, öffentlicher Weg) bezeichnen die Gesamtheit der Kommunikationsmittel. Der Begriff des „Mediums" entwickelt sich seit der Mitte der 1980 er Jahre zum dominanten Konzept im kulturwissenschaftlichen Bereich. Er definiert den Mittelbegriff einer „M. Kultur" und stimuliert inter- und transdisziplinäre Forschungen u. a. mit sozialwissenschaftlichen, wirtschaftswissenschaftlichen, juristischen und technologischen Bereichen. Der historisch erweiterte Begriff des „Mediums als Kommunikationsmittel" und als „Kommunikationsorganisation" (nicht-technische und technische Speicher- und Verbreitungsmittel und soziale Organisationen, die „mit einer Stimme sprechen") integriert die Gesamtentwicklung der Kommunikationstechniken von den oralen über die skriptoralen Kulturen bis zu den modernen technischen Massen- und Individualm. Als Basism. erden Bild, Ton, Text und Zahl, die Elemente der Multimedia-Konfigurationen, angesehen. Geruchs- und Tastm. dagegentreten, aus technischen und kulturhistorischen Gründen, in den Hintergrund. Gleichwohl beziehen moderne digitale M. konfiguration inzwischen auch diese Kanäle der sinnlichen Wahrnehmung mit ein."

Ein weiteres Beispiel aus der Medienwissenschaft stammt von Hartmut Winkler (2008). Er weist im Vorwort darauf hin, dass die Medienwissenschaft ein relativ junges Fach sei, weswegen es noch keinen verbindlichen Bestand eines „Basiswissens" darüber gibt, was denn nun eigentlich ein Medium sei. Daher bietet er als Möglichkeit einer Annäherung ein „Mosaik" an relevanten Stichworten an, das er in sieben Kapiteln ordnet. In diesen sieben Kapiteln werden zentrale Bestimmungsmerkmale von Medien aufgegriffen:

- Kommunikation: Medien sind Maschinen der gesellschaftlichen Vernetzung.
- Symbolischer Charakter: Von anderen Mechanismen gesellschaftlicher Vernetzung – zum Beispiel im Warentausch, Arbeitsteilung, Politik, Sex oder Gewalt – unterscheiden die Medien sich durch ihren symbolischen Charakter.
- Technik: Medien sind immer technische Medien.
- Form und Inhalt: Medien erlegen dem Kommunizierten eine *Form* auf.
- Medien überwinden Raum und Zeit: Die Überwindung geographischer Distanzen (Telekommunikation) ist für Medien ebenso typisch wie die Überwindung der Zeit, also der Aspekt von Speicherung und Traditionsbildung.
- Zeichen und Code: Medien sind Zeichenmaschinen und arbeiten mit Codes.
- Medien sind unsichtbar: Je selbstverständlicher wir Medien benutzen, desto mehr haben sie die Tendenz zu verschwinden. Mediennutzung ist weitgehend unbewusst. (11)

Bei diesem Zugang zu einer definitorischen Bestimmung des Medienbegriffs handelt es sich offensichtlich um das, was Stefan Hoffmann (in Schröter 2014, 20) in seiner Erläuterung des Medienbegriffs (in der Medienwissenschaft) eine „kumulative Definition" nennt. Hoffmann beginnt seinen Artikel mit einem Exkurs in die Geschichte des Medien*begriffs*, der zuerst in Wörterbüchern des 16. Jahrhunderts auftauche und dort die Bedeutung als „Vermittelndes" oder „Zwischenmittel" im Wahrnehmungsprozess hat (14). Es geht also um einen wahrnehmungstheoretischen Medienbegriff, der auch in ästhetischen Theorien von Schiller und Lessing später noch eine wichtige Rolle spielt. Eine solche Orientierung auf Wahrnehmungen findet sich dann auch in der wissenschaftlichen (physikalischen) Behandlung der Optik und Akustik. Im 19. Jahrhundert kristallisiert sich schließlich ein bis heute vorfindlicher Gegensatz heraus, den Medienbegriff entweder auf Kommunikation (Sprache) oder auf Technik zu beziehen (18). Interessant ist vor diesem Hintergrund der Hinweis auf das „medienbegriffliche Paradoxon als Programm“ unter Bezug auf den Philosophen und Mathematiker Dieter Mersch (2006). Aufgrund der offensichtlichen Schwierigkeit und vielleicht sogar Unmöglichkeit einer exakten Begriffsbestimmung geht es Mersch darum, „die Bruchstellen, Paradoxien und dysfunktionalen Vermittlungen, die die Struktur und Funktion des medialen offen legen können“ (ebd.), herauszufinden.

In der Medienpädagogik werden unterschiedliche Wege einer Annäherung an den Medienbegriff eingeschlagen. So beginnt Ralf Vollbrecht (2001) seine „Einführung in die Medienpädagogik“ mit einem Kapitel über medienpädagogische Debatten über das Kino und geht dann sofort auf den Begriff der Medienkompetenz über. Ähnlich verfahren Jörissen und Marotzki (2009), die zunächst den zugrunde gelegten Begriff der strukturalen Bildung erläutern, um dann am Beispiel des Films, des Bildes und des Internets ihre Vorstellungen von Medienbildung zu konkretisieren.

Die Sammlung von Grundbegriffen der Medienpädagogik (Schorb 2009) erfasst eine Vielzahl von Einzelmedien (Film, Computer, Handy, Kino etc.), enthält zudem spezielle Artikel über Massenmedien und neue Medien, aber keinen speziellen Artikel zu Medien.

Nun gibt es zwar in der Praxis immer wieder Versuche, bestimmte Begriffe ohne eine theoretische Rahmung festzulegen. Das mag in einer pragmatischen Sichtweise akzeptabel erscheinen, doch wird man bei genauerem Hinsehen feststellen, dass hinter der Begriffsfestlegung implizit doch ein Theoriengebäude steht: Es gibt kein theoriefreies Arbeiten. Zudem ist es ausgesprochen schwierig, angesichts der Heterogenität dessen, was man in der Geschichte und den historischen Darstellungen unter den Medienbegriffs subsumiert hat, eine solche definitorische Festlegung zu treffen. In diesem Sinn beginnt das „Handbuch der Mediologie“ (Bartz 2012) in der Einleitung der Herausgeber:

> „1996 formuliert Joachim Paech im Kontext einer Bestandsaufnahme zur Lage der Medienwissenschaft die Diagnose, dass kaum jemand „verbindlich sagen (kann), was ein Medium ist, eine Geisterscheinung, ein Stück Draht, ein Fernseher“ (…) – ein Befund, der kaum an Aktualität eingebüßt hat. Nach wie vor kann die wissenschaftliche Beschäftigung mit Medien nicht von einer gesicherten Definition ihres Gegenstandes ausgehen. Die akademischen Diskussionen wie auch öffentlichen Debatten sind vielmehr beherrscht von einer unübersehbaren Heterogenität der Perspektiven und Vielfalt der unter dem Begriff verhandelten Sachverhalte. Insofern ist der Terminus *Medium* gleichermaßen über- als auch unterbestimmt.“ (7)

Was ist in einer solchen Situation zu tun? Eine Möglichkeit besteht darin, wie oben erwähnt die Komplexität dieser Definitionsaufgabe zu ignorieren und eine

Definition normativ festzulegen. Eine andere Möglichkeit besteht darin, ein Verfahren zu übernehmen, das auch bei anderen, ähnlich komplexen Problemlagen angewandt wird. So stellt sich bei der Frage danach, was unter „Geld" zu verstehen ist, ein ähnliches Definitionsproblem. Es gibt eine praktische Notwendigkeit, einen Geldbegriff zur Verfügung zu haben. Es gibt zudem eine Fülle von Theorien, die sich um eine Definition des Geldbegriffs bemühen. Und nicht zuletzt gibt es keine Einigkeit darüber, welches die geeignete Definition sei, zumal es auch einen Entwicklungsprozess gibt, sodass immer wieder andere virtuelle oder gegenständliche Dinge als Geld auftauchen. Eine knappe, aber durchaus ergiebige Vorgehensweise besteht bei der Annäherung an einen Begriff von Geld darin, sich auf die *Funktionen von Geld* zu beziehen: Geld ist das, was Geld tut.

Dies lässt sich auf die Medien übertragen. Denn im Laufe der Geschichte der Medien und der Reflexionen über Medien hat man eine Reihe von Funktionen identifizieren können. So sind Medien ein Mittleres, Verbindendes und Trennendes, sie sind Mittel der Kommunikation, Wissensspeicher, Gestalter von Subjektivität und von Gesellschaft und vieles mehr.

Man hat gerade im Hinblick auf den Übergang von der Oralität zur Literalität die Wirkungen von Medien wie Sprache, Schrift und Buchdruck auf die Form des Denkens und Fühlens der Menschen untersucht. Man untersucht ferner die Wirkungen unterschiedlicher Medien auf die Konstitution von Gesellschaft, kurz: Man buchstabiert alle möglichen wechselseitigen Beziehungen in dem Dreieck Mensch – Medium – Gesellschaft aus. Damit ergibt sich eine Fülle von Funktionen und Wirkungsweisen, die möglicherweise keine unwidersprochene Definition in einem strengen Sinne ergibt, die aber zur Charakterisierung dessen taugt, was man unter einem Medium verstehen kann.

Man kann diese Überlegungen zum einen dafür nutzen, unterschiedliche Medien im Hinblick darauf zu vergleichen, welches der betrachteten Medien welche der genannte Funktionen und Wirkungen – und dies in welcher Weise und bei wem – realisiert (so etwa in zahlreichen Graphiken und Tabellen Winkler 2008). Man kann zudem Medientheorien danach untersuchen, welche dieser Funktionen und Wirkungsweisen bei dem Medienbegriff, der ihnen zugrunde liegt, thematisiert oder ignoriert wird.

Da Medien in zweierlei Richtung wirksam werden, nämlich zum einen im Hinblick auf das medienverwendende Subjekt und die Formung seiner Persönlichkeit und zum anderen im Hinblick auf die Gesellschaft, kann man auch in beide Richtungen fragen, welches Verständnis von Subjekte und Persönlichkeit und welches Verständnis von Gesellschaft bei dem jeweils verwendeten Medienbegriff unterstellt wird. Eine verbreitete Konzeption von Gesellschaft ist die einer „Wissensgesellschaft", wobei man nicht immer die ideologische Problematik dieses Begriffs reflektiert (siehe Kap. 12 und 13).

Eine andere Etikettierung spricht davon, dass Gesellschaften Mediengesellschaften sind, dass der Mensch in mediatisierten Welten lebt. Man kann daher danach fragen, was „Mediatisierung“ und aktuell: was Digitalisierung überhaupt bedeuten, ganz so wie es Andreas Hepp (2013, V) tut:

> „Wenn gegenwärtig über die Relevanz von Medien diskutiert wird, geht es nicht einfach um einzelne Medieninhalte oder Medienereignisse. Vielmehr interessiert zunehmend die Frage, wie Politik, Bildung, Religion, aber auch Kultur und Gesellschaft insgesamt durch „Mediatisierung“ gekennzeichnet sind. Gemeint wird damit einerseits, dass sich Medien zahlenmäßig verbreiten. Damit geht andererseits einher, dass medienvermittelte Kommunikation für verschiedene Bereiche des menschlichen Lebens prägend wird. Die fortschreitende Verbreitung von technischen Kommunikationsmedien zieht also an uns alle nicht spurlos vorüber.“

Insbesondere kann man sich dann dafür interessieren, in welcher Weise in der Medienpädagogik mit dem Begriff der Medien und entsprechenden Medientheorien umgegangen wird. So kann man insbesondere danach fragen, inwieweit pädagogische Bezüge explizit oder implizit in vorliegenden philosophischen, technischen, soziologischen, psychologischen etc. Medientheorien überhaupt angesprochen werden und welche dieser genannten Theorien für den pädagogischen Gebrauch nutzbar sind. Man kann andererseits danach fragen, ob es in der Pädagogik – ähnlich wie in der Soziologie oder Psychologie – genuin pädagogische Medientheorien gibt. Ein erster entsprechender Versuch (Fromme/Sesink 2008) führt allerdings nicht sehr weit, da entweder soziologische Großtheorien (z. B. Luhmann) oder klassische Medientheorien (McLuhan) in den Blick genommen oder bloß eigene Bildungskonzeptionen (Marotzki/Jörissen) vorgestellt werden. Näher an der Frage, was ein „pädagogisches Medium“ ist, ist etwa Heinz Moser (2008) mit seiner Netzdidaktik und dem dort entwickelten „didaktischen Stern“. Moser spricht von „Schulmedien“ und analysiert sechs relevante Aspekte und Dimensionen in seinem Sechseck: Inhalt, mediale Lernhilfen, Schülerinnen, Kommunikationsmedien, Lehrer/innen, Vermittlungsmedien.

Was bleibt als Fazit dieser Überlegungen? Ein wesentliches Charakteristikum des Medienbegriffs scheint zu sein, dass es zum einen keine Einigkeit darüber gibt, was darunter zu fassen ist, sodass man auch in Zukunft mit spannenden Debatten rechnen kann. Man wird zudem mit einer dynamischen Entwicklung rechnen müssen. So hätte sich vor 20 oder 30 Jahren niemand vorstellen können, was heute im Alltag vieler Menschen ganz selbstverständlich an Medien genutzt wird. Man wird also nicht davon ausgehen können, dass diese Entwicklung mit dem heutigen Entwicklungsstand zu Ende ist. Die Entwicklung ist vielmehr offen und wird noch einige Überraschungen mit sich bringen, sodass ein Aspekt einer zu definierenden Medienkompetenz darin besteht, mit solchen Überraschungen und Unbestimmtheiten umgehen zu können.

Kontroversen darüber, wie der Begriff des Mediums nun zu fassen sei, kommen zudem oft dadurch zustande, dass man sich aus ganz unterschiedlichen Perspektiven mit Medien befasst. Daraus ergibt sich eine Vielfalt an Erkenntnissen, da man zunächst davon ausgehen kann, dass all diese unterschiedlichen Ansätze auf einen real vorfindlichen Aspekt von Medien zielen. Die Vielfalt an Ansätzen ist also nicht nur kein Problem, sondern bedeutet eine Bereicherung der Erkenntnismöglichkeiten über Medien. Allerdings muss man davon ausgehen, dass keine der Disziplinen ein alleiniges Deutungsrecht für sich beanspruchen kann. Dies gilt auch für die Vielfalt theoretischer Zugriffsweisen im Bereich der Medienpädagogik. In dieser Hinsicht unterscheidet sich die Medienpädagogik nicht von anderen pädagogischen Teildisziplinen, in denen es auch einen Meinungsstreit darüber gibt, wie das betreffende Feld theoretisch und definitorisch zu erfassen ist.

B. Das Internet

Überblick

In der Frühgeschichte des Internets spielte vor allem das Ziel eine Rolle, den wissenschaftlichen Datenaustausch zwischen Rechnern zu ermöglichen. Es ergab sich eine dynamische Entwicklung hin zu einer Netzstruktur, in der immer mehr Rechner und Rechnerstandorte und schließlich eine immer größere Anzahl lokaler Netzwerke miteinander verbunden wurden, sodass sich der Gedanke der Vernetzung geradezu verselbstständigte und zu einem eigenständigen Ziel über die ursprüngliche pragmatische Nutzungsabsicht hinaus wurde. Es entwickelten sich Visionen einer Kommunikationsgemeinschaft, es gab allerdings auch schon sehr früh Auseinandersetzungen darüber, wie dieses Netz funktionieren sollte, wer sich daran beteiligen konnte und welcher Regelungen es bedurfte. An der Entwicklung des Netzes und an den Debatten über das Netz beteiligten sich zunehmend immer mehr Gruppen mit durchaus verschiedenen Interessen.

Neben dem pragmatischen Ziel eines weiteren Ausbaus und einer Verbesserung der technischen Infrastruktur gab es die Vorstellung, dass mit dem Netz ein sozialer und kultureller Raum entsteht, dessen Regelungen gerade nicht den üblichen politischen Vorstellungen entsprechen sollten, ganz so, wie es die oben zitierte Unabhängigkeitserklärung des Netzes Mitte der 1990 er Jahre formulierte: Es ging um ein entstehendes Reich der Freiheit und der Gleichheit, in dem staatliche Kontrolle, rechtliche Regelungen, Zugangsbeschränkungen und Zensurmaßnahmen keine Rolle spielen durften.

Diese Vorstellungen gibt es bis heute und sie prägen das Engagement von Initiativen von Netzaktivisten/innen, von Wissenschaftlern/innen und Theoretikern/innen, die sich als Teil der Zivilgesellschaft im Rahmen des Konzeptes der Internet Governance in die politischen Gestaltungsaktivitäten rund um das Netz einmischen. Dabei steht man nicht bloß in Opposition zu repressiven staatlichen Regulierungsmaßnahmen, man hat auch die sehr stark gewachsene ökonomische Nutzung des Netzes im Blick.

An der immanenten Entwicklung des Internets sind unterschiedliche Berufsgruppen beteiligt, die sich um die Hard- und Software und insgesamt um die materielle Basis des Netzes kümmern. Das Netz ist ein zentrales Medium der Globalisierung und es basiert auf einer teuren Infrastruktur, sodass notwendigerweise politische und ökonomische Fragen bei seinem Erhalt und seinem weiteren Ausbau eine wichtige Rolle spielen. Es gibt hohe private Geldsummen, die investiert werden, sodass die Frage des Eigentums wichtig ist. Hierbei geht es um die klassischen Fragen einer kapitalistischen Wirtschaftsordnung, nämlich um Versuche, sich auf den entsprechenden Märkten zu behaupten und dominant zu werden. Es geht zudem um Fragen der Besteuerung und des Arbeitsrechtes. Das bedeutet, dass auch die Frage der Monopol- und Kartellbildung in diesem Bereich relevant ist, wobei es die grundsätzliche Internationalität des Internet nationalen Regierungen schwer macht, ihre jeweiligen ökonomischen, rechtlichen und politischen Ordnungsvorstellungen durchzusetzen.

Es geht um den Aspekt der öffentlichen Kommunikation und der Zugänglichkeit, wobei zu berücksichtigen ist, dass das Netz herkömmliche Medien- und Kulturproduzenten und inzwischen auch den Handel und einen immer größeren Teil des Dienstleistungssektors in Schwierigkeiten bringt.

Das Netz ist zudem schon längst zu einem wichtigen Gegenstand human-, sozial- und kulturwissenschaftlicher Analysen geworden, weil es in kürzester Zeit wie kein anderes Medium die Lebenswelt und die Vorstellung von Gesellschaft und Subjekt – und dies inzwischen fast auf der ganzen Welt – prägt. Es kommt daher konsequenterweise auch in jeder dieser wissenschaftlichen Zugangsweisen zu Theoriebildungen zum Internet.

Zunächst einmal kann man feststellen, dass sich die Bewertung des Internets im Laufe seiner kurzen Geschichte verändert hat. Man kann dies etwa am Beispiel von Sherry Turkle zeigen, die in ihren Schriften in den 1990er Jahren die positiven Auswirkungen eines Umgangs mit dem Computer auf die Bildung zeitangemessener Identitäten beschrieben hat (1999) und die im neuen Jahrtausend zu einer harten Kritikerin geworden ist.

Wie bei jedem neuen Medium gibt es auch bei dem Internet kulturpessimistisch eingestellte Gegner wie etwa den Neurowissenschaftler Manfred Spitzer (2012). Es gibt aber auch Experten, die heute zu negativen Beurteilungen kommen. Ein Beispiel ist der frühere Internet-Unternehmer Andrew Keen (2015), der von einem Scheitern des Internets unter dem Titel „Das digitale Debakel" spricht. Er beschreibt, wie das Internet Arbeitsplätze vernichtet, Wettbewerb verhindert und Intoleranz und Voyeurismus befördert. Auch Matthias Mueller von Blumencrohn (2015), viele Jahre in großen Medienunternehmen verantwortlich für den Netzauftritt, beschreibt, wie sich das Internet „zu einer gewaltigen Empörungsmaschine“ einer „Gerüchteschleuder“ und einem „Propagandavehikel für jede noch so obskure Theorie“ entwickelt hat.

Ähnliche Positionen befinden sich auch in dem Sammelband „Medien, Netz und Öffentlichkeit“ (Eumann 2013). So stellt Jürgen Bremer (a.a.O.) etwa die These auf, dass das Internet gar keine neue Kommunikationsform sei, weil schon in Zeiten des Urknalls „alle Informationen, alles Wissen über Gegenwart, Vergangenheit und Zukunft (…) in diesem Punkt komprimiert wie auf einer winzigen Festplatte“ war (21). Und er beschreibt später kritisch, dass „Desinformation und Denunziation (…) auch Begleiter sozialer Netzwerke“ (25) seien. So finden sich in dem Sammelband zu den Themen „Kommunikationsraum Internet“, „Kulturraum Internet“ und „Freiraum Internet“ positive und negative Bewertungen des Netzes sowie Überlegungen dazu, wie „Medienpolitik in Zeiten des Internets“ zu gestalten sei.

Gerade wegen der allgegenwärtigen Präsenz und Unvermeidbarkeit des Internets bei der Gestaltung des individuellen und sozialen Lebens liegt es auf der Hand, dass es eine Vielzahl sowohl von Alltags- als auch wissenschaftlich reflektierten Theorien zum Internet gibt. Dies bedeutet unter anderem, dass Theorien, die für Medien insgesamt entwickelt worden sind, nunmehr auch auf dieses neue Medium angewandt werden können. Zu erinnern ist etwa an den Sammelband Weber (2003), in dem Technik-, ökonomische, kritische, Zeichen-, Kultur-, konstruktivistische, System-, feministische, psychoanalytische, poststrukturalistische und medienphilosophische Theorien zu den Medien vorgestellt werden. Es gibt Internettheorien, aus der Sicht der beteiligten Sparten (Technikwissenschaften, Kommunikationswissenschaften etc.), es gibt Theorien auf der Basis soziologischer oder philosophischer Großtheorien (etwa auf der Basis der Systemtheorie von Luhmann, der Kritischen Theorie der Frankfurter Schule, der verschiedenen Ansätze der vor allem französischen Postmoderne etc.), es gibt Theoriebildungen von Vertretern klassischer Kulturwissenschaften (etwa der Literatur- oder Kunstwissenschaft), es gibt Ansätze von Vertretern der traditionellen Medienwissenschaft, die sich bislang um Film, Radio oder das Fernsehen gekümmert haben. Es gibt politik- und wirtschaftswissenschaftliche Ansätze und es gibt ein starkes Interesse im Bereich der Humanwissenschaften insbesondere im Hinblick auf die Frage, inwieweit das Internet und der Umgang mit Computern insgesamt zu neuen Formen von Subjektivität führt.

Tilman Baumgärtel (2017) stellt in seiner Textsammlung zur Theorie des Internets quasi als Ausgangspunkt aktueller Theorienbildungen die Ansätze von Bertolt Brecht, Marshall McLuhan und Friedrich Kittler vor. Er dokumentiert die visionären Programme und Manifeste wie etwa die Unabhängigkeitserklärung des Cyberspace von John Perry Barlow und er gibt Textbeispiele zu den Themen Gesellschaft und Philosophie, Ökonomie, Politik, Psychologie und nicht zuletzt Kunst und Kultur. Auch Martin Warnke hat bereits 2011 ein Buch mit dem Titel „Theorien des Internet“ vorgelegt, wobei in diesem Buch explizit von einer Theorie des Internet nur im letzten Kapitel unter den Begriffen Berechenbarkeit und Kontingenz, Synthese, Mimesis und Emergenz die Rede ist. In den vorangehenden Kapiteln finden sich sachlich-fachliche Informationen über die Geschichte, die Technik, die Ökonomie und die Wissenschaft des Internets.

Bei der Befassung mit Theorien des Internets stellt sich zudem die Frage, inwieweit sich die oft hochspekulativen Ansätze auf nachvollziehbare Erfahrungen gründen. So spricht der Verleger Tim O'Reilly, der den Begriff Web 2.0 erfunden und der damit den Sprung in die Interaktivität im Internet beschrieben hat, davon, dass nunmehr folgende Prinzipien wirksam werden: u. a. radikale Dezentralisierung, starkes Vertrauen, Partizipation, der Nutzer als Inhaltsproduzent, kollektive Intelligenz, das Web als Plattform, Kontrolle der eigenen Daten und eine große Rolle des Spiels (zitiert nach Chr. Fuchs 2019, 61 ff.). Obwohl sich diese Ziele und Wünsche in dieser Form nicht realisiert haben, spielen sie immer noch in Theoriebildungen zum Internet eine Rolle und werden oft als Faktizität behandelt.

Strittig ist zudem die Frage danach, welche Aspekte des Internets als Entwicklungsimpulse eine gewisse Dominanz hatten: Ist es die technische Entwicklung etwa der Hardware, ist es die kommerzielle Nutzung, ist es die Art seiner politischen Regulierung oder ist es die Software? In den letzten Jahren gibt es eine Verschiebung in Richtung Software, wie man etwa an dem einschlägigen Buchtitel des Netztheoretikers Lew Manovich „Software takes Command" erkennen kann. Es haben sich als neue Forschungsrichtungen kritische Software- und Codestudien entwickelt. (Siehe Marino 2006, der vorschlägt, den Code wie einen literarischen Text zu verstehen und zu analysieren.)

Unstrittig ist, dass das Internet nunmehr bislang getrennte Medien zusammenführt (Konnektivität) und dass in einer humanwissenschaftlichen Perspektive alle Sinne – wenn auch in einer spezifischen Weise – genutzt werden. Es geht nicht mehr bloß um das Sehen und Hören, auch der Tastsinn spielt eine große Rolle, wobei inzwischen auch die dritte Dimension und die bislang analoge Gegenständlichkeit („Internet der Dinge") einbezogen wird. Damit ist auch in der Theorienbildung eine verstärkte Berücksichtigung der Materialität der internetbasierten Kommunikation verbunden.

Hinweise zu einzelnen Theorieansätzen

Wie in vorangegangenen Kapiteln beschrieben gibt es sowohl wissenschaftliche Zugänge und Theorienbildungsprozesse in der *Ökonomie* und in der *Politikwissenschaft*, es gibt aber auch eine neue Konjunktur einer Kombination beider im Rahmen einer *Politischen Ökonomie*. Die oben vorgestellte Studie von Shoshana Zuboff (2018) kann hier eingeordnet werden.

Auch in der *Soziologie* gibt es inzwischen unterschiedliche Theoretisierungsversuche, etwa von Steffen Mau (2017) oder Armin Nassehi (2019). Von besonderem Interesse ist in diesem Zusammenhang die Dominanz eines quantifizierenden Zugriffs und einer Metrisierung aller menschlichen Belange.

In der *Politikwissenschaft* interessiert man sich für Möglichkeiten der Partizipation insbesondere im Hinblick auf die Regulierung des Internets, sowie auf seine Rolle bei der Artikulation und Verbreitung demokratiefeindlicher Positionen.

Während es in philosophischen Zugängen oft zu einer Vernachlässigung der politischen und ökonomischen Dimension des Internets kommt, gibt es kritische *medienwissenschaftliche Ansätze* – etwa unter Bezug auf die Kritische Theorie (Christian Fuchs 2019) oder auf Norbert Elias (etwa Friedrich Krotz und Andreas Hepp; vgl. Winter 2008, Hepp 2013) – die nahe an einer empirisch erfassten Realität die unterschiedlichen Aspekte des Internets in ihre Theorienbildung integrieren.

Im Rahmen einer *philosophischen Zugangsweise* zum Netz hat sich in den letzten Jahren als neue philosophische Disziplin eine Medienphilosophie entwickelt, die auf die Traditionsbestände der gesamten Philosophiegeschichte zugreift (vergleiche etwa Margreiter 2016), wobei insbesondere Vertreter der französischen Postmoderne oder des Poststrukturalismus (Lyotard, Baudrillard, Derrida, Foucault und andere) prominent vertreten sind. In diesem medienphilosophischen Kontext gibt es zudem eine Ausdifferenzierung entsprechend der traditionellen philosophischen Bereiche. So spricht man von einer Ethik und einer Ästhetik des Internet, man befasst sich aus einer technikphilosophischen und einer epistemologischen Perspektive mit dem Netz und insbesondere diskutiert man die Frage einer neuen digitalen Anthropologie (auf einzelne dieser Aspekte komme ich im nächsten Teil zurück).

Einen interessanten Ansatz vertritt der Mathematiker und Philosoph Dieter Mersch, der die Dominanz mathematischer Zugangsweisen in Einzelwissenschaften und auch im philosophischen Denken beklagt, weil er darauf hinweist, dass eine mathematische Modellierung von Erkenntnisgegenständen zum einen die Komplexität dieser Erkenntnisgegenstände unzulässig reduziert, sie aber dadurch verfügbar und beherrschbar macht. Vor diesem Hintergrund sucht er nach der Möglichkeit anderer Weltzugangsweisen, die er etwa in den Künsten und in einem ästhetischen Zugang zur Welt findet (Mersch 2015; siehe auch Fuchs 2020).

Damit ist ein erstes wichtiges Thema in Theoriebildungsprozessen angesprochen, das sich in unterschiedlichen disziplinären Zugangsweisen findet: der Aspekt der Metrisierung und Mathematisierung, auch als Basis einer Wiederkehr eines kybernetischen Denkens (vgl. Hörl 2011).

Ein weiteres wichtiges Thema ist die Entdeckung der Materialität der Kommunikation. Dies ist deshalb bemerkenswert, weil es gerade in der 1980 er Jahren unter den Stichworten der Virtualität und der Simulacren geradezu zu einer Abspaltung und Verselbstständigung der Zeichenebene von der materiellen Basis gekommen ist. Damit sind Aspekte der Sichtbarkeit und der Unsichtbarkeit angesprochen. Im Hinblick auf die Unsichtbarkeit gibt es die oben angesprochene Thematisierung des Codes, wobei sich hier neben Programmierern und Programmiertheoretikern/Informatikern auch Rechtswissenschaftler (zum Beispiel Lawrence Lessig 2001) oder Literaturwissenschaftler wie Mark Marino damit befassen (siehe auch Black 2002).

Auf Ansätze aus der Gesellschafts- und Kulturwissenschaft gehe ich im nächsten Teil ein.

Teil 4
Das „digitale Subjekt" in einer „digitalen Gesellschaft"?

In der erziehungs- und kulturwissenschaftlichen Perspektive des vorliegenden Textes steht das Subjekt im Mittelpunkt: Es geht um die Frage, wie sich die dargestellten Entwicklungen und insbesondere die im letzten Teil beschriebenen Entwicklungen rund um den Computer und das Internet auf die Konstitution des Subjektes auswirken und welche Chancen diese Subjekt hat, nicht bloß gesellschaftlichen Entwicklungen ausgeliefert zu sein, sondern Formen der Selbstbestimmung zu realisieren. Diese Frage kann man auf den Begriff der *Bildung* beziehen, wenn man Bildung als die Summe derjenigen Dispositionen versteht, die einen dazu befähigen, sein eigenes Projekt des guten Lebens zu realisieren (vergleiche Fuchs 2017 und 2019).

Bei dieser Überlegung wird man allerdings berücksichtigen müssen, dass es nicht um einen als autark verstandenen Einzelnen geht, also um das „abstrakt-isolierte Individuum" aus der Frühzeit neuzeitlicher politisch-ökonomischer Theorien, sondern um den Menschen in seinen sozialen Beziehungen, der für die Realisierung seines Projektes des guten Lebens auf Ressourcen zurückgreifen muss, die er nicht selbst bereitstellen kann. Daher muss man als Zielstellung formulieren: das gute Leben in einer wohlgeordneten Gesellschaft.

Im Hinblick auf die Gesellschaft kann man auf eine Vielzahl unterschiedlicher Konzeptionen und Theorien zurückgreifen, bei denen zu überprüfen ist, wie tragfähig diese Vorschläge sind. Dies soll im nächsten Kapitel geschehen. Man wird dabei feststellen, dass sich die vorgeschlagenen Gesellschaftskonzeption zum Teil erheblich voneinander unterscheiden, je nachdem aus welcher Perspektive die Gesellschaftsanalyse betrieben wird. Von besonderem Interesse sind solche Entwürfe, die die dynamische Entwicklung im Bereich der technischen Medien berücksichtigen.

Es stellen sich allerdings hierbei verschiedene Schwierigkeiten in den Weg. So muss man sehen, dass es eine Vielzahl von Sichtweisen und Forschungsparadigmen in den Gesellschafts-, Human- und Kulturwissenschaften gibt, bei denen man nicht sicher sein kann, inwieweit sie sich auf reale Entwicklungen beziehen, inwieweit sie bloß dem Innovationsdruck in der betreffenden Wissenschaft geschuldet sind und ob nicht bestimmte Tendenzen, die durchaus real vorhanden sein können, überinterpretiert werden. Doris Bachmann-Medick (2006) hat unter der Überschrift „Neuorientierungen in den Kulturwissenschaften" sieben Paradigmen in der jüngeren Wissenschaftsgeschichte unterschieden, nämlich einen interpretativen, einen performativen, einen reflexiven, einen postcolonialen, einen translationalen, einen iconic und einen spatial turn. Sie bringt diese Pluralisierung unterschiedlicher Zugangsweisen mit dem postmodernen Topos eines „Endes der Meistererzählung von Emanzipation und Fortschritt" in Verbindung.

Die Ausführungen von Doris Bachmann-Medick beziehen sich zwar zunächst einmal nur auf den Bereich der Kulturwissenschaften, doch gehört es auch zu einem jüngeren Trend in der Entwicklung der meisten (aller?) Wissenschaften, die kulturelle Dimension in ihrem Forschungsfeld zu berücksichtigen, was soweit geht, dass es nahezu in jeder wissenschaftlichen Disziplin Ansätze gibt, die die eigene Disziplin nunmehr auch als Kulturwissenschaft verstehen. Auch diese Form der Kulturalisierung der Wissenschaften darf als Signatur unserer heutigen Gesellschaft gesehen werden.

Die Frage stellt sich nun, inwieweit Strukturmerkmale einer „digitalen Gesellschaft" in den einzelnen Funktionsbereichen einer solchen Gesellschaft, also in der Ökonomie, der Politik, im sozialen Zusammenleben und den unterschiedlichen Bereichen der Kultur (Wissenschaft, Kunst, Religion etc.) zu finden sind und diese möglicherweise sogar prägen.

Ein weiteres Problem besteht darin, dass die mit der Analyse der Gesellschaft befassten Disziplinen selbst Teil dieser Gesellschaft sind. So werden als charakteristische Strukturmerkmale in den meisten Analysen der heutigen digitalen Gesellschaft Metrisierung und Algorithmisierung hervorgehoben. Interessanterweise gibt es aus unterschiedlichen Richtungen eine grundsätzliche Kritik an Ansätzen, die dies nicht kritisch hinterfragen. Auf die kritischen Überlegungen des Philosophen und Mathematikers Dieter Mersch habe ich bereits oben hingewiesen, der in ganz grundsätzlicher Weise mathematische Modellierungen gesellschaftlicher Prozesse deshalb infrage stellt, weil durch diese Modellbildungen unzulässige Reduktionen von Komplexität vorgenommen werden. In eine ähnliche Richtung gehen die Überlegungen des Soziologen Armin Nassehi (2019), der zwar die Exaktheit der Algorithmen und der mathematischen Bearbeitung von Daten betont, allerdings die Exaktheit der Ausgangsdaten bestreitet, und daher von einer „ungenauen Exaktheit" spricht. Die verwendeten Daten entstünden aus einem ungenauen Messen. Darauf wird im folgenden Kapitel einzugehen sein.

Der in diesem Text realisierte Ansatz geht – wie oben erwähnt – davon aus, dass das Subjekt im Mittelpunkt steht. Dies führt zu der Perspektive, dass sich die Rahmenbedingungen des individuellen und gesellschaftlichen Lebens an diesem Subjekt orientieren müssen: Messlatte zur Beurteilung der Rahmenbedingungen ist also der Mensch selbst. Allerdings verändern sich auch die Vorstellungen darüber, was zu unterschiedlichen Zeiten unter einem „Menschen" verstanden werden kann. So spricht man heute von einer „digitalen Anthropologie“. Im Kapitel 16 werde ich daher der Frage nachgehen, welche Vorstellung von Subjekt und Subjektivität in verschiedenen theoretischen Zugriffsweise unterstellt werden und wie diese zu bewerten sind.

All diese Überlegungen führen zu einem zentralen Begriff der Erziehungswissenschaft, nämlich zu dem Begriff der Bildung. In Kapitel 17 findet sich daher eine Analyse vorfindlicher Begriffe der Bildung (speziell im Umgang mit Medien).

15 Die digitale Gesellschaft

Man kann mit guten Gründen die These aufstellen, dass der Mensch genauso lange über ein gelingendes soziales Zusammenleben und eine angemessene politische Ordnung nachdenkt wie über sich selbst. Belegen kann man diese These zumindest für Schriftkulturen. Insbesondere finden sich in den Schriften der bedeutenden Philosophen der griechischen Antike ausführliche Überlegungen darüber, wie eine wohlgeordnete Gesellschaft zu erreichen ist und über welche Dispositionen die einzelnen Gesellschaftsmitglieder verfügen müssen.

Spätestens seit Platon gibt es sogar eine seither andauernde Tradition, dass sich tiefgreifende Überlegungen über die Bildung des Menschen in staatstheoretischen Schriften finden. Über 2000 Jahre später folgt auch der junge Wilhelm von Humboldt dieser Tradition und formuliert in seiner Schrift, in der er als Liberaler über die Grenzen der Wirksamkeit der Staatstätigkeit nachdenkt, Bestimmungsmerkmale eines Bildungsbegriffs, die bis heute relevant sind. In dieser Humboldtschen (gesellschafts- und politiktheoretischen) Tradition geht es bei der Frage der Bildung um Freiheit und Selbstbestimmung, um die Persönlichkeit in all ihren Dimensionen und um die Entwicklung eines bewussten Verhältnisses zu sich, zu anderen, zur Natur und Kultur, zur Geschichte und Zukunft. Diese Grundgedanken finden sich bis heute in allen diskutablen Bildungskonzeptionen wie etwa der Theorie der kategorialen Bildung von Wolfgang Klafki (Klafki 1985). Dies ist aus meiner Sicht der Grundgedanke des neuzeitlichen Begriffs eines Subjekts, bei dem es keineswegs um ein isoliertes und abstraktes Individuum geht, also um ein selbstgenügsames Atom und auch nicht um einen heroischen Einzelnen, der aus eigener Kraft alle für sein Überleben notwendigen Gestaltungsprozesse ausüben kann, sondern um einen Einzelnen in seinem sozialen Kontext (so aus unterschiedlichen Perspektiven die Beiträge in Taube 2017; siehe auch Kap. 17) .

Diese Überlegungen stehen bewusst am Anfang eines Kapitels, das sich mit Gesellschaftstheorien befassen will. Denn in einer kultur- und erziehungswissenschaftlichen Perspektive ist der Mensch, sind seine Bedürfnisse und Entwicklungsmöglichkeiten die Messlatte für die Beurteilung gesellschaftlicher Verhältnisse und der darauf bezogenen Theorienbildung (vgl. Fuchs 2017).

Angesichts der langen Tradition gesellschaftsbezogener Reflexionen ist es nicht verwunderlich, dass man es mit einer großen Fülle und Vielfalt unterschiedlichster Vorstellungen über „die Gesellschaft“ zu tun hat. Diese Vorstellungen reichen bis hin zu der inzwischen legendären Aussage der damaligen englischen Premierministerin Margaret Thatcher, sie kenne so etwas wie eine Gesellschaft gar nicht, sie kenne nur Individuen.

Vorstellungen über die Gesellschaft findet man auch dort, wo diese gar nicht explizit angesprochen wird und vorhandene gesellschaftliche Verhältnisse als selbstverständlich und vielleicht als „gottgewollt" verstanden werden. Spätestens mit Beginn der Neuzeit und der beginnenden Dynamisierung gesellschaftlicher Entwicklungs- und Veränderungsprozesse intensivieren sich die Debatten über eine angemessene gesellschaftliche Ordnung oder zumindest über anzustrebende Regeln in einzelnen gesellschaftlichen Teilbereichen wie etwa der Politik, der Kultur oder der Wirtschaft. Es entstehen unterschiedliche Konzeptionen einer politischen Ökonomie und einer anwachsende Kritik an dem ancien regime, wobei es zu einem in immer intensiveren Wechselspiel zwischen der realen politischen, kulturellen und ökonomischen Praxis und entsprechenden theoretischen Reflexionen kommt. Diese Debatten differenzieren sich bald bereichsspezifisch aus und spezialisieren sich auf einzelne Aspekte des gesellschaftlichen Entwicklungsprozesses, sodass am Beginn des 19. Jahrhunderts die Soziologie als spezialisiertes Reflexionsunternehmen in Bezug auf die gesellschaftliche Entwicklung entsteht. Heute finden sich in jeder Wissenschaftsdisziplin Reflexionen über beides: zum einen über die gesellschaftliche Ordnung und zum anderen über die Konstitution des Subjekts.

Entsprechend ihrer Aufgabenstellung produziert gerade die Soziologie eine Fülle unterschiedlicher Konzeptionen. So stellt ein Sammelband (Kneer 2001) alleine 15 „klassische Gesellschaftsbegriffe der Soziologie" vor, die von der Agrargesellschaft über die Arbeits- und Industriegesellschaft, die bürgerliche Gesellschaft, die kapitalistische Gesellschaft, die Klassengesellschaft, die Massengesellschaft, die moderne Gesellschaft, die Nationalgesellschaft, die Organisationsgesellschaft, die säkularisierte Gesellschaft, die Technikgesellschaft, die totalitäre Gesellschaft, die Wissensgesellschaft, die Wohlfahrtsgesellschaft bis zur Überflussgesellschaft reichen. Ein zweibändiges Handbuch über soziologische Gegenwartsdiagnosen (Schimank/Volkmann 2000, 2001) erweitert diese Diagnosen noch um die Konzepte u. a. von Jürgen Habermas, Gerhard Schulze, Niklas Luhmann und Ulrich Beck und lenkt zudem den Begriff auf entsprechende Unternehmungen in Frankreich, Großbritannien und den Vereinigten Staaten. Damit wird die Anzahl vorliegender Gesellschaftstheorien wiederum deutlich erweitert, obwohl man ganze Kontinente wie Asien, Südamerika oder Afrika noch gar nicht berücksichtigt hat. Nicht berücksichtigt hat man zudem gesellschaftstheoretische Überlegungen aus anderen Disziplinen wie der Rechtswissenschaft, der verschiedenen Kulturwissenschaften oder der Politikwissenschaft.

Aber auch in der Soziologie selbst hat man es nicht mit einer einheitlichen Theorienbildung zu tun, sondern mit einer Vielzahl unterschiedlicher theoretischer Ansätze. So definiert das „Handbuch soziologische Theorie" (Kneer/Schröer 2009) Soziologie als „multiparadigmatische Wissenschaft" (7 ff.) und unterscheidet 23 unterschiedliche theoretische Konzeptionen. Da man eine solche Theorienvielfalt auch bei den anderen genannten Disziplinen, die sich mit der Gesellschaft oder dem Menschen befassen, erwarten kann, wird man leicht bei einer dreistelligen Zahl relevanter theoretischer Konzeptionen landen.

Bei einem ersten und vorläufigen Versuch, eine gewisse Ordnung in diese Vielfalt hineinzubringen, kann man feststellen, dass in den einzelnen Theorien ganz unterschiedliche Aspekte der Gesellschaft für so wichtig gehalten werden, dass man sie für eine globale Charakterisierung nutzt. So gibt es Begriffe aus dem Bereich der Ökonomie, wie etwa die Agrar-, die Arbeits- und Industriegesellschaft oder die Dienstleistungsgesellschaft. Es gibt Charakterisierungen aus dem Bereich des Politischen, wenn man Gesellschaften nach ihrer politischen Ordnung unterscheidet. Es gibt Charakterisierungen auf der Grundlage im Bereich der Veränderungen des problematisch werdenden sozialen Zusammenhalts (Integration und Desintegration, Teilhabe, Gewaltförmigkeit, Anomie), es gibt Diagnosen, die sich auf das Verhalten des Einzelnen beziehen (Erlebnisgesellschaft, Multioptionsgesellschaft). Nicht zuletzt beziehen sich bestimmte Gesellschaftskonzeptionen unmittelbar auf die Rolle der Medien (Informationsgesellschaft, Wissensgesellschaft und aktuell die digitale Gesellschaft).

Allerdings kann man gerade bei den letztgenannten Gesellschaftsbegriffen Einwände erheben. So lässt sich keine Gesellschaft vorstellen, bei der nicht Informationen und Wissen eine zentrale Rolle spielen, wenn diese Gesellschaft Bestand haben soll. *Es lässt sich daher die These aufstellen, dass Gesellschaften immer schon Wissens- und Informationsgesellschaften waren.*

Man muss sehen, dass es sehr unterschiedliche Gründe und Motivationen gibt, zu derartigen globalen Charakterisierungen der Gesellschaft zu kommen. Natürlich kann es sein, dass Wissenschaftlerinnen und Wissenschaftler auf bestimmte reale und nachweisbare Entwicklungstrends in der Gesellschaft aufmerksam geworden sind, sodass sie diese für tauglich halten, Entwicklungsprozesse in den unterschiedlichsten Gesellschaftsfeldern insgesamt erklären zu können. Aktuell gilt dies etwa für den Entwurf einer Theorie der digitalen Gesellschaft von Armin Nassehi (2019), der zeigen will, „dass die Digitalisierung unmittelbar verwandt ist mit der gesellschaftlichen Struktur" (18; Sperrungen entfernt), sodass man in der vorhandene Digitalität grundsätzlich Ordnungsmuster der Gesellschaft insgesamt erkennen kann.

Ein solcher Forschungsansatz ist nicht nur legitim, er kann auch zu Erkenntnisfortschritten führen. Andere Soziologen haben etwa in der Beschleunigung und in der Resonanz (Hartmut Rosa), in der Individualisierung und im Risiko (Ulrich Beck), in der Kommunikation (Jürgen Habermas), im System (Niklas Luhmann) oder im Bedarf nach Erlebnissen (Gerhard Schulze) das zentrale Gestaltungs- und Bewegungsmotiv unserer Gesellschaft zu erkennen geglaubt und entsprechende Gesellschaftskonzeptionen entwickelt.

Man muss zudem sehen, dass bei der Entwicklung solcher Etikettierungen nicht bloß ein wissenschaftlicher Erkenntnisdrang, sondern gelegentlich auch Marketing- und politische Überlegungen eine Rolle spielen. Wenn man etwa in den vergangenen Zeiten von einer „nivellierten Mittelstandsgesellschaft“ (Helmut Schelsky) sprach, wenn man heute von einer „sozialen Marktwirtschaft“, einer „Wohlfahrtsgesellschaft“ oder einem „Wohlfahrtsstaat“ spricht, so hat dies weniger mit wissenschaftlichen Analysen, sondern mit politischer Auseinandersetzung zu tun.

Bei der Rede von einer Informationsgesellschaft spielen ebenfalls unterschiedliche Motivationen eine Rolle. In wissenschaftlicher Hinsicht ist an die profunden Studien des Soziologen Manuel Castells (2001a und b) zu erinnern, der um die Jahrtausendwende versucht hat, die gewachsene Rolle der Informationstechnologie und der neuen Medien in einer soziologischen Theorie zu erfassen. Er sprach von einer Netzwerkgesellschaft und davon, dass das Internet das Gewebe sei, auf dem unser Leben beruhe (Castells 2001b, 9). Er sah eine Konvergenz von drei Entwicklungen, die zu der Entstehung einer neuen Gesellschaftsstruktur führten: „die Bedürfnisse der Wirtschaft nach flexiblem Management und Globalisierung von Kapital, Produktion und Handel; die Forderungen der Gesellschaft, wo die Werte individueller Freiheit und offener Kommunikation oberste Priorität erhielten; und die außerordentlichen Fortschritte im Computer- und Telekommunikationsbereich, die durch die mikroelektronische Revolution möglich wurden.“ (ebd.) Castells nahm die Grundprinzipien (und Mythen) der Internetentwicklung ernst und hatte die Hoffnung auf eine demokratische und gerechte Entwicklung.

Offensichtlich war der Begriff der Informationsgesellschaft so attraktiv, dass er auch in politischen Kontexten aufgegriffen wurde. So wurde dieses Konzept mit einer deutlichen wirtschaftspolitischen Intention und Konnotation im Kontext der Europäischen Union oder der OECD geradezu zu einem Leitkonzept (siehe Kap. 13). In Deutschland wurde zudem der Begriff der Wissensgesellschaft populär. Die Bundeskanzlerin sprach sogar von einer „Bildungsrepublik Deutschland“.

Damit wird deutlich, dass solche Leitbegriffe unterschiedliche Dimensionen haben: Sie können durchaus eine analytische Qualität haben, die empirisch belegt werden kann, sie werden allerdings normativ auch als Zielbegriffe verwendet, sie werden suggestiv verwendet, um ein Wirklichkeitsbild zu konstruieren, dem die Realität nicht entspricht, kurz: Sie sind zum Teil auch mythologische Narrative (siehe Kübler 2009 sowie allgemein zur Funktion solcher Leitformeln Fuchs 2011b). Es lohnt sich also, sich intensiver auf die verwendete Begrifflichkeit einzulassen und zu fragen, welche der genannten Dimensionen jeweils den Vorrang hat.

Kübler (a .a. O.) entwickelt etwa in seiner Analyse der „Wissensgesellschaft“ eine „pragmatische Typologie des Wissens“ und unterscheidet Erkenntniswissen, professionelles, fachliches Wissen, kulturelles Wissen oder Bildung, Alltagswissen, natürlich-intuitives Wissen, und er fragt danach, auf welche dieser Wissensformen sich die „Wissensgesellschaft“ in den verschiedenen programmatischen Äußerungen der unterschiedlichen politischen Instanzen bezieht. Die Medien spielen hierbei insofern eine Rolle, weil sie offensichtlich die Basis des Konzeptes der Wissensgesellschaft sind, sie sind allerdings auch die „begierigen Produzenten und Transporteure solcher Mythen" (197). Die Rede von einer Informations- und Wissensgesellschaft hat also unterschiedliche Dimensionen, die man jeweils unterscheiden muss (siehe auch Bittlingmayer/Bauer 2006, die ebenfalls fragen: Mythos, Ideologie oder Realität, wobei die einzelnen Beiträge zu einer kritischen Haltung neigen).

Es ist offenbar unvermeidlich, dass interessante und sympathisch klingende Begriffe sofort politisch und oft auch ideologisch verwendet werden. Allerdings sollte dies nicht davon abhalten, den ebenfalls vorhandenen sachlichen Kern in den Blick zu nehmen. Was bedeutet es also, wenn man von einer „digitalen Gesellschaft" spricht? Im Hinblick auf strukturierende Prinzipien kann man durchaus eine gewisse Einigkeit bei verschiedenen Autoren feststellen. So unterscheidet Andreas Hepp (2013) als Vertreter der Theorie der Mediatisierung (im Anschluss an Friedrich Krotz) die Prinzipien der Differenzierung (es geht um die Nutzung vieler Geräte), der Konnektivität (die nunmehr alle im Computer zusammenlaufen; Stichwort Vernetzung), der Omnipräsenz, der Innovationsdichte und der Datafizierung. Felix Stalder (2016) identifiziert in seiner „Kultur der Digitalität" Referentialität (als Beteiligung an der kollektiven Verhandlung von Bedeutung – dies ist eine entscheidende Bestimmung seines Kulturbegriffs), Gemeinschaftlichkeit und Algorithmizität. Insgesamt geht es um den Prozess der Datafizierung, der oben bereits angesprochen und kritisiert wurde (vgl. Kap. 12 und – wie beschrieben – die Kritik von Armin Nassehi (2019) an der „unexakten Exaktheit" dieses Prozesses). Eine gewisse Einigkeit besteht auch darin, dass das Internet einen Raum der Möglichkeiten bereitstellt, was insbesondere bedeutet, dass er offen ist für die unterschiedlichsten Handlungen und Aktivitäten (so Moser 2008 im Anschluss an Stefan Münker). Dies machen sich insbesondere die unterschiedlichsten Netzaktivisten zu nutzen, die versuchen, die ursprünglichen Prinzipien des Internets wie Freiheit, Zugänglichkeit, Offenheit etc. gegenüber repressiven Strategien der Politik und Wirtschaft zu verteidigen. Dies ist auch ein Aspekt, der in einem pädagogischen Umgang mit dem Internet eine wichtige Rolle spielt.

Der Gedanke des Möglichkeitsraumes entfesselt allerdings auch bei Soziologen gelegentlich weitreichende Fantasien, etwa in den 26 Thesen des Soziologen Dirk Baecker (2018):

> „Auf das Projekt der Moderne, die Inklusion der Gesamtbevölkerung in politische, rechtliche, wirtschaftliche, pädagogische und kulturelle Prozesse, folgt das Projekt der Digitalisierung, die Transformation analoger in diskret abzählbare, binär codierte, statistisch auswertbare, maschinell berechenbare Prozesse. Die einen hoffen, dass das Projekt der Digitalisierung die Voraussetzungen dafür schafft, dass das Projekt der

> Moderne fortgeführt werden kann, indem es die Instrumente bereitstellt, die den Zugang aller zu allen Bereichen der Gesellschaft ermöglichen. Die anderen befürchten, dass es das Projekt der Moderne auf perverse Weise beendet, indem die Teilnahme aller an der Gesellschaft nicht mehr eine Frage der individuellen Entscheidung, sondern der kollektiven Erfassung ist." (9)

Baecker spricht von der „nächsten Gesellschaft", die auf die tribale, die antike und zuletzt die moderne Gesellschaft folgen wird.

Die Rolle der Digitalisierung lässt sich zudem in den einzelnen Funktionsbereichen der Gesellschaft untersuchen. Man kann den Bereich der Wirtschaft in seinen Aspekten der Produktion, der Distribution und des Konsums untersuchen, wobei jeder von uns in seinem Alltag die Omnipräsenz des Digitalen feststellen kann. Insgesamt wird durch diesen Prozess die Einbeziehung des Kunden in Verkaufsabläufe (z. B. selbst den Preis an Kassen einzuscannen) deutlich verstärkt. Man kann die Rolle des Digitalen im Bereich der Politik untersuchen, wobei der Präsidentschaftswahlkampf von Barack Obama seinerzeit mit seiner durchaus grenzwertigen extensiven Nutzung digitaler Medien bei der Wahlwerbung einen qualitativen Sprung in dieser Entwicklung markiert. Es geht insgesamt um Datenproduktion und Auswertung, um Berechenbarkeit, um eine Transformation dessen, was „Öffentlichkeit" bedeutet. Man untersucht intensiv die Rolle digitaler Medien im Bereich der menschlichen Kommunikation und des sozialen Zusammenseins, etwa die Rolle der sozialen Medien und ihren Einfluss darauf, was Kommunikation und Gemeinschaftlichkeit heute bedeuten. Nicht zuletzt untersucht man die Rolle des Digitalen im Kulturbereich, etwa in dem Feld digitaler Künste oder – in Zeiten von Corona besonders aktuell – im Bildungs- und Erziehungswesen (Stichwort e-learning; siehe Kap. 18). Nicht zuletzt geht es um den Einfluss des Digitalen auf die Konstitution des Subjekts („digitales Selbst", siehe Kapitel 17).

Bei der Frage danach, welche Rolle die Digitalisierung für „die" Gesellschaft spielt, wird man berücksichtigen müssen, wer in dieser Gesellschaft überhaupt einen Zugang zum Internet hat. Es gibt in diesem Zusammenhang regelmäßig durchgeführte Studien (etwa die Online-Studien von ARD und ZDF), bei denen etwa festgestellt wurde, dass im Jahr 2019 63 Millionen Deutsche einen Internetzugang hatten, davon 90 % der deutschsprachigen Bevölkerung über 14. Die tägliche Internet-Nutzungsdauer ist auf 366 Minuten (bei den 14 bis 29-jährigen) angewachsen, wobei zunehmend traditionelle technische Medien wie Fernsehen und Radio über das Internet rezipiert werden. Nach wie vor gibt es – gerade in Deutschland – allerdings auch neue Formen von Ungleichheit etwa bei dem Zugang zu einem Netz. Gerade die Corona-Krise und die Umstellung von Schulen auf e-Learning haben dies gezeigt. Denn gerade Kinder und Jugendliche aus einkommensschwachen Familien, in denen es nicht die notwendige Grundausstattung mit Endgeräten gab, waren zusätzlich von dieser Krise betroffen (siehe auch Kap. 8).

16 Michel Foucault, das Subjekt, die Gesellschaft und die Macht – Ein Exkurs

Überblick

Medien und insbesondere die neuen Medien waren immer schon ein beliebtes Erprobungsfeld für Theorien aus dem Umfeld der (französischen) Postmoderne und des Poststrukturalismus (zu diesen nicht unproblematischen Etikettierungen siehe etwa Münker/Rösler 2000). Waren es in früheren Jahren Autoren wie etwa Jean Baudrillard oder Jacques Derrida, so spielen in den letzten Jahren die Arbeiten von Michel Foucault in den unterschiedlichen wissenschaftlichen Disziplinen und in der Philosophie eine große Rolle (siehe etwa Kammler/Parr 2007 und Kammler/Parr/Schneider 2008). Für die dynamisch anwachsende Literatur zu Foucault ist jedoch sein Werk eine große Herausforderung. So entzieht es sich traditionellen disziplinären Zuordnungen, da es quer zur Philosophie, Soziologie, Politikwissenschaft, Geschichtswissenschaft und den verschiedensten Kulturwissenschaften liegt. Zudem gibt es keine allgemeine Methode. Vielmehr entwickelt Foucault nach eigenen Angaben für jedes neue Forschungsprojekt eine neue Herangehensweise. Auch immer wieder vorgelegte Etappenvorschläge – auch von ihm selbst – sind nur begrenzt hilfreich.

Immerhin lassen sich Themen und Stichworte angeben, um die seine Arbeiten kreisen: etwa Macht, Wissen, Wahrheit, Subjekt, Disziplinierung und von ihm selbst entwickelte bzw. speziell gedeutete Begriffe und Konzepte wie Gouvernementalität, Diskurs oder Selbstsorge. Insbesondere ist es der Begriff des Subjekts, wobei er – zur Überraschung vieler Rezipienten, die seine berühmt-berüchtigte These vom „Tod des Subjekts" aus seinem frühen Hauptwerk „Die Ordnung der Dinge" im Kopf hatten – seine gesamte Arbeit rückwirkend als Frage nach diesem Subjekt und der Konstitution von Subjektivität interpretierte.

Genau dies macht Foucault auch für erziehungswissenschaftliche Forschungen interessant, denn gerade eine poststrukturalistische Erziehungswissenschaft hält die Rede von einem (starken) Subjekt mit seinem Anspruch auf Freiheit und Selbstbestimmung nicht nur für problematisch, sondern es werden zudem mit diesem Konzept alle Pathologien der Moderne, der Kultur und Vernunft in Verbindung gebracht.

Ein Beispiel:

> „So muss sich die Rede vom ‚starken Subjekt' in der Pädagogik aus der Perspektive der gegenwärtigen Diskurslage etwa daraufhin befragen lassen, wie er (gemeint ist wohl „sie"; MF) sich zur Geschichte des Subjekts der Moderne als eines im Kern eurozentrischen Projekts verhält, das nicht nur zentraler Akteur von Aufklärung und Modernisierung ist, sondern wesentlich auch durch die regierungstechnologischen, ökonomischen, technologischen und medialen Umbrüche im Übergang zu den bürgerlichen Gesellschaften des 19. und 20. Jahrhunderts hervorgebracht wurde. (…) Das Subjekt ist *notwendig* nur als Prinzip (s)einer Unterwerfung zu haben – sei es im Rahmen disziplinierender, normativer oder auch flexibilisierender gouvernementaler Anerkennungsverhältnisse." (Jörissen 2017, 1ff)

Jörissen weist im weiteren Verlauf seiner Subjektkritik auf die Relationalität des Subjektes hin, auf seine dingliche, evolutionäre und materielle Eingebundenheit und auf seine Eurozentrizität. Es wird zudem darauf hingewiesen, dass all dies in den „avancierten Bildungsdiskursen des letzten Vierteljahrhunderts" als „epochale Einsicht" hervorgebracht worden sei (ebd.).

All die genannten und sicherlich noch zu erweiternden Kritikpunkte sind natürlich bei jeder sozial- und humanwissenschaftlichen Untersuchung der Entwicklung des Subjekts zu berücksichtigen. Allerdings gibt es in dieser Darstellung erhebliche Schieflagen. So kann man die Geschichte der Moderne und des modernen Subjekts geradezu als Geschichte der Kritik der Moderne und ihrer zentralen Konzepte wie Vernunft oder Subjekt beschreiben (Bollenbeck 2006), die lange vor der genannten „avancierten Erziehungswissenschaft" begonnen wurde. Auch die Inanspruchnahme einer Berücksichtigung der Natur- und Kulturgeschichte sowie der ökonomischen, sozialen und politischen Rahmenbedingungen kann kaum ernsthaft von diesem genannten erziehungswissenschaftlichen Diskurs für sich reklamiert werden, zumal Jörissen selbst diese Aspekte in seiner eigenen Arbeit bislang geflissentlich umgeht (siehe dagegen etwa Fuchs 2017 sowie die verschiedenen Beiträge in Fuchs/Braun 2017). Insbesondere muss man aus meiner Sicht eine reduktionistische und unzureichende Rezeption der Schriften von Foucault als Grundlage dieser Positionierung bemängeln.

Es lohnt sich daher, sich ausführlicher mit Foucault zu befassen, auch um zu zeigen, dass und wie die erwähnte Foucault-Rezeption Foucault oft ausgesprochen reduktionistisch rezipiert und insbesondere den in diesem Zusammenhang zentralen Begriff der *Subjektivierung* einseitig nur als Unterwerfung versteht, völlig im Gegensatz zu der dialektischen Sichtweise von Foucault, der in dem Prozess der Subjektivierung zwar auch die Dimension der Unterwerfung berücksichtigt, aber gleichzeitig – gerade in seinen letzten Schriften – den Aspekt der Ermöglichung und Ermächtigung herausarbeitet. Rainsborough (2018) arbeitet daher in ihrer Neu-Interpretation von Foucault bei aller Berücksichtigung der heteronomen Einflussfaktoren bei der Konstitution von Subjektivität in den früheren Arbeiten Foucaults den Aspekt der Autonomie, Freiheit und Selbstbestimmung im Spätwerk heraus.

Der Anspruch, dass (nur) die „avancierte" poststrukturalistische Erziehungswissenschaft die kontingente Prozesshaftigkeit und Relationalität in Subjektivierungsprozessen entdeckt habe, übersieht geflissentlich nicht nur die Kritik von Vertretern der Moderne an den Pathologien der Moderne (etwa im Umkreis von Jürgen Habermas), sondern nimmt ganze Bereiche eines wissenschaftlichen Diskurses nicht zur Kenntnis, in denen der Doppelcharakter des Menschen als Natur- und Kulturwesen, seine relationale Eingebundenheit sowie die Soziabilität der Entwicklung von Individualität herausgearbeitet wird (etwa im Bereich des amerikanischen Pragmatismus oder der Kulturhistorischen Schule und der Kritischen Psychologie; siehe etwa die Studien und die dort genutzte Literatur in Fuchs 2001, 2012, 2014 und 2017). Im Kontext des vorliegenden Buches ist es also von großem Interesse, sich genauer mit Foucault zu befassen, da er gerade in der Medienwissenschaft und -pädagogik häufig als Referenzautor zugezogen wird, sodass durch eine problematische Rezeption durchaus Fehlorientierungen zustande kommen können.

Zugänge zu seinem Werk

Der französische Philosoph, Psychologe und Historiker (Paul) Michel Foucault ist zwar schon seit rund dreißig Jahren tot. Doch erst Jahre später hat sein Siegeszug zumindest in einigen Bereichen der deutschen Pädagogik begonnen. Dieser Siegeszug war und ist allerdings mit erheblichen Verunsicherungen verbunden (Ricken/Rieger-Ladich 2004). So ist es – wie erwähnt – insbesondere der Subjektbegriff, der in die Kritik geraten ist: Ist es überhaupt noch vertretbar, von einem starken Subjekt auszugehen, das die Welt der Dinge, des Sozialen und letztlich sich selbst so beherrscht, dass es autonomes Steuerungszentrum seines Lebens sein kann? Ist es nicht ständig – und dies ist eine zweite Facette einer Foucault-orientierten Zugangsweise – so in eine Vielfalt gesellschaftlicher Unterordnungsstrategien und Machtverhältnisse eingebunden (z.B. Foucault 2005, 546), dass von Autonomie und Freiheit überhaupt keine Rede sein kann, sondern vielmehr eine ständig raffinierter werdende Anpassung an jeweilige gesellschaftliche Verhältnisse unterstellt werden muss? „Regierung" nennt Foucault das System aller Techniken und Strategien der Führung anderer Menschen und auch von sich selbst und eröffnet hiermit ein weites Untersuchungsfeld für die Erforschung der Bedingungen, unter denen die Produktion der jeweils gewünschten Form von Subjektivität stattfindet. Insbesondere hat er sich in seinen Vorlesungen zur „Gouvernementalität" (ein Kunstwort, das dieses System von spezifischen Führungspraktiken erfasst, wobei es sich nicht nur um die „offiziellen"

Maßnahmen des Staates handelt) mit der Entwicklung der modernen Industriegesellschaft im 19. und 20. Jahrhundert befasst und hierbei den Liberalismus und Neoliberalismus in seiner „Rationalität" (also den hinter den einzelnen Führungspraktiken stehenden Denkformen und Logiken) beschrieben (Foucault 2006a und b). Diese Studien erweitern seine frühen Arbeiten zum Gefängnis, zum Krankenhaus und zur Schule, also einzelnen Einrichtungen, anhand derer er gezeigt hat, wie der Kranke, der Straftäter oder der Schüler durch die jeweilige Institution und der durch sie verkörperten Denkweise erst geschaffen werden: Der Mensch wird geformt und zugerichtet durch die Architektur, durch die spezifische Auffassung von Strafe, Krankheit oder Pädagogik, durch einen entsprechenden Blick der jeweiligen Profis. Dies ist es, was er mit „assujetissement" (Unterwerfung) bezeichnet, ein Begriff, den er später durch „subjectivation" ersetzt, was ausdrücklich den Aspekt der Ermöglichung und Ermächtigung berücksichtigt (eine Unterscheidung, die in deutschen Übersetzungen oft nicht berücksichtigt wurde, was zu der oben angeführten Verkürzung geführt hat; siehe Norbert Ricken in Gelhard 2013, 31ff.). Verbreitet ist die Sichtweise, dass diese historischen Studien über vergangene Zeiten aktuell eine Position der Antipsychiatrie oder der Antipädagogik formulieren (gegen die sich allerdings Foucault immer wieder – ohne großen Erfolg – wehrt; vgl. die zahlreichen Interviews in seinen „Schriften" zu dieser Thematik).

Das Bild vom Menschen, das in der verbreiteten Foucault-Rezeption gezeichnet wird, ist daher ausgesprochen niederschmetternd: Es gebe nicht nur kein handlungsfähiges Subjekt, sondern wir seien vielfach in Unterdrückungssystemen so „total" (im Sinne von Goffman) integriert, dass jede Form von Eigenständigkeit und Freiheit undenkbar würde. In dieser Hinsicht ergibt sich eine Parallele zur Kritischen Theorie, wo der Mensch ebenfalls so in „Verblendungszusammenhängen" steckt, dass er aus diesen nicht mehr herauskommen kann. Als Schlussfolgerung ergibt sich in dieser Rezeption, dass Maßnahmen wie Lernverträge, die das lernende Subjekt mit in die Verantwortung für das eigene Lernen nehmen wollen, entwickelte Formen von Partizipation der Lernenden bei der Steuerung der Bildungseinrichtungen nichts anderes als neoliberale Strategien der individuellen Verantwortungszuweisung („Unternehmer seiner selbst"; Bröckling 2007) seien, bei denen alleine der Einzelne die Last gesellschaftlicher Risiken tragen muss. „Im falschen Leben kann es kein richtiges Leben geben", so seinerzeit Adorno und so eine einflussreiche aktuelle Lesart von Foucault. Für eine emanzipatorische Pädagogik bleibt hier keine Hoffnung.

Was tun? Eine Möglichkeit besteht darin, selbst Foucault zu lesen. Dabei sind es möglicherweise weniger die Texte über griechische und römische Selbst-Techniken einer von ihm erneut in die Diskussion gebrachten Lebenskunst, obwohl diese Texte gerade unter der Perspektive von „Bildung als Selbstbildung", nämlich einer (Individual-)Ethik – verstanden als reflektierte Umgangsweise mit sich und als Arbeit an sich selbst – Sinn machen. Es sind diese Schriften, die den Philosophen und vormaligen Foucault-Kritiker Manfred Frank zu einer Rezension der entsprechenden Vorlesungen mit der Überschrift „Das Subjekt kommt zurück" veranlassen. Es sind vielmehr die zahlreichen kleinen Schriften und Interviews, in denen er sich immer wieder kritischen Fragen informierter Gesprächspartner stellt (oder auch selbst in die aufschlussreiche Rolle des Interviewers schlüpft, vgl. Nr. 334 in Foucault 2005, Bd. 4).

Seine Denkweise hat dabei zahlreiche Parallelen zu den Arbeiten seines Kollegen am Collège de France, Pierre Bourdieu. So ist es zunächst ein streng *relationales Denken*: Begriffe sind Beziehungsbegriffe, müssen es sein, wenn sie Beziehungen erfassen wollen. Und um Beziehungen geht es. Beide beziehen sich hierbei auf den Symboltheoretiker Ernst Cassirer. Insbesondere ist Macht ein Beziehungsverhältnis. Wichtig dabei ist, dass Macht nicht einseitig als – ausschließlich negativ zu beurteilendes – Unterdrückungsverhältnis verstanden wird. Macht ist vielmehr eine soziale Beziehung, die beides tut: Eingrenzen und Ermöglichen, wobei „Täter" und „Opfer" nicht klar jeweils einer Seite zuzuordnen sind, und: Macht ist unvermeidbar. Jedes gesellschaftliche Verhältnis, so Foucault (2005, 450), ist ein Machtverhältnis. Zudem gibt es nicht nur ein einziges Machtverhältnis, sondern eine Vielfalt. Bourdieu verwendet hier den Begriff des Feldes, der mir auch bei Foucaults Analytik der Macht anwendbar erscheint. Jeder Einzelne ist zudem Teil verschiedener Felder.

Ein weiteres dialektisches Moment ist das Subjekt selbst. Natürlich gibt es Prozesse der Anpassung, da der Einzelne handlungsfähig in einem System bleiben und damit vorgegebenen Regeln folgen muss. Aber gleichzeitig gibt es Aspekte der Autonomie, ist „Subjektivierung", so bezeichnet Foucault diesen Prozess der Schaffung spezifischer Formen von Subjektivität, auch mit Handlungs- und Entscheidungsfreiheit verbunden.

Foucault unterscheidet sehr genau zwischen diktatorischen und demokratischen Systemen, kämpft aktiv gegen Formen von Unterdrückung. Es ist – anders, als deutsche Rezipienten oft den Eindruck erwecken – eben nicht gleichgültig, in welchem Regelsystem man lebt. In jedem Fall ist er gegen nostalgische Verklärungen der Vergangenheit, in der Unterdrückungssysteme vielleicht weniger subtil waren (ebd., 334).

Dies gilt insbesondere für die Schule. Foucault ist kein Antipädagoge und schon gar kein Vertreter der Entschulung der Gesellschaft. Er beschreibt seine eigene Schule in Poitiers sogar ausgesprochen positiv:

> „Das Leben in der Schule war eine vor äußeren Bedrohungen geschützte … Umgebung. Und die Vorstellung, geschützt in einer lernbegierigen Umgebung, in einem intellektuellen Milieu zu leben, hat mich immer fasziniert. Das Wissen muss als etwas funktionieren, was die individuelle Existenz schützt und die Außenwelt zu begreifen erlaubt. … Das Wissen als ein Mittel des Überlebens, dank des Verstehens." (Foucault 2005; S. 646, vgl. dagegen 234).

Damit unterschlägt er nicht Formen der Unterdrückung. Im Gegenteil. Häufig weist er darauf hin, dass ihn vor allem die Formen von Widerstand interessieren, in denen der Einzelne für seine Handlungsfähigkeit kämpft. Und dieses Kämpfen ist Handlung, ist Praxis, ist Aktivität. Foucault ist zudem kein ausschließlicher Symboltheoretiker. Er ordnet sich selbst – ebenso wie sein gelegentlicher politischer Bündnispartner und Schulfreund früherer Jahre Bourdieu – in die Reihe derer ein, für die die Praxis eine entscheidende Rolle spielt: „Das Subjekt wird nicht nur im Spiel der Symbole konstituiert." (Foucault 2005, 494). Daher untersucht er eben nicht nur Diskurse auf der reinen Symbolebene. Er analysiert reale Praktiken.

Das heroische Subjekt ist sicherlich tot, hat es nie gegeben, höchstens als humanistische Vision idealistischer Denker. Aber der handlungsfähige Einzelne existiert, besser: kann geschaffen werden, oder noch genauer: kann sich selbst schaffen. Damit sind wir bei dem späten Foucault, dem Theoretiker der Techniken des Selbst angelangt. Der Einzelne, so Foucault in klassischer philosophischer Tradition, wird zum Subjekt durch die bewusste und gezielte Entwicklung von Selbst- und Weltverhältnissen. Bewusst stimmt er der Konzeption von Habermas zu, der den Einzelnen in seiner Beziehung zur Welt der Dinge („Wissen") und zur Welt der Anderen („Macht") sieht. Er ergänzt dies durch die Betonung der Entwicklung eines bewussten Verhältnisses zu sich („Ethik", S. 705 in Foucault 2005). Alle drei Beziehungstypen lassen sich nur analytisch voneinander trennen: Man weiß natürlich, dass die Herrschaft über Dinge nur über die Beziehungen zu den anderen Menschen erfolgt; und dies impliziert immer auch Beziehungen zu sich, und umgekehrt, so Foucault. *Offensichtlich handelt es sich hierbei um eine klassische Bestimmung von Bildung als Entwicklung einer bewussten Beziehung zu sich, zu anderen, zur Natur und Kultur und zu seiner Geschichte und Zukunft.* In jeder der möglichen Dimensionen der Persönlichkeit spielt dabei der Selbstbezug eine entscheidende Rolle: Selbst-Erkenntnis, Selbst-Führung, Selbst-Beziehung. Dies ist es, was – durchaus in klassischer Tradition – den Einzelnen zum Subjekt macht (so auch Gerhardt 1999). Diesen Prozessen spürt Foucault im hellenistischen und römischen Denken nach, wobei er die elaborierten Selbsttechniken – die „Sorge um sich" – am Beispiel der Sexualität aufzeigt. Er zeigt, wie stark diese systematische Arbeit an sich selbst im Mittelpunkt des Denkens stand – lange vor der „Entdeckung des Individuums" in der Renaissance. Dabei wird der „Bruch", der sich während der Renaissance politisch und geistig anbahnt, gerade nicht negiert. Denn in dieser Zeit identifiziert Foucault den Wechsel im Machttypus vom „Gerechtigkeitsstaat" des Mittelalters zum „Verwaltungsstaat" der frühen Moderne, bevor sich dann im 19. Jahrhundert der „Regierungsstaat" durchsetzt (Foucault 2006a und b; vgl. auch die Tanner-Lectures Nr. 291 in Foucault 2005). Die Ethik als Reflexion und Handlungsanleitung führt zu einer „Lebenskunst", deren Fehlen er für die heutige Zeit beklagt.

Foucault also als ein weiterer Alles-Zermalmer, als totaler Kritiker der Vernunft? Häufig nennt er seine wichtigsten philosophischen Lehrmeister. Nietzsche (in Verbindung mit Heidegger) gehört dazu. Er bezeichnet sich selbst als Nietzscheaner (er hat mit seinem Freund Gilles Deleuze Nietzsches Werke herausgegeben; siehe auch Saar 2007 und auf einer anderen theoretischen Grundlage Rehmann 2004). Und doch kommt er immer wieder auf Kant zu sprechen (Er hat als Teil seiner Habilitation Kants Anthropologie übersetzt und kommentiert). Insbesondere tut er dies in seiner Auseinandersetzung mit der „Moderne", was für ihn heißt: Sich selbst zum Gegenstand einer strengen Auseinandersetzung zu machen (Foucault 2005, 698). „Was ist Aufklärung?" – jene kleine Schrift Kants wird gleich mehrfach zum Gegenstand von Ausführungen. Es wird schnell klar: Foucault sieht sich in dieser kritischen Tradition. Denn es geht Kant um die Frage, wie der Mensch aus seiner (selbst geschaffenen) Unmündigkeit heraustreten kann. Und dieser Prozess ist ein doppelter: ein politischer und ein individueller. Entscheidend ist dabei eine kritische Haltung.

Foucault ist für die Pädagogik – wie hier nur äußerst grob angerissen werden konnte – in vielfacher Hinsicht ein relevanter Denker, der eine fruchtbare Verunsicherung bewirken kann. Sein dialektischer Ansatz muss immer wieder erarbeitet werden. Dinge und Prozesse sind eben nicht nur gut oder schlecht, richtig oder falsch. Jedes gut gemeinte Projekt kann sich in sein Gegenteil verkehren, jede leichtfertig als Unterdrückung etikettierte Situation birgt möglicherweise das Potential zu Widerstand. Es sind dabei konkret – also auch: mit empirischer Sorgfalt – die Praktiken und Handlungen zu untersuchen. Die bloße Diskursebene ist sicherlich relevant, aber letztlich nur begrenzt entscheidend. Man muss zudem seine Begrifflichkeit einer permanenten Kritik unterziehen. Denn allzu leicht schleicht sich eine Verdinglichung von solchen Erkenntnisobjekten ein, die nur als fließende verstanden werden können, „Identität", „Kultur", „Kunst", „Bildung", „Subjekt" werden leicht zu Containerbegriffen deformiert, obwohl die damit erfassten Gegebenheiten nur bewegliche und fließende Relationen sind.

Subjektivität ist also möglich, sogar: überlebensnotwendig. Doch ist sie Prozess und nicht fertiges Produkt, ergibt sie sich nicht von selbst, sondern ist (auch) ein Ergebnis von Arbeit an sich selbst. Dies gilt auch und gerade für Freiheit. Freiheit ist keine bloße Idee, sondern lebendige Praxis, und diese Praxis ist das Leben selbst: „Ja, denn was ist die Ethik anderes als die Praxis der Freiheit, die reflektierte Praxis der Freiheit?" (Foucault 2005, 879). Das heißt insbesondere, aufmerksam zu sein gegenüber Prozessen der Disziplinierung, der „Normalisierung" (also der Anpassung an vorgegebene Normen), der Kontrolle – gerade auch in emanzipatorisch angelegten Projekten.

Offen bleibt m. E. bei Foucault eine nähere Analyse, wie diese Prozesse der Selbstkonstitution (der „Bildung") erfolgen. Offensichtlich gibt es noch erhebliche Meinungs- und Interpretationsunterschiede im Hinblick auf das Konzept der Subjektivierung (siehe Gelhard 20913, Bröckling 2007 und Ricken u. a. 2019).

Ein Problem besteht sicherlich darin, dass Foucault selbst lange Zeit den Aspekt der Disziplinierung in Subjektivierungsprozessen hervorgehoben hat (Rieger-Ladich 2020, 177 ff.). Auch das bislang größte einschlägige Forschungsprojekt, das Graduiertenkolleg „Selbst-Bildungen" an der Universität Oldenburg (Thomas Alkemeyer u. a.) hat erst in seiner letzten Phase einen Schwerpunkt auf Prozesse der Ermächtigung gelegt. Doch nach wie vor gibt es Debatten über die Rolle und Relevanz des Subjektbegriffs. Einige lehnen den Subjektbegriff vollends ab, andere schließen sich den vermittelnden Überlegungen von Käthe Meyer-Drawe (etwa 1990) an, die bei aller Relativierung von Allmachtvorstellungen nicht auf den Gedanken von Autonomie verzichten will. Mir scheint ohnehin, dass bei vielen Kritikern des Subjektbegriffs Autonomie und Autarkie verwechselt wird. Zudem ist aus meiner Sicht das Verhältnis von Sozialisation und Subjektivierung ungeklärt. Auch hierbei unterstellen Kritiker der Sozialisationstheorie dieser die Annahme eines zielgerichteten Entwicklungsprozesses (so etwa Liebsch in Ricken 2019 oder Ricken in Gelhard 2013). Auch werden Ansätze, wie sie etwa die Kritische Psychologie oder Heiner Keupp erarbeitet haben, völlig ignoriert. Vieles, was als neu in dem Konzept der Subjektivierung erkannt wird, hat in anderen Theorietraditionen längst einen angestammten Platz (Relationalität, die Materialität der gegenständlichen Tätigkeit, die Auseinandersetzung mit der Kantschen Frage, wie ‚Freiheit bei dem Zwange' möglich wird, die Historizität zentraler Konzepte etc.). Es liegt zudem nahe, auf das Konzept des Habitus von Bourdieu zurückzugreifen. Allerdings steht m. W. ein gründlicher Vergleich beider wissenschaftlicher Konzeptionen noch weitgehend aus (vgl. Kajetzke 2008).

Allerdings hat die „Freiheit" einen Haken, da bei ihr die Dialektik nicht endet. Denn individuelle Freiheit ist auch die Grundlage für die moderne Form der Machtausübung, so wie sie im Liberalismus entsteht. Denn dieser benötigt zur Ausübung seiner Macht „freie" Individuen. Freiheit ist die Grundlage für die Beteiligung der Individuen am Marktgeschehen. „Freiheit" steht hier in enger Verbindung mit Sicherheit, so dass die Aufrechterhaltung von Freiheit zugleich die Entwicklung immer stärkerer Systeme der Sicherheit provoziert, die die Freiheit einengen, allerdings mit hoher Akzeptanz der Betroffenen. In diesen Kontext passt, dass gerade unter dem offiziell der „Freiheit" verpflichteten Neoliberalismus die Summe der Reglementierungen und Kontrollen – auch und gerade durch die öffentliche Verwaltung – erheblich zugenommen. Inzwischen gibt es Studien, die zeigen, dass im Großbritannien von M. Thatcher unter dem Slogan des „schlanken Staates" die Anzahl der Vorschriften um bis zu 50% angewachsen ist.

Einige weitere relevante Fragestellungen

Die neoliberale Rhetorik als Denkweise hat auch in der Pädagogik Einzug gehalten. Foucault selbst weist mehrfach darauf hin, dass kein Begriff, aber auch keine

Praxis sicher sein können, in einer nicht-intendierten Absicht missbraucht zu werden.

So gibt es inzwischen eine neoliberale Rhetorik der Selbstermächtigung des Subjekts, die starke Ähnlichkeiten mit einer emanzipatorischen Praxis in der Kultur- oder Sozialpädagogik hat. Der Kompetenzbegriff wird in diesem Kontext gerne verwendet, um eine neoliberale Ausrichtung des Subjekts in Richtung Flexibilität und Employability zu kaschieren (Bröckling 2007). Man muss sehen, dass der Kapitalismus geschickt jede Kritik integriert und zu eigen Zwecken verwendet (Boltanski/Chiapello 2006). Wird dadurch eine jegliche Verwendung des Kompetenzbegriffs obsolet? Tatsächlich ist die Gefahr eines derartigen Missbrauchs vorhanden. Doch ist zum einen an einen respektablen erziehungsphilosophischen Hintergrund des Kompetenzbegriffs im philosophischen Pragmatismus (Dewey, Peirce etc.) zu erinnern. Zum anderen ist mit Foucault daran zu erinnern, dass erst eine exakte Analyse der entsprechenden Praktiken – und nicht der bloße Verweis auf Diskurse – Aufschluss über tatsächliche Wirkungen gibt. Dies wäre sonst eine der häufig anzutreffenden Verkürzungen des Foucaultschen Ansatzes in Studien zur Gouvernementalität auf einen bloß linguistischen Aspekt (Krasmann 2003, 74 ff.). Dies gilt m. E. auch für die oft mit allzu leichter Hand und starkem kritischen Gestus vorgetragenen Kritiken an Überlegungen zur Kultivierung der Schule (etwa bei Pongratz). Foucault wäre zudem der erste, der Formen aktiver Partizipation bei der Gestaltung der Institutionen unterstützen würde, so wie sie etwa in Konzeptionen einer Kulturschule entwickelt werden. Man lese nur einmal seine zahlreichen politischen Stellungnahmen in den letzten Jahren, bei denen die Entwicklungen in Polen im Mittelpunkt standen.

Natürlich ist ein neoliberales Regime in einer parlamentarischen Demokratie kritisch auf seine neue Domestizierungsqualität zu analysieren. Doch macht es wenig Sinn, keine Unterschiede mehr zwischen den verschiedenen Formen von „Regierung" zu machen: Foucault war – zumindest in den letzten Jahren – definitiv kein Anarchist, sondern mühte sich ernsthaft um Verbesserungen im laufenden Politikgeschäft. Ein Beispiel aus der Pädagogik (Foucault 2005, 722):

> „Nichts beweist beispielsweise, dass in der pädagogischen Beziehung die Selbstverwaltung die besten Ergebnisse bringt; nicht beweist im Gegenteil, dass das die Dinge nicht blockiert. Also würde ich im Großen und Ganzen Ja sagen…" (Gemeint ist der Versuch, einen Konsens zwischen denen „da oben" und denen „da unten" herzustellen).

Kein Freibrief also für eine nur noch idealistisch sich selbst legitimierende Arbeit in und mit den Künsten, aber auch keine wenig hilfreiche Totalkritik einer jeglichen Praxis.

Der Handelnde hat immer unrecht, so Friedrich Dürrenmatt. Aber auch: Es gibt keine Trennung zwischen Denken und Handeln. Sorgfältige Analyse und Kritik muss sein. Doch reine Theorie konstituiert noch keine Praxis. Sie ist noch nicht einmal regulativ, bestenfalls dient sie als kritisches Prinzip (Foucault 2004, 722). Der Handelnde ist also zunächst auf sich gestellt, um eine Praxis zu generieren (die der Analytiker dann kritisch betrachten kann). Dabei entwickelt und investiert er seine spezifische Form praktischer Klugheit (techné), die in keinem hierarchischen Verhältnis zur Klugheit des Theoretikers (episteme) steht. In den Praktiken des Führungshandelns kann man die spezifische Rationalität der vorherrschenden Regierungsweise analysieren. Allerdings steht die konkrete Praxis nicht in einer linearen Ableitungsbeziehung weder zu dieser Rationalität noch zu einer allgemeinen Theorie derart, dass man sie am grünen Tisch durch einfache Deduktion ermitteln könnte. Es kommt daher darauf an, dass mit Hilfe der Theorie Praxis kritisch analysiert wird und die (theoretisch reflektierte) Praxis offen bleibt für diese Analysen. Interessant ist dabei das Wechselspiel, wenn also das theoretische Wissen praktisch wird und wenn praktisches Wissen von der Theorie aufgegriffen und damit verallgemeinert wird (Krasmann 2003, 72ff). Besserwisserei – gleichgültig von welcher Seite – schadet nur. So schreibt Foucault zur Polemik:

> „Der Polemiker dagegen tritt vor, gepanzert mit Vorrechten, die er von vornherein innehat und die er niemals in Frage stellen lässt. Er besitzt von Grund auf die Rechte, die ihn zur Kriegsführung autorisieren und die aus diesem Kampf ein gerechtes Unternehmen machen; er hat zum Gegenüber nicht einen Partner in der Suche nach der Wahrheit, sondern einen Gegner, einen Feind, der Unrecht hat, der schädlich ist und dessen Existenz bereits eine Bedrohung darstellt. Das Spiel besteht für ihn folglich nicht darin, ihn als Subjekt anzuerkennen, das das Recht hat, auch das Wort zu ergreifen, sondern ihn als Gesprächspartner jedes möglichen Dialoges zu annullieren, und sein letztes Ziel wird nicht sein, sich so gut er es vermag einer schwierigen Wahrheit zu nähern, sondern die gerechte Sache triumphieren zu lassen, deren offenkundiger Träger er von Beginn an ist. Der Polemiker stützt sich auf eine Legitimität, von der sein Gegner per definitionem ausgeschlossen ist." (Foucault 2004, 725).

Eine weitere interessante Fragestellung ergibt sich aus der Überlegung über die jeweils spezifischen Denk- und Rationalitätsformen in der Pädagogik. Comenius etwa versucht, eine Methodologie des pädagogischen Denkens aus einer Übertragung von Prinzipien der Mathematik und der Naturbeobachtung zu gewinnen (immerhin ist es die Zeit Keplers, Kopernikus' und Galileis). Die Philanthropen versuchen, die Beschreibung der naturwissenschaftlichen Methode Newtons in der Pädagogik zu nutzen und in empirisch ermittelten Fakten mathematisch zu formulierende Gesetzmäßigkeiten zu finden. Offensichtlich wird dabei mit jeder der angewandten Methoden der Erkenntnis-Gegenstand „Erziehung" in spezifischer Weise konstituiert ebenso wie ein bestimmtes Verständnis von „Natur" und „Bewegung" erforderlich war, damit die Newtonsche Methode der Physik greifen konnte. Dominante Denkformen wie der von der Antike überlieferte mos geometricus, die Methode des Rechnens, die Descartes in seiner analytischen Geometrie entwickelte, das kombinatorische Denken, das Leibniz erfand, wurden als dominante Rationalitätsformen nach und nach über ihren ursprünglichen Anwendungsbereich ausgedehnt und auf andere Felder übertragen (vgl. auch Foucault 1971; siehe auch Fuchs 2020). Herbart etwa wendet systematisch die kombinatorische Methode an.

Interessant wäre es nun, die neue Sicht auf die Gesellschaft, die sich gemäß Foucault im 19. Jahrhundert entwickelt und die eng mit dem Begriff der Sicherheit (und der Versicherung) verbunden ist, der wiederum nur im Zusammenhang mit der Entwicklung der Wahrscheinlichkeitsrechnung zu behandeln ist, in seiner Auswirkung auf die Pädagogik zu untersuchen. Denn der Gedanke des kalkulierbaren (und daher versicherbaren) Risikos ist mit einem spezifischen Bild von Gesellschaft (und damit auch des Individuums) verbunden und steht am Beginn der Entwicklung des modernen Sozialstaates (Krasmann 2003). Ein Aspekt besteht in der neuen Relevanz von (errechneten) Mittelwerten als Vorgabe einer Norm. Offensichtlich spielt dieser Gedanke zahlenmäßig erfasster Entitäten für eine empirische Wissenschaft eine entscheidende Rolle. In derart empirisch vorgehenden Humanwissenschaften entstehen so Vorstellungen von Normalität (etwa die Gaußsche Glockenkurve bei Ergebnissen von Klassenarbeiten). PISA als umfassendes System empirischer Erfassung ist damit mitnichten ein bloßes Abbild des pädagogischen Geschehens, sondern eine politisch einflussreiche Konstituierung von „Normalität". Dabei werden insbesondere die Abweichungen von der (sozialen) Norm interessant: sei es in kriminologischer, gesundheitlicher oder eben auch pädagogischer Hinsicht (Kajetzke 2008).

Das Leben, die Künste und die Ästhetik der Existenz

Es ist vermutlich dies der – zumindest in pädagogischen Kontexten – meistzitierte Satz von Foucault zum Thema „Subjekt":

> „Wenn diese Dispositionen verschwänden, so wie sie erschienen sind, wenn durch irgendein Ereignis, dessen Möglichkeit wir höchstens vorausahnen können, aber dessen Form oder Verheißung wir im Augenblick noch nicht kennen, diese Dispositionen ins Wanken gerieten, wie an der Grenze zum 18. Jahrhundert die Grundlagen des klassischen Denkens es taten, dann kann man sehr wohl wetten, *dass der Mensch verschwindet wie am Meeresufer ein Gesicht im Sande.*" (Foucault 2019, 462; meine Hervorhebung, M. F.).

Genau genommen ist es nur das Bild im hervorgehobenen Satzteil, das immer wieder zitiert wird. Und dieser kurze Hinweis genügt, um Foucault in die Reihe derer zu stellen, die irgendeine wichtige Begrifflichkeit und die von ihr erfasste

Sache als beendet erklären: Hegels Rede vom Ende der Kunst, Nietzsches Rede vom Tod Gottes und nunmehr Foucault mit seiner These vom Verschwinden des Menschen.

Man könnte nun zwar darauf hinweisen, dass diese These am Ende einer äußerst komplexen Darstellung der Genese und des Niedergangs verbreiteter Denk- und Diskursformen in Philosophie und Wissenschaften steht, in der er zeigt, unter welchen Bedingungen die Art und Weise, wie Wissen gesellschaftlich produziert wird und das jeweils vorhandene Wissen seinen Gegenstand formt. Foucault ist nämlich Schüler der bekanntesten französischen Wissenschaftshistoriker (Gaston Bachelard, Georges Canguilhem) und diese Arbeit gibt seiner späteren Professur am Collège de France den Namen: „Geschichte der Denksysteme". Er untersucht verschiedene wissenschaftliche Disziplinen (Politische Ökonomie, Biologie und Sprachwissenschaft) nach gemeinsamen Denkformen und identifiziert sie, so dass man ihn jahrelang trotz seines ständigen Protestes für einen Strukturalisten hielt. Bei diesen Untersuchungen zeigt er, dass der „Mensch" zu einer bestimmten Zeit – vielleicht notwendigerweise – zum Thema wird. Es geht also um Wissen, hier: um ein Wissen, das erst den „Menschen" als wissenschaftlichen Gegenstand konstituiert. Seine These vom Verschwinden des Subjekts verliert also durch dieses genauere Hinsehen ihren zugeschriebenen revolutionären Gestus. Denn die Geschichte der Wissenschaften zeigt, wie Themen und Methoden relevant werden und an Bedeutung verlieren, wobei eine Kernfrage darin besteht, welches die Gründe dafür sind. Dies gilt auch für die Pädagogik. Es handelt sich bei Foucault um eine strenge Historisierung von Wissen, die dazu führt, Selbstgewissheiten über scheinbar zeitlos gültige Wissensbestände zu zerstören. Und es ist damit verbunden ein Anti-Essentialismus und Nominalismus, denn man erfasst mit einem derartigen Wissen auch kein zeitlos Seiendes. Es geht also um die kognitive Konstruktion von Welt, und diese ist stark von jeweils sozialen und kulturellen Kontexten abhängig: Der „Mensch" und das „Subjekt" sind zeitlich gebundene und vor allem sprachlich konstituierte Konstruktionen (Fuchs 2012).

Nun kämpft Foucault sein gesamtes wissenschaftliches Leben gegen zu starke essentialistische Begriffe (wie oben bereits angemerkt). Einer dieser starken Begriffe ist der des „Subjekts". Auch hier lässt sich zeigen, dass dieses (angenommene) starke und autonome Subjekt, dem es gelingt, alles seinen Steuerungswünschen zu unterwerfen, so nicht existiert: Das Ende vom Menschen wird so zu einem Ende vom Subjekt. Aber auch hier geht es um das Ende einer bestimmten Konstruktion des Subjekts, die den Realitäten nicht standhält und die heute niemand mehr ernsthaft vertritt. Viele hat es daher überrascht, als Foucault eine nächste Arbeits-Etappe – es sollte seine letzte sein – ankündigte und seine vorausgegangenen Arbeiten alle als Auseinandersetzung um ein tragfähiges Konzept des Subjektes deutete (vgl. etwa Foucault 2005, 461ff. – Zur Genealogie der Ethik). Auch sein Zugang leuchtet in der Logik seiner Arbeiten ein. Er stellt in vielen Interviews seine Konzeption vor: Im Anschluss an die Dreidimensionalität des Weltverhältnisses des Menschen a) zu den Dingen („Wissen"), b) zu den Menschen („Macht") und schließlich c) zu sich selbst („Selbstsorge") werden auch drei Subjekttypen konstituiert: *Das Subjekt, wie es durch das Wissen konstruiert wird (erste Phase), das Subjekt im Wechselspiel unterschiedlicher Macht- und Unterwerfungsstrategien (mittlere Phase) und schließlich das Subjekt als Schöpfer seiner selbst* (letzte Phase; vgl. nur das lange Gespräch mit Ducio Trombadori in Foucault 2005, 51ff). Überrascht war man, dass er die Studien zur Moderne Ende der 1970er Jahre (Foucault 2005 a und b) nicht fortgeführt hat, sondern griechische, hellenistische und römische Autoren und deren Methoden des Umgangs mit sich selbst analysierte. Man kann hier eine gewisse Folgerichtigkeit erkennen. Aus einer pädagogischen Perspektive lassen sich etwa notwendige Bereichstheorien identifizieren: eine Theorie der Institutionen (erste Phase), eine kritische Sozialisationstheorie (zweite Phase) und schließlich eine Subjekt- und Bildungstheorie (letzte Phase).

Foucaults Weg lässt sich dabei auch mit politischen Erfahrungen erklären. Denn er erlebte wie alle kritischen Denker seiner Generation eine Abfolge von Enttäuschungen: Weder erbrachten die Studentenrevolten, noch die Sozialisten an der Macht, noch die Entwicklungen in China (in anderen sozialistischen Ländern schon gar nicht) die erhofften politischen Bedingungen. Zeitweise war er eng mit linksradikalen maoistischen Zirkeln verbunden, am Ende gab es eine Nähe zu Gewerkschaften. Es könnte sein, dass ihm eine anarchistische und letztlich alternativlose Totalkritik der bürgerlichen Demokratie als Sackgasse erschien, so dass er nach Wegen suchte, zu einer „autonomen" Lebensweise in bestehenden Systemen zu kommen. Hier finden sich dann die immer wieder zitierten Aussagen über widerständige Praxen oder darüber, „sich nicht so und nicht von denen regieren zu lassen". Die Entwicklung von Subjektivität sollte nicht mehr Anpassung des Einzelnen an vorgegebene, auch emanzipatorisch formulierte Normen sein, sondern aufgrund einer selbstbestimmten Praxis erfolgen. Und hierfür schienen die antiken Vorstellungen einer Lebenskunst geeignet zu sein. Insbesondere ästhetische Praxisformen bargen für ihn Potentiale einer solchen Subjektentwicklung.

Mit Fragen der Ästhetik und der Künste hat sich Foucault – auch hier in bester französischer intellektueller Tradition – ständig befasst. Zunächst ist es das kulturelle Leitmedium in Frankreich, die Literatur. Er erklärt sich zwar nicht sonderlich kompetent in der Musik, hegt aber eine lange Freundschaft mit Pierre Boulez. Er trifft sich mit Filmemachern (etwa mit Werner Schröter) und schreibt über Bildende Kunst. Berühmt ist seine Bildanalyse in der „Ordnung der Dinge" und die Analyse des „Pfeifenbildes" von Magritte. Es geht hier um Sichtbarkeit und Unsichtbarkeit, um Repräsentation und um Trugbilder. Christoph Menke (2003) analysiert sorgfältig die Übungen und Praktiken, wie sie entweder zu einer Disziplinierung oder aber zu einer ästhetisch-existentiellen Konstitution eines (relativ-)autonomen Subjektes führen. Es findet sich hier dasselbe Problem wie bei anderen Strategien der Subjektivierung: Man kann nicht von vorneherein sagen, in welcher Weise die – ggf. sogar dieselben – Praktiken wirken. Die Unterscheidung beider ist nicht leicht. Menke sieht ein entscheidendes Merkmal:

> „Das Gelingen ästhetischer Tätigkeiten verlangt die Überschreitung jeden vorweg gesetzten Zieles: Sie gelingen gerade, wenn sie zu etwas anderem führen, als was an ihrem Anfang festgelegt wurde" (ebd., 298).

Dies macht letztlich die Lebenskunst aus:

> „Sein Leben wie eine ästhetische Tätigkeit zu sehen…", also „ein anderer zu werden …" (ebd.). Die Unterscheidung, ob eine Übung disziplinierend oder ästhetisch-existentiell ist, erfolgt (bei Menke) darüber, dass man sie in einer bestimmten Haltung praktiziert, deren entscheidendes Merkmal „in der ästhetischen Freiheit zur Selbstüberschreitung" liegt (ebd., 299).

Interessant ist, dass diese Frage auch im Mittelpunkt der vermutlich bedeutsamsten kritischen Auseinandersetzung mit dem Konzept der Lebenskunst steht (Kersting/Langbehn 2007). Es geht mir hier nicht um Foucault-Exegese oder darum, ob dieser exakt seine Quellen rezipiert hat (hat er offenbar nicht, ebd. S. 28), sondern es geht darum, ob das Lebenskunstkonzept sozial blind ist und nur für Privilegierte taugt (29). Hierbei wären die Milieu-Studien seines Zimmernachbarn Bourdieu gerade im Hinblick auf die Verteilung und Nutzung des kulturellen Kapitals sicherlich hilfreich. Interessant ist zudem die Frage der Übertragbarkeit antiker Lebenskunstmodelle auf die Moderne. Zentral ist dabei die Frage danach, wie und wann „Autonomie" unter heutigen Bedingungen möglich ist und wie sie unterstützt werden kann. Es geht also um die von Foucault immer wieder betonte Dialektik von Unterdrückung und Ermöglichung. Es geht um die philosophische Dauerfrage nach dem Verhältnis von Ethik und Ästhetik. „Autonomie (…) ist das Vermögen der Selbstbestimmung nach eigenen Gründen." so Heidbrink in Kersting/Langbehn 2003, 267 und als Fazit seiner Überlegungen: „Autonomie ist ohne Elemente der Heteronomie weder denkbar noch realisierbar." (271). Er formuliert vier Kriterien gelingender Autonomie (280 f):

1. Individuen müssen ihre Entscheidungen auf sich selbst zurückführen können.
2. Individuen beurteilen und bilden sich durch kritische Selbstreflexion und effektive Selbstmodifikation.
3. Individuen sollten „mit den Folgen der selbstverantworteten Urteilsbildung und selbstständigen Daseinsgestaltung so umgehen können, dass hieraus keine substantielle Beeinträchtigung des eigenen Lebens entsteht."

4. Individuen können mit den Folgen ihres Handelns innerhalb eines bestimmten sozialen Kontextes leben.

Dies scheinen mir brauchbare „Evaluationskriterien" für eine emanzipatorische Kulturpädagogik und auch für eine Bewertung der verschiedenen Erscheinungsformen von Digitalität zu sein, sofern zusätzlich die sozialen, politischen und ökonomischen Rahmenbedingungen berücksichtigt werden (vgl. Fuchs 2019b).

Foucault ist gestorben, bevor er sein Projekt der Selbstsorge bis zur heutigen Zeit hat ausarbeiten können. Es gibt Gründe zu der Annahme, dass er die Frage der sozialen Eingebundenheit, die Frage einer Dialektik von Autonomie und Heteronomie unter den Bedingungen der Moderne sorgfältig aufgegriffen hätte, zumal seine vorangegangenen Gouvernementalitätsstudien (Foucault 2006a und b) und seine eigene politische Praxis dies getan haben. Wenn es heute Verkürzungen und Einseitigkeiten in der hier angedeuteten Richtung gibt, ist es vermutlich eher ein Problem der Rezeption.

Im Hinblick auf Foucault lässt sich daher – so mein Eindruck – Ähnliches formulieren wie Foucault es im Hinblick auf seine Entdeckung von Nietzsche beschrieben hat: Er entdeckte nämlich durch eigene Lektüre einen ganz anderen, einen faszinierenden Denker, der wenig mit jenem Nietzsche zu tun hatte, den er in seinen Philosophievorlesungen an der Universität kennen gelernt hatte. Es ist wichtig in der Kulturpädagogik – gerade in einer solchen, die sich als Pädagogik der Freiheit verstehen will –, Foucault selbst zu entdecken.

(*Dieser Exkurs stützt sich auf einen Text, der auf der Wissensplattform Kubi-online bereits publiziert wurde.*)

17 Das digitale Subjekt

Für die meisten Pädagoginnen und Pädagogen wird es eine Selbstverständlichkeit sein, dass der Mensch im Mittelpunkt ihrer Arbeit steht. Denn dies gehört geradezu zu einem pädagogischen Ethos, so wie er etwa in dem „Eid des Sokrates", den Hartmut von Hentig seinerzeit vorgeschlagen hat, formuliert wird (siehe den entsprechenden Wikipedia-Eintrag). Auch in den Gesetzen in Bezug auf die Schule oder die außerschulische Jugendarbeit (so ist „Kindeswohl" der Leitbegriff im Kinder- und Jugendhilfegesetz) wird diese Fokussierung vorgegeben. Diese Orientierung reicht hin bis zu dem ersten Entwurf eines Grundgesetzes („Irrsee-Entwurf"), bei dem es hieß, der Staat sei für den Menschen da und nicht umgekehrt.

All dies weist darauf hin, dass nach wie vor der berühmte „Homo-Mensura-Satz" aus der griechischen Antike (Protagoras, 490-411), der Mensch sei das Maß aller Dinge, immer noch Gültigkeit hat. Leider hat man den oben genannten Satz aus dem Entwurf des Grundgesetzes später gestrichen, aber immerhin in Art. 1 formuliert: Die Würde des Menschen ist unantastbar. Die anschließend formulierten Grundrechte buchstabieren dieses Ziel weiter aus (siehe Fuchs 2019a).

Trotz dieser starken Begründungen ist die These von dem „Menschen als Messlatte" strittig, denn was ist dieser Mensch eigentlich? In der Realität wird ohnehin oft genug gegen die oben genannte These verstoßen, wenn etwa die Interessen der Firma und der Wirtschaft insgesamt, der Partei, des Staates, der Kirche, der Familie etc. gerade nicht den Interessen der beteiligten Menschen entsprechen.

Aber auch in den Wissenschaften wird diese Setzung des Menschen in den Mittelpunkt des Geschehens kritisiert. Man spricht in negativer Hinsicht von einem Anthropozentrismus, man kritisiert, dass der Mensch in viel zu kurzer Zeit die Spuren seiner Zivilisation in den geologischen Formationen der Erde hinterlassen hat und prophezeit ein Ende dieses Anthropozäns und eine Zeit, in der die Erde vielleicht ohne den Menschen weiter existiert. Der Philosoph Wolfgang Welsch (2012) legt ein Buch von über 1000 Seiten vor, in der er die dahintersteckende „anthropische" Denkweise kritisiert. Welsch sieht in dieser Denkweise, die auf der These von der Besonderheit des Menschen beruht, eine Ursache für seine Weltfremdheit und dafür, dass er die Erkenntnis der Wirklichkeit immer wieder verfehlt. Dagegen setzt er die These:

> „Der Mensch, im Zuge der Evolution entstanden, hat mit den anderen Produkten dieser Evolution vieles, wenn nicht gar alles gemeinsam. Er ist grundlegend nicht ein weltfremdes, sondern ein welthaftes Wesen. *Wir sind von dieser Welt.*" (11)

Interessant ist dieser Ansatz, insofern Welsch in den 1980er Jahren ein vehementer Vertreter der Postmoderne war, in der diese These gerade nicht verfolgt wurde und die Naturgeschichte des Menschen kaum eine Rolle spielte. Sein nunmehriger Appell, die Evolution und damit die naturgeschichtlichen Wurzeln der menschlichen Existenz zu betrachten, ist daher nicht neu, da ein evolutionäres Denken außerhalb der Postmoderne immer schon seinen Platz hatte (vgl. Fuchs 2019 und die dort zugezogene Literatur).

Auch bei der Frage nach dem „digitalen Subjekt" ist dieser Rückbezug auf ein evolutionäres und anthropologisches Denken hilfreich und nötig. Man muss nämlich sehen, dass der Subjektbegriff in einigen philosophischen und (erziehungs-) wissenschaftlichen Ansätzen abgelehnt wird. Denn man geht wie selbstverständlich davon aus, dass Grundlage des Subjektbegriffs und damit des neuzeitlichen Anthropozentrismus ein Menschenbild ist, das (kontrafaktisch) den Menschen als ein allmächtiges abstrakt-isoliertes Individuum versteht (siehe etwa das Vorwort von Voss/Engell 2015, 9). Diese Verständnisweise gibt es zwar, sie ist allerdings in der Geschichte des anthropologischen Denkens inzwischen überwunden und war auch zu ihrer Blütezeit zu Beginn der Neuzeit keineswegs alternativlos.

So rekonstruiert der Philosoph Rafael Beer die Geschichte des Subjektgedankens „im Wandel der Zeit" (in Carstensen 2014, 215 ff.) und er weist auf zumindest drei Verständnisweisen hin: das moderne Subjekt zunächst als Erfindung der Erkenntnistheorie im 17. Jahrhundert (zurückgehend auf Descartes These: Ich denke, also bin ich), das Subjekt als Individuum und als Person in der politischen Philosophie spätestens seit dem 17. Jahrhundert mit seinem Anspruch auf Menschenrechte und politische Partizipation und nicht zuletzt das Subjekt als Wirtschaftssubjekt seit dem 18. Jahrhundert. Er weist auf den emanzipatorischen Gedanken des Subjektbegriffs hin, insofern sich dieser gegen die Feudalherrschaft gerichtet hat und er zählt daher die Aufklärungskonzepte der Mündigkeit, Autonomie und Emanzipation zu dem Bedeutungshorizont dieses klassischen Subjektbegriffs. Sein Fazit:

> „Mit Sartre und Habermas gibt es auf der anderen Seite gewichtige Hinweise darauf, dass der Prozess der Aufklärung zwar nicht unbedingt vollendet ist, aber auch keineswegs abgebrochen. Die Subjekte melden sich noch zu Wort und fordern die Realisierung der Versprechen ein. Sie können herrschaftsfrei kommunizieren, und die neuen digitalen Medien stellen zweifelsohne ein Instrument zur Verfügung, mit dem sich dieses Potenzial gesellschaftsweit – mithin: global – realisieren ließe. Und wenn Sartre recht hat, dass die Subjekte frei sind im Sinne der Willensfreiheit, haben sie tatsächlich alle Möglichkeiten, aber auch die Verantwortung dafür, ihre gesellschaftlichen Rahmenbedingungen so zu gestalten, dass die Subjekte als Subjekte im klassischen sich entwerfen können." (263 f.)

Vor diesem Hintergrund definieren die Herausgeber/innen dieses Buches als Grundlage ihres Forschungsprojektes „Subjektkonstruktionen und digitale Kultur“:

> „Wir verstehen die *Subjekte* als aktive GestalterInnen der eigenen Biografie und Umwelt; sie agieren jedoch nicht als abgeschlossene, autarke Einheiten, sondern befinden sich in ständiger Auseinandersetzung mit ihrer Umgebung (…). Damit ist ein Subjektbegriff gewählt, der einerseits die Frage nach der je eigenen Subjekt*konstruktion* zulässt und der andererseits die Wechselwirkungen zwischen Subjekt und sozialer und dinglicher Umgebung berücksichtigt (…). Wir ziehen im Unterschied zu zahlreichen geistes- und sozialwissenschaftlichen Studien im Bereich Digitaler Medien den Begriff Subjekt dem Identitätsbegriff vor. Wenngleich es Überschneidungen zwischen den beiden Begriffen gibt, erscheint uns der Subjektbegriff geeigneter, die Komplexität und Dynamik des menschlichen Seins im Umgang mit digitalen Medien zu erfassen. Mit dem Subjekt meinen wir die gesamte kulturelle Form, in der die Einzelnen zu gesellschaftlichen Wesen werden, nicht nur ihre Selbstinterpretationen (…), vielmehr die Wechselwirkungen zwischen Identitäten, symbolischen Repräsentationen und sozialen Strukturen (…). Zudem rückt der Subjektbegriff den in einem Kontext handelnden Menschen stärker ins Blickfeld.“ (12 f.)

Im Grundsatz teile ich diese Festlegung, weil sie aus meiner Sicht sowohl mit Ansätzen einer philosophischen Anthropologie, insbesondere mit der von Helmuth Plessner, kompatibel ist, weil sie zum anderen den Forschungen zur Identitätsarbeit und Identitätskonstruktion (etwa von Heiner Keupp 2002) entspricht, also auf den Anspruch auf Autonomie und Mündigkeit nicht verzichtet, dabei den Menschen aber in seinen sozialen, politischen und kulturellen Kontexten sieht. Damit entspricht dieser Ansatz auch der klassischen Formulierung von Heinrich Pestalozzi, den Menschen als Werk seiner selbst und der Gesellschaft zu verstehen.

Es geht zudem um eine strikte *Relationalität*, also um die Beziehung der Menschen untereinander und auch zur Welt als Grundbedingung der menschlichen Lebensform (siehe die verschiedenen Schriften von Günter Dux sowie Fuchs 2017). Das in vielen aktuellen Medientheorien formulierte Strukturprinzip der Relationalität ist also keineswegs eine neue Entdeckung, sondern hat eine lange kulturgeschichtliche Tradition sowohl im philosophischen und dann auch im einzelwissenschaftlichen (zum Beispiel dem mathematischen) Denken.

Auch der Bildungsbegriff von Wilhelm von Humboldt, dass Bildung die Herstellung einer bewussten Beziehung zu sich, zu anderen und zur Welt sei, ist ein relationaler Begriff, der nicht erst in Bildungstheorien der letzten Jahre neu entdeckt werden musste. Zu erinnern ist auch in mehrfacher Hinsicht an Ernst Cassirer (1990), der genau diesen Gedanken in seinem ersten systematischen Hauptwerk im Jahre 1911 (Substanzbegriff und Funktionsbegriff) herausgearbeitet hat und der später die vielfältigen Beziehungen des Menschen zur Welt in seiner Kulturphilosophie und Anthropologie, nämlich in seiner Philosophie der symbolischen Formen, dargestellt hat. Diese Überlegungen sind zugleich passfähig zu dem Konzept der exzentrischen Positionalität von Helmuth Plessner, mit dem erklärt wird, dass und wie der Mensch seine Selbst- und Weltverhältnisse reflexiv entwickelt und transformiert. Nicht zuletzt ist auf die Studien zur evolutionären Anthropologie (etwa von Michael Tomasello) hinzuweisen, die diese Befunde zur Natur- und Kulturgeschichte des Menschen empirisch erhärten.

In eine ähnliche Richtung gehen die Vorstellungen und Vorschläge der Aristotelikerin Martha Nussbaum und des Philosophen und Ökonomen Amartya Sen mit ihrem Capability Approach (vgl. Nussbaum in Brumlik/Brunkhorst 1993). In diesem inzwischen vielfach rezipierten Ansatz werden Wesensmerkmale des Menschen identifiziert, die dann mit Grundbefähigungen in Verbindung gebracht werden:

Sterblichkeit: die Grundbefähigung zum Leben, nämlich die Fähigkeit, ein lebenswertes Leben zu leben und nicht vorzeitig sterben zu müssen,

Körperlichkeit mit der Fähigkeit zu gesundem Leben, einer angemessenen Unterkunft, einem Schutz vor Gewalt, der Bewegungsfreiheit,

Freude und Schmerz mit der Fähigkeit zum Empfinden von Freude und der Schmerzvermeidung,

Sinn, Vorstellung und Denken mit der Fähigkeit, seine kognitiven, sinnlichen und kreativen Fähigkeiten zu entwickeln,

frühkindliche Entwicklung mit der Fähigkeit, Vertrauen zu entwickeln,

praktische Vernunft mit der Fähigkeit, eine Vorstellung des Guten zu entwickeln,

Verbundenheit mit anderen Menschen mit der Fähigkeit zur sozialen Interaktion,

Verbundenheit mit anderen Arten und der Natur mit der Fähigkeit, eine solche ökologische Verbundenheit entwickeln zu können,

Humor und Spiel mit der Fähigkeit zum Spiel, zum Lachen und zur Erholung,

getrennt sein mit der Fähigkeit zur Autonomie und zur politischen Einflussnahme.

Dieser Ansatz ist nicht neu, sondern er schließt an eine jahrtausendealte Tradition in unterschiedlichen Kulturen an (Amartya Sen ist Inder). Zudem gibt es große Ähnlichkeiten zu einem Vorschlag, den der Psychoanalytiker Erich Fromm (1979, 1987) bereits Jahrzehnte vorher in verschiedenen Büchern unter der Überschrift die „Kunst des Lebens“ entwickelt hat.

„Diese Kunst des Lebens ist gekennzeichnet durch

- die Fähigkeit, in liebender Weise auf andere bezogen zu sein, an ihrem Anderssein interessiert zu sein und dieses Eigensein des anderen respektieren zu können (Liebesfähigkeit);
- die Fähigkeit, trotz des Angewiesenseins (nicht: Abhängigkeit) auf andere auf eigenen Füßen zu stehen und die Ansprüche auf Autonomie (nicht: Autarkie) auch durchsetzen zu können, also andere auch enttäuschen zu können (Autonomiefähigkeit);
- die Fähigkeit, sich selbst auch in den verdrängten und verleugneten Persönlichkeitsaspekten wahrnehmen zu können (Selbsterkenntnis);
- die Fähigkeit, sich selbst in seiner Ambivalenz als vermögendes und fehlbares, schöpferisches und vergängliches Wesen erleben zu können (ambivalentes Identitätserleben: Selbstbewusstsein; Selbstsicherheit, Selbstliebe; Angst-, Schuld- und Schamfähigkeit);
- die Fähigkeit, die Wirklichkeit in ihrer Gegebenheit, ohne Verzerrungen durch Wunschbilder und ohne durch Angst erzeugte Verleugnungen wahrnehmen zu können (Wirklichkeitssinn; Vernunftfähigkeit);
- die Fähigkeit, die Wirklichkeit in ihren befriedigenden und versagenden, erfreulichen und bedrohlichen Aspekten gleichermaßen erleben zu können (ambivalentes Wirklichkeitserleben: Ichstärke; Leidfähigkeit, Frustrationstoleranz, Lebensfreude).“ (Funk 2000, 17)

Damit wird ein Gegenmodell zu dem Existenzmodell des „Habens“ entwickelt, das der Interpret und Nachlassverwalter von Erich Fromm, Rainer Funk (2000) – z. T. maßgeschneidert auf bestimmte Versprechungen des Internet – beschreibt wie folgt:

„1. Man möchte sich der Illusion hingeben, dass der Mensch jeder menschlichen Aktivität und Anstrengung enthoben ist und nichts selbst tun muss, um seine eigenen Fähigkeiten und Kräfte zu üben und zur Entfaltung zu bringen.
2. Man gibt sich der Illusion hin, dass nicht das, was aus den Menschen hervorgeht, wertvoll ist, sondern das, was in ihn hinein geht und was er sich aneignen kann. Nicht ich bin aktiv, sondern der Kaffee, das Erlebnisbad, der Action-Film, die Möbel, der links- oder rechtsdrehende Joghurt aktivieren mich.
3. Man kann sich der Illusion hingeben, dass sich die Ambiguität des Lebens vermeiden lässt, und will die Tatsache umgehen, dass menschliches Leben im Allgemeinen befriedigend und enttäuschend, lust- und schmerzvoll ist, durch Liebe und Hass ausgezeichnet ist.
4. Vor allem lässt sich mit der illusionären Wirklichkeit das Versagen, die Beschämung über das eigene Scheitern, die Begrenztheit und Endlichkeit des eigenen Vermögens und Lebens ausblenden.

> 5. Schließlich bietet die Inszenierung illusionärer Wirklichkeiten den großen Vorteil unmittelbarer und sofortiger Befriedigung. Wir müssen weder warten noch kommen wir zu kurz. Alles, was wir zu tun haben, ist einzutauchen: in die Cyberwelt, in die Traum-, Erlebnis-, Fantasiewelt, in die Welt von McDonald und Disneyland, in die exotische oder mittelalterliche Welt – und uns darin zu Hause fühlen." (Funk 2000, 42)

Diese Vorschläge können sich zwar in vielfältiger Hinsicht auf wissenschaftliche Studien darüber stützen, was Menschsein ausmacht, es gibt allerdings auch einen normativen Überschuss, über den man sich einigen muss. Damit ist man im Bereich der praktischen Philosophie angelangt, zu dem traditionellerweise neben Ethik und Moral auch die Politik und die Pädagogik zählen. Es geht dabei also um Aushandlungsprozesse, wobei man auch hier nicht am Nullpunkt anfangen muss, da man sich auf Normenkataloge stützen kann, die politisch legitimiert sind. Neben dem Grundgesetz ist hier die große Zahl menschenrechtlicher Konventionen zu nennen. Es ist also keineswegs so, wie häufiger behauptet wird, dass es sich bei dem Subjektbegriff ausschließlich um eine vorab getroffene normative Setzung handelt, sondern ein Subjektbegriff, wie er hier vorgeschlagen wird, kann sich auf vielfältige Forschungen und Reflexionen stützen. Dabei ist allerdings zu sehen, dass die Arbeit an diesem Begriff keineswegs abgeschlossen ist, sondern als ständige Reflexionsverpflichtung bestehen bleiben wird.

Dies gilt umso mehr, wenn man bestimmte Verwendungsweisen des Begriffs eines „digitalen Subjekts" betrachtet. So formuliert die Medienwissenschaftlerin Olga Gurionova (Royal Holloway University, London):

> „In meiner Sichtweise ist das digitale Subjekt eine lose Ansammlung von Mustern, die sich aus diversen Daten ergeben – unser Verhalten betreffend, unseren Standort, unsere Bankkonten, Suchanfragen, Posts in sozialen Netzwerken, E-Mails, alles eben, was wir wissentlich oder unwissentlich, indem wir überwacht werden, als Personen hinterlassen. Diese Daten werden korreliert, verarbeitet, analysiert, verglichen und gegenübergestellt, sodass sich Muster und Modelle ergeben, die in der Folge als „digitale Subjekte" fungieren. Es handelt sich also nicht um den Subjektbegriff der Aufklärung oder gar das Subjekt des humanistischen Zeitalters. Digitale Subjekte haben keinen kohärenten Kern. Sie sind nicht „eins" oder, schärfer noch, Kohärenz und Zusammenhang werden von der Datenverarbeitung nicht einmal intendiert. Wichtig ist nur, dass digitale Subjekte irgendwie strukturiert und hergestellt werden, um dann wieder aufgelöst und für neue Zwecke zu neuen Formationen zusammengebaut zu werden."

Im weiteren Fortgang des Gesprächs mit dem Medienwissenschaftler Matthew Fuller (University of London) sagt dieser:

> „Da digitale Subjekte etwas anderes sind als Individuen, können infolgedessen Formen von Macht, Kontrolle, staatlichen Maßnahmen und Krieg entstehen, die absicht-

> lich lieber auf digitale Subjekte abzielen als auf ‚Menschen aus Fleisch und Blut' ". (Fuller/Gurionova 2016)

Es geht daher um beides, man muss zum einen in eine Auseinandersetzung um Begriffe treten. Denn es macht offensichtlich ein Unterschied, ob es um ein „digitales Subjekt" im Sinne des Zitates geht oder um ein Subjekt, das versucht, die Fülle seiner menschlichen Möglichkeiten zu realisieren. Zum anderen geht es um die politische Auseinandersetzung darüber, in welcher Weise das Internet benutzt wird. Dies betrifft das Handeln der Menschen und damit seine Handlungsfähigkeit. Der Psychologe Klaus Holzkamp (1983) hat in diesem Zusammenhang von einer restringierten und einer erweiterten Handlungsfähigkeit gesprochen. Eine restringierte Handlungsfähigkeit liegt dann vor, wenn man sich in *gegebenen* Rahmenbedingungen bewegen kann und diese nicht als veränderbar betrachtet. Eine erweiterte Handlungsfähigkeit zielt dagegen auf die Gestaltung der Rahmenbedingungen selbst.

Diese Begrifflichkeit lässt sich auch auf den Umgang mit dem Internet anwenden. Felix Stalder schreibt:

> „Die Kultur der Digitalität hat also bisher zwei sehr unterschiedliche politische Entwicklungsrichtungen hervorgebracht. Diejenige hin zur „Postdemokratie" schafft eine im Kern autoritäre Gesellschaft, in der zwar eine große kulturelle Vielfalt besteht und die Menschen selbstverantwortlich ihr Leben führen können oder müssen, dabei aber kaum mehr Einfluss auf die politischen und ökonomischen Strukturen, in denen sich ihr Leben entfaltet, ausüben können. Diese werden auf der Grundlage datenintensiver und flächendeckender Überwachung von einigen Wenigen überproportional stark beeinflusst. Das daraus entstehende Machtgefälle nimmt laufend zu, ebenso die ökonomische Ungleichheit." (279)

Es gibt zwar auch in einer solchen Gesellschaft eine Form von freiheitlichem Handeln, wobei es sich um eine restringierte Freiheit handelt, um ein Handeln unter scheinbar nicht veränderbaren Strukturen: Wir können (und wollen?) die Bedingungen des Handels nicht kontrollieren. Allerdings nennt Felix Stalder auch eine mögliche zweite Entwicklungsrichtung, die sich allerdings nicht im Selbstlauf herstellt:

> „Demgegenüber führt die Entwicklungsrichtung hin zu den Commons zu einer Erneuerung der Demokratie, aufbauend auf Institutionen, die sich jenseits von Markt und Staat verorten. Im Zentrum steht eine neue Verbindung ökonomischer, sozialer und – immer dringlicher – auch ökologischer Dimensionen des Alltags auf Basis datenintensiver Beteiligungsverfahren." (280)

Der Philosoph Dieter Mersch geht in seinen Vorstellungen noch weiter. Denn auch Stalder bezieht sich in seinem demokratieorientierten Vorschlag auf die vorgegebenen Strukturen des Internet. Genau dies kritisiert Mersch und er sucht nach Möglichkeiten, aus der Logik dieser Denkform insgesamt herauszukommen. Eine Chance dazu sieht er in den Künsten.

Der Mensch gestaltet seine Medien, die Medien formen allerdings auch den Menschen. Insbesondere im Kontext der Toronto Schule (McLuhan und andere) hat man sich mit den Auswirkungen der unterschiedlichen Medien (Oralität, Literalität, Buchdruck und später die elektrischen und frühen elektronischen Medien) auf die Formung der Persönlichkeit befasst (Ong 1987, Kerckhove 1995). Heute hat der Prozess der Digitalisierung die gesamte Gesellschaft erfasst, sodass es nunmehr darauf ankommt, diese Wechselseitigkeit in der Beziehung Mensch-Medien unter den aktuellen Bedingungen zu untersuchen. Es geht um Fragen der aktuellen Mediensozialisation, um die Möglichkeiten, die Rahmenbedingungen dieser Sozialisation mit zu gestalten und um die Disposition, auch die gegenwärtige Gesellschaft zu einer wohlgeordneten Gesellschaft zu entwickeln, in der die Realisierung des eigenen Projektes des guten Lebens möglich ist. Dies ist offensichtlich das zentrale Thema einer Theorie der Bildung in einer digitalen Gesellschaft.

18 Bildung und Medien

Medienbildung als kulturelle Bildung?

Bei dem gesamten vorliegenden Text und insbesondere bei diesem Kapitel ist darauf hinzuweisen, dass der Autor kein Medienpädagoge ist. Es wird vielmehr die Perspektive einer Allgemeinen Erziehungswissenschaft mit einem Schwerpunkt Kulturpädagogik eingenommen, wobei immer schon ein besonderes Interesse an einer möglichen Theorie kultureller Bildung vorlag. Ich nähere mich daher den Zusammenhang von Medien und Bildung auf der Basis von Überlegungen an, die auch bei meinen Auseinandersetzungen um eine Theorie kulturelle Bildung eine Rolle spielten (Fuchs 2008, 2017). Insbesondere geht es mir um die Begründung der These, dass Medienbildung als kulturelle Bildung verstanden werden kann. Doch was ist „kulturelle Bildung"?

Kulturelle Bildung verstehe ich als besondere Form der Allgemeinbildung, die also dieselben Bildungsziele verfolgt, wie sie in (aus meiner Sicht) tragfähigen Konzeptionen von Allgemeinbildung, so wie sie etwa Wolfgang Klafki im Anschluss an Wilhelm von Humboldt und andere entwickelt hat, formuliert hat. Es geht um die Herstellung eines reflektierten und bewussten Verhältnisses des Menschen zu sich, zu anderen und zur Welt insgesamt, zu Raum und Zeit. Dies kann man als „Entwicklung und Transformation seiner Welt- und Selbstverhältnisse" beschreiben. Es geht insbesondere um die Befähigung, sein eigenes Projekt des guten Lebens in einer wohlgeordneten Gesellschaft (Fuchs 2019b) zu realisieren.

Das Bundesjugendkuratorium hat in diesem Zusammenhang den Begriff der Lebenskompetenz vorgeschlagen (Münchmeier 2002). Dies bedeutet, wie es oben bereits ausgeführt wurde, dass es keineswegs um ein abstrakt-isoliertes Individuum geht, so wie es in früheren Konzeptionen der politischen Philosophie (und in einigen ökonomischen Theorieansätzen bis heute) vertreten wird: Der Einzelne entwickelt vielmehr seine Individualität in einem ständigen Austausch mit seiner sozialen, kulturellen und gegenständlichen Umgebung. Bildung ist in diesem Sinne ein nicht endender Entwicklungsprozess, zumal sich bei der Lebensbewältigung immer wieder neue Aufgaben und Herausforderungen stellen, bei deren Bewältigung der Mensch dazu-, gelegentlich aber auch verlernen und umlernen muss: Das Leben steckt voller Überraschungen und unvorhersehbare Ereignisse, sodass eine wichtige Bildungsdisposition auch darin besteht, mit solchen Ungewissheiten und Unbestimmtheiten umgehen zu können.

Kulturelle Bildung wird vor diesem Hintergrund so bestimmt, dass bei der Verfolgung dieser genannten Ziele spezifische Methoden angewandt werden. Zwar gibt es keine einheitliche Definition dieses komplexen Begriffs, doch hat sich in den letzten Jahren und Jahrzehnten nicht nur ein breites Praxisfeld, sondern auch ein anspruchsvolles Diskurs- und Theoriefeld mit einer entsprechenden Vielfalt wissenschaftlicher Ansätze, Definitionsversuche und Konzeptionen entwickelt.

Ich habe in diesem Zusammenhang die folgende Aufteilung – zumindest in einer ersten Annäherung – vorgeschlagen: So finden sich im Kern kultureller Bildungsarbeit die traditionellen und auch avantgardistischen künstlerischen Arbeitsformen, sodass man hier von *künstlerischer Bildung* sprechen kann. Hierbei sollte berücksichtigt werden, dass in anderen Weltregionen z. T. andere als westliche Kunstformen relevant sind. Ein erweitertes Feld betrifft die *ästhetische Bildung*, also einen Umgang mit Gestaltungsprozessen außerhalb traditioneller Künste, denen man allerdings im Alltag ständig begegnet. Dazu kann man etwa die Mode, die Architektur oder das Design rechnen. Ein noch weiterer Begriff ist der Begriff der *aisthetischen Bildung*, der sich unter Bezug auf die griechische Wortbedeutung von aisthesis auf die Dimension der sinnlichen Wahrnehmung und ihrer Kultivierung bezieht. Hierzu gehören Arbeitsfelder in der kulturellen Bildungsarbeit wie etwa Zirkus- oder Spielpädagogik. *Kulturelle Bildung* kann man vor diesem Hintergrund als eine Art Containerbegriff verstehen, der die genannten Arbeitsformen alle erfasst.

Nun wird zu Recht immer wieder darauf hingewiesen, dass in unserer heutigen mediatisierten Gesellschaft Medien allgegenwärtig sind und unser Leben prägen. Dies bedeutet zum einen, dass in all diesen genannten Bildungsformen Medien eine entscheidende Rolle spielen. Dies gilt für alle Begriffe von Medien. Es gilt für den denkbar weitesten Medienbegriff, wie er etwa in der Philosophie der symbolischen Form von Ernst Cassirer (1990) verwendet wird, wenn unter Medien die unterschiedlichen Weltzugangsweisen verstanden werden wie etwa Kunst, Ökonomie, Politik, Sprache, Religion, Mythos, Wissenschaft und Technik. Es gilt aber auch für die unterschiedlichen engeren Medienbegriffe, so wie sie in den verschiedenen Wissenschaften, die sich mit Medien befassen, anzutreffen sind.

Die oben vorgenommene Dreigliederung des Begriffs der kulturellen Bildung ist aber auch in einer zweiten Hinsicht relevant für die Beziehung zwischen Mensch und Medien: So lassen sich die Medien auch für eine künstlerische Produktion verwenden, sodass *ein Teil der Medienbildung zugleich künstlerische Medienbildung* ist. Dieser Ansatz spielt in den Debatten über kulturelle Bildung heute eine zunehmend wichtige Rolle, nämlich den Möglichkeitsraum, den Medien eröffnen, für kreative Gestaltungsprozesse zu nutzen. Auch der Begriff der ästhetischen Bildung macht im Kontext der Medienbildung Sinn, da es immer auch um Gestaltungsaspekte geht, etwa weil die Geräte, mit denen man es zu tun hat, eine ästhetische Dimension haben, die die Umgangsweise mit ihnen wesentlich prägen. Insbesondere gilt das für das „Internet der Dinge". Nicht zuletzt ist darauf hinzuweisen, dass gerade in jüngeren Ansätzen einer Medienpädagogik der Aspekt des Designs immer wieder hervorgehoben wird.

Auch der dritte genannte Bereich einer kulturellen Bildung, nämlich die aisthetische Bildung, spielt eine wichtige Rolle, da traditionellerweise der Aspekt der sinnlichen Wahrnehmung, so wie sie durch Medien möglicherweise verstellt oder auch kultiviert wird und wie sie in jedem Fall unabdingbar bei jedem Umgang mit Medien ist, intensiv diskutiert wird. Dies lässt sich bereits bei den ersten theoretischen Auseinandersetzungen über die Basismedien Sprache und Schrift in der griechischen Antike belegen.

Vor dem Hintergrund dieser Überlegungen ist es plausibel, dass sich nicht nur Medienbildung als Teil der kulturellen Bildung verstehen lässt, sondern dass auch in der Praxis relevante Fachorganisationen, die sich mit Medienbildung befassen, in Dach-Organisationen der kulturellen Bildung zu finden sind (etwa als Mitglieder der Bundesvereinigung Kinder- und Jugendbildung BKJ). Allerdings soll dies nicht als Strategie der Vereinnahmung der Medienbildung verstanden werden, denn – wie auch in den Bereichen, in denen man sich mit den Künsten, mit Spiel- oder mit Zirkuspädagogik befasst – gibt es eine Fülle spezialisierter Praxisfelder und wissenschaftlicher Debatten, die einen solchen Bezug zur kulturellen Bildung, zu ihrer Theorie und Praxis, nicht herstellen, sondern eigene Theorie-Diskurse entwickelt haben und betreiben. Im Folgenden will ich mich daher insbesondere den theoretischen Vorschlägen und den konzeptionellen Ideen – quasi als Critical Friend – nähern mit all den Risiken, die eine solche fachfremde Annäherung mit sich bringt. So kann in keinem Fall irgendeine Form von Vollständigkeit angestrebt werden.

Der Streit um Medien(-Begriffe)

Wir leben in Medienwelten, unsere Sozialisation ist wesentlich eine Mediensozialisation (Vollbrecht 2010) und von unserem Umgang mit Medien hängt es ab, welche Form von Subjektivität wir entwickeln. Medien entwickeln sich dynamisch und haben insofern einen dialektischen Charakter, als sie zum einem Möglichkeitsräume eröffnen und uns Chancen bieten, die es bislang nicht gab. Zum anderen ergeben sich allerdings auch immer wieder neue Herausforderungen und Gestaltungsnotwendigkeiten. So differenzieren sich unterschiedliche Umgangsweisen mit den neuen und alten Medien aus, wobei man im Umgang mit den jeweils neuen Medien deutliche Generationsunterschiede feststellen kann. Zudem gibt es für die verschiedenen gesellschaftlichen Gruppen unterschiedliche Chancen, Zugang zu den unterschiedlichen Medien zu finden. Auch dies ist eine Wirkung von Medien, dass sie nämlich zu sozialen und politischen Differenzierungen und sogar Konflikten führen können: Medien sind also keineswegs harmlos und waren in der Geschichte immer wieder mit gesellschaftlichen und politischen Veränderungsprozessen verbunden.

Auch dies ist in pädagogischer Hinsicht relevant, denn gerade dann, wenn man den oben skizzierten Bildungsbegriff akzeptiert, kann es nicht darum gehen, bloß gewisse Fertigkeiten im Umgang mit den jeweiligen Medien zu erlangen, man wird auch im Rahmen einer „Entwicklung eines bewussten Verhältnisses zu sich, zu anderen, zur sozialen, politischen, kulturellen und gegenständlichen Welt“ diese politischen und ökonomischen Dimensionen mit berücksichtigen müssen. Das gilt auch dann, wenn man sich über die neuen künstlerischen Gestaltungsmöglichkeiten mithilfe der Medien freut. Denn: *Falls Medienbildung kulturelle Bildung ist, dann ist sie wie diese auch politische Bildung.*

Die nicht zu negierende Relevanz der Medien in unserem Alltag hat dazu geführt, dass neben den spezialisierten Medienwissenschaften auch alle anderen Disziplinen in Medien einen von ihnen wissenschaftlich zu bearbeitenden Gegenstand sehen. In allen Disziplinen gibt es daher auch Personen und Organisationen, die Vorschläge und Forderungen für einen pädagogischen Umgang mit Medien – entsprechend ihrer eigenen Interessenslage – unterbreiten. Dabei werden nicht nur unterschiedliche Begriffe und Verständnisweisen dessen verwendet, was unter Medien verstanden werden soll, man findet auch alle möglichen (politischen, ökonomischen, infrastrukturellen, pädagogischen, kulturellen etc.) Ziele, die sich in entsprechenden Forderungen niederschlagen.

Neben Fachorganisationen und Wissenschaftlerinnen und Wissenschaftlern gibt es zudem von den unterschiedlichsten politischen Institutionen (Parteien, Ministerien und Regierungen, Parlamente, Verwaltungen und dies auf den unterschiedlichsten Ebenen von der Kommune über Länder und Bund bis hin zur Europäischen Union, der UNESCO und den Vereinten Nationen) Positionspapiere, Verlautbarungen, Leitlinien, Forderungskataloge, Förderprogramme und Ähnliches. Man findet Expertenkommissionen, Denkschriften, Anhörungen in Parlamenten, Förderschwerpunkte, die alle Vorschläge für eine – aus ihrer jeweiligen Sichtweise notwendige – Medienbildung formulieren.

Einige Beispiele für Positionierungen zur Medienbildung

1. Eine gewisse Prominenz hat die sogenannte Dagstuhlerklärung *„Bildung in der digitalen vernetzten Welt“* aus dem Jahr 2016, die eine Gruppe von Expertinnen und Experten, die von der Gesellschaft für Informatik eingeladen wurden, erarbeitet hat. Es ist in dieser Erklärung die Rede von einer „gemeinsamen Verantwortung von Medienpädagogik, Informatik und Wirtschaft“. Man fordert einen mehrdimensionalen Zugang (technologisch, gesellschaftlich-kulturell, anwendungsbezogen), man möchte sowohl einen eigenständigen Lernbereich als auch „digitale Bildung“ (dies ist der verwendete Begriff) als Querschnittsaufgabe. Diese Erklärung zielt vorwiegend auf den Bereich der Schule und formuliert als „Kernaufgaben der Allgemeinbildung“ Förderung von Verantwortungsbewusstsein, Urteilsfähigkeit, Kreativität, Selbstbestimmtheit, Partizipation und Befähigung zur Teilnahme am Arbeitsleben. Es

geht um digitale Kommunikation und Kooperation als Voraussetzung für die Teilnahme an allen Lebensbereichen.
Es lohnt sich, dieses Papier mit der bereits klassisch zu nennenden Konzeption von Medienkompetenz, so wie sie von Dieter Baacke in den 1970 er Jahren entwickelt worden ist, zu konfrontieren:

„Medienkompetenz meint grundlegend nichts anderes als die Fähigkeit, in die Welt in aktiv aneignender Weise auch alle Arten von Medien für das Kommunikations- und Handlungsrepertoire von Menschen einzusetzen."

Es geht also im Gegensatz zu der lange Zeit dominierenden Bewahrpädagogik sowohl um eine Handlungsorientierung (Mediengestaltung und Mediennutzung), um profunde Kenntnisse (Medienkunde), aber auch um Medienkritik. Eine so verstandene Medienkompetenz soll dabei nicht bloß in der Schule vermittelt werden, so wie es die Dagstuhlerklärung offenbar meint, sondern sie findet wesentlich auch im Bereich der außerschulischen Jugendarbeit sowie im Erwachsenenleben statt. Insbesondere ist auf die Dimension der Medienkritik hinzuweisen, die sich in dieser Form in der Dagstuhlerklärung nicht findet.
„Digitale Bildung" wird als „Bildung in der digital vernetzten Welt" verstanden wird. Hinter diese Gleichsetzung setzt der Erziehungswissenschaftler Christian Rittelmeyer (2018) nicht nur ein großes Fragezeichen, sondern er sieht in der Kombination der beiden Begriffe „digital" und „Bildung" einen Widerspruch. Dies hat aus seiner Sicht verschiedene Gründe: Zum einen weist er auf die Dominanz der großen Digitalkonzerne hin, die „zunehmend versuchen, unter dem Deckmantel der Philanthropie – die Geldgeber sind oft zusammengeschaltete, aber von der Digitalwirtschaft finanzierte „gemeinnützige" Organisationen – Einfluss auf die Schulen des Landes zu gewinnen" (15). Er sieht zudem in dem Begriff der digitalen Bildung ein sehr verengtes Verständnis von Bildung, weil wesentliche Dimensionen eines emanzipatorischen Bildungsbegriffs erst gar nicht berücksichtigt werden und er zeigt dies unter Bezug auf vier Maximen und Handlungsprinzipien, die er in dem klassischen Bildungsbegriff und in der Moderne generell identifiziert: nämlich das Prinzip einer allseitigen Bildung, das Prinzip einer Erziehung durch Unterstützung und Ermutigung statt durch Drohung und Strafe, das Prinzip der Abstimmung der Erziehung auf die Lebenswelt der Heranwachsenden und die Aufforderung zur Selbsttätigkeit als Maxime des pädagogischen Denkens und Handelns.
Alle vier Dimensionen sieht er in Konzepten einer „digitalen Bildung" nicht hinreichend realisiert und er führt zahlreiche Studien an, die die These widerlegen, dass nur durch eine umfassende Berücksichtigung neuer Medien das Lernen und vor allen Dingen das Lernen in Schulen besser gelingen könnten.

Man darf dieses Buch von Christian Rittelmeyer durchaus als Kampfschrift betrachten, die vor dem Hintergrund seiner bisherigen Arbeit auch insofern Sinn macht, als Rittelmeyer (2014) gerade die oben schon genannte Dimension der aisthesis, also die Rolle sinnlicher Erfahrungen im Feld des ästhetischen Lernens, hervorhebt.

2. Eine kritische Position gegenüber dem Begriff (und der dahinter stehenden anvisierten Praxis) der „digitalen Bildung" nimmt auch das Positionspapier der GMK „*Medienbildung in der Schule ist mehr als digitale Bildung – Medienpädagogik positioniert sich zur Strategie der Kultusministerkonferenz ‚Bildung in der digitalen Welt*' " ein. Das Papier kritisiert die genannte Strategie der Kultusministerkonferenz und fordert, „an einem umfassenden Medienbegriff festzuhalten, der sowohl analoge als auch digitale Formen umfasst und nur so eine ganzheitliche Medienbildung ermöglicht. Man will also gerade nicht eine eng verstandene informatische Bildung und man wendet sich dagegen, dass die umfassenderen Begriffe wie Medienbildung oder Medienkompetenz nunmehr durch „informatische" oder „digitale Bildung" überlagert oder sogar ersetzt werden sollen.

3. In eine ähnliche Richtung geht auch „Das medienpädagogische Manifest – Keine Bildung ohne Medien!":

> „Medienkompetentes Handeln setzt fundierte Kenntnisse über die verschiedenen Medien voraus: Kenntnisse über technische Grundlagen und ästhetische Formen, über die Bedingungen und Formen medialer Produktion und Verbreitung in der Gesellschaft, ein Bewusstsein für die kulturell-kommunikative, ökonomische und politische Bedeutung, die Medien in globalisierten Gesellschaften haben. Medienkompetenz zielt auf die Fähigkeit zur sinnvollen, reflektierten und verantwortungsbewussten Nutzung der Medien. Hierzu gehören unter anderem die Fähigkeit zu überlegter Auswahl, zum Verstehen und Interpretieren medialer Kodes, zu einer reflektierten Verwendung von Medien in Freizeit, Schule und Beruf. Das aktive und kreative Gestalten mit Medien für Selbstausdruck, für die Artikulation eigener Themen, für Kontakt und Kommunikation ist ein weiterer, zentraler Bereich von Medienkompetenz. Schließlich fördert Medienpädagogik die Medienkritik, die sich sowohl auf die gesellschaftliche Medienentwicklung als auch auf die (selbstreflexive) Mediennutzung und die eigene Gestaltung mit Medien bezieht."

Bedeutsam ist dieses Manifest deshalb, weil zahlreiche relevante Gruppierungen und Organisationen sowie zahlreiche Persönlichkeiten aus dem Bereich der Medien- und Erziehungswissenschaft es unterstützen. Dieses Manifest aus dem Jahre 2009 wurde im Jahr 2019 ergänzt und aufgrund der deutlich gewachsenen Bedeutung des Netzes fortgeschrieben. Man stellt in diesem

Addendum fest, dass, „nachdem lange Zeit eher Chancen und Möglichkeiten der Digitalisierung betont wurden", nunmehr „zunehmend negative Folgen in den Fokus" rücken. Von daher sei eine differenzierte und kritische Auseinandersetzung mit der gesellschaftlichen Medienentwicklung und Mediennutzung notwendig". Insbesondere fordert man jetzt explizit, dass *Medienbildung ein strukturell verankerter Bestandteil von Demokratieerziehung* ist, dass es eine verstärkte Auseinandersetzung mit Big Data, Algorithmen und künstlicher Intelligenz in schulischen und anderen Kontexten geben müsse und dass all dies in allen pädagogischen Ausbildungen und Studiengängen auch zu verankern sei.

4. In dieselbe Richtung, aber mit einer noch weiteren Perspektive setzt sich auch die Gesellschaft für Medienwissenschaft in ihrem Positionspapier *„Medienkultur und Bildung"* auseinander und kritisiert in einer Stellungnahme aus dem Jahr 2016 ebenfalls die oben zitierte Strategie der Kultusministerkonferenz „Bildung in der digitalen Welt". Man wirft dieser Strategie einen „außerordentlich traditionalistisch orientierten Medienbegriff" vor und man weist auf nunmehr veränderte Identitätskonzepte hin:

> „Es ist die zentrale Aufgabe von medienkultureller Bildung das Verstehen dieser Prozesse und die Handlungsfähigkeit in diesen Prozessen zu ermöglichen und damit gesellschaftliche Enkulturalisierungsprozesse neuer Medien, Formate, Diskurse und Interaktionen zu begleiten. Es geht um den gesellschaftlichen Aushandlungsprozess einer neuen digitalisierten Kultur, der, soll er gelingen und breite gesellschaftliche Akzeptanz finden, die souveräne Beteiligung möglichst vieler Mitglieder unserer Gesellschaft erfordert.(…) Von daher handelt es sich auch keineswegs um eine didaktische, sondern um eine kulturwissenschaftliche Fragestellung." (4)

Diese Stellungnahme stützt sich auf das Positionspapier aus dem Jahre 2013 „Medienkultur und Bildung", in dem es etwa heißt:

> „Alle Prozesse der Medienbildung sollten daher auf aktuellen medienwissenschaftlichen Konzepten der Medienästhetik und der Medienanalyse sowie der Medientheorie und der Mediengeschichte basieren, um die Strukturen gegenwärtiger Medienkulturen theoretisch zu modellieren, zu analysieren, und zu interpretieren und sie damit erfahrbar zu machen und zugleich bei den Lernenden eine konstruktive mediale Handlungsfähigkeit gewährleisten zu können. Medienkulturen sind weder monokausal noch eindimensional zu sehen, sondern grundsätzlich als mehrdimensional zu betrachten, sodass auch ihre kulturelle Bedeutsamkeit in all ihren Dimensionen entfaltet werden muss. Denn Medien verfügen neben ihrer sozialen und historischen Dimension über ein wissensbildendes und identitätsstiftendes Potenzial sowie über eine ästhetische und eine normative Dimension." (3)

Im Folgenden werden die genannten Dimensionen (nämlich die soziale, historische, Wissens-, identitätskonstituierende, ästhetische und normative Dimension) von Medien knapp erläutert und es wird der Begriff der *medienkulturellen Bildung* definiert als „gezielte Ermöglichung eines reflektierten Zugangs zu gegenwärtigen und historischen Medienkulturen" (7).

Medienbildung als kulturelle Bildung – Medienpädagogik als Kulturpädagogik?

Kontroversen und Positionen

Im letzten Abschnitt wurde gezeigt, dass auch die Medienwissenschaften einen Anspruch darauf erheben, zu Fragen der Medienbildung gehört zu werden. Als ein hervorzuhebender Beitrag ist dabei die historische und kulturelle Kontextualisierung der Medienentwicklung zu sehen, so wie es auch in der vorliegenden Arbeit versucht wird. Es ergibt sich zudem eine Parallele sowohl zur Kulturpädagogik insgesamt als auch zu anderen Bereichen der Kulturpädagogik wie etwa der Musik-, der Kunst-, der Theater- etc. -Pädagogik. Im Rahmen der Kulturpädagogik sind es die Kulturwissenschaften insgesamt, die ein Deutungsrecht in Sachen kultureller Bildung beanspruchen. Zu erwähnen ist etwa hier die Studie des Kulturwissenschaftlers und Philosophen Volker Steenblock (1999), der ein umfangreiches und kluges Buch unter dem Titel „Theorie der kulturelle Bildung" veröffentlicht hat und dabei auf Diskurse rund um kulturelle Bildung kaum eingeht, weil er das Ziel verfolgt, die durch die Bildungsreform (Bologna-Prozess) an den Rand gedrängten speziellen Kulturwissenschaften wie Kunst-, Musik- oder Theaterwissenschaft in ihrer Relevanz durch ihre Bedeutung für Bildungsprozesse aufzuzeigen.

Solche Diskurse sind also nie ausschließlich darauf orientiert, eine analytische Klarheit über den Forschungsgegenstand zu erzielen, sie haben immer auch wissens- und wissenschaftspolitische Aspekte im Auge, was gelegentlich in einen Streit um das Deutungsrecht ausartet. Mitkonkurrenten in diesem Feld sind dann neben den Kulturwissenschaftler auch die Künstler selbst und ihre Organisationen, die ein Recht auf Mitsprache in Debatten über kulturelle Bildung einfordern, wobei es gelegentlich zu eigenartigen Positionen kommt, denen zufolge die Künstler eigentlich die besseren Kultur- und Kunstpädagogen seien.

Ich erwähne dies hier, weil mir scheint, dass die Debatten rund um die Medienbildung und um die Relevanz einer Medienpädagogik sehr ähnlich verlaufen. Zum einen melden sich unterschiedliche Wissenschaftspartner, die es mit Medien zu tun haben, in einer Positionierung der Deutschen Gesellschaft für Medienwissenschaft zu Wort (s. o.) und reklamieren – mit durchaus nachvollziehbaren Gründen – zumindest ein Mitspracherecht in Sachen Medienbildung für sich, denn eine Forderung lautet:

„Eine Qualifizierung für Medienbildung muss die Erkenntnisse der Medienwissenschaft berücksichtigen und kann nur auf der Basis einer Zusammenarbeit von Medienwissenschaft und Medienpädagogik erfolgen." (8)

Bei der inhaltlichen Füllung des Begriffs der Medienbildung oder der „digitalen Bildung" ringen unterschiedliche Interessengruppen wie etwa die Vertreter der Informatik, aber auch der zugehörigen Wirtschaftsunternehmen um das Deutungsrecht, ganz so wie es Christian Rittelmeyer in seiner Schrift ausführt. Es gibt dabei neben genuin pädagogischen Interessen auch ökonomische Interessen oder Interessen von Fachgebieten, die sich durch ein pädagogisches Engagement mehr Gehör versprechen.

Auch innerhalb der Medienpädagogik ringt man um die richtige Begrifflichkeit. Ein zentraler Streitpunkt war die Debatte darüber, ob man besser von „Medienkompetenz" oder von „Medienbildung" sprechen soll. Vertreter des Konzeptes der Medienbildung werfen Vertretern des Medienkompetenzansatzes oft genug vor, dass sie ein instrumentalistisches Verständnis eines Umgangs mit Medien vertreten. Dagegen setzen sich Anhänger des Konzeptes einer Medienkompetenz zur Wehr und weisen darauf hin, dass damit nicht bloß ein „verzahntes Fähigkeitsbündel für die mediatisierte Welt" (so Theunert in Schorb 2009, 201) gemeint ist, sondern dass die Gegner des Konzeptes mit einem in der Praxis überhaupt nicht angewandten Konzept von Medienkompetenz hantieren. So weist Helga Theunert auf Dieter Baacke hin, der sein emanzipatorisches Konzept von Medienkompetenz auf der Basis des Hauptwerkes von Jürgen Habermas über kommunikative Kompetenz entwickelt hat und gerade nicht als Bezugsperson für eine gesellschaftsblinde und politikferne Pädagogik gelten könne.

Diese politische Dimension findet sich auch in dem Medienkompetenzkonzept von Horst Niesyto (2019a), der den Baustein zur Medienkritik in dem Kompetenzmodell von Baacke (unter Bezug auf verschiedene Autoren*innen) weiter ausdifferenziert und Medienkritik vor allem im Kontext einer politisch-kulturellen Medienbildung verortet:

„Politisch-kulturelle Medienbildung verknüpft alltags- und gesellschaftsrelevante Themen (im Sinne eines weiten Politikverständnisses) mit unterschiedlichen Formen ästhetisch-medialer Artikulation und Kommunikation (medienkulturelle Perspektive)".

Mit Blick auf aktuelle Ansätze in der ästhetisch-kulturellen Medienbildung (Jörissen/Unterberg 2019) stellt Horst Niesyto (2019a) kritisch fest:

„Analytische Bezüge zu gesellschaftlichen und ökonomischen Strukturfragen, insbesondere im Hinblick auf Macht- und Herrschaftsinteressen, sind bislang kein konstitutiver Bestandteil dieses Ansatzes. Für Medienkritik ist es jedoch unverzichtbar, über ästhetisch-kulturelle Dimensionen hinaus soziale, politische und ökonomische Dimensionen in den Blick zu nehmen und nach strukturellen Zusammenhängen zu fragen".

So wird in der Grundlegung des Konzeptes von Medienbildung in dem genannten Buch (Jörissen/Marotzki 2009) Bezug genommen auf die Theorie strukturaler Bildung (Marotzki) und es werden im Anschluss an die berühmten kantschen Fragen (Was kann ich wissen? Was soll ich tun? Was darf ich hoffen? Was ist der Mensch?) „Vier Dimensionen lebensweltlicher Orientierung" unterschieden, nämlich ein Wissensbezug, ein Handlungsbezug, ein Grenzbezug und ein Biografiebezug. Interessanterweise wird dabei weder der emanzipatorische Impetus von Kant noch die politische Dimension der Bildungstheorie von Wolfgang Klafki, auf die man sich ebenfalls bezieht, thematisiert.

Die Vorbehalte gegenüber dem Kompetenzbegriff werden verständlich, wenn man seine Beliebtheit gerade im Kontext wirtschaftspolitischer Strategien berücksichtigt. Auch die häufig kritisierten PISA-Studien haben nicht dazu beigetragen, den Kompetenzbegriff in seiner ursprünglichen Fülle bewusst zu halten. Vielmehr ist der Kompetenzbegriff gerade in der öffentlichen und politischen Debatte zu einem Konzept verengt worden, das in einer neoliberalen Strategie den Menschen für die Verwertungsinteressen der Wirtschaft passfähig macht.

Es geht also wieder darum, dass man um die inhaltliche Füllung von Begriffen kämpfen muss. Auch dies kennt die Kulturpädagogik, denn es gab eine erste Kulturpädagogik bereits in der Weimarer Zeit, wo dieser Begriff zunächst als pejorativ gemeinte Bezeichnung der Geisteswissenschaftlichen Pädagogik (getragen von Schülern und Anhängern von Wilhelm Dilthey) aufkam. Da sich viele Vertreter dieses Ansatzes gerade nicht für die erste und junge Demokratie in Deutschland einsetzten, sondern im Gegenteil zu deren Zerstörung beitrugen, kam es in der Generation der Schüler und Schülerinnen dieser Repräsentanten in den 1960er Jahren zu einer kritischen Aufarbeitung und insbesondere zu einer Ablehnung des Konzeptes der „musischen Bildung", die im Mittelpunkt der bildungstheoretischen Überlegungen von Herman Nohl, Eduard Spranger und anderen stand. Als Ersatz wählte man zu Beginn der 1970er Jahren den Begriff der kulturellen Bildung, man nannte das entsprechende Arbeitsfeld in der Praxis erneut Kulturpädagogik, tat dies allerdings ohne Kenntnis der problematischen Entwicklungen in der Weimarer Republik.

Im Hinblick auf den Begriff der Medienkompetenz kann man feststellen, dass viele Personen in der Medienpädagogik Medienkompetenz und Medienbildung heute nahezu synonym verwenden. *Mir scheint es plausibel zu sein, Medienkompetenz als notwendigen Bestandteil eines umfassenderen Verständnisses von Medienbildung verstehen* (siehe etwa Spanhel 2011).

Der Bericht einer Expertenkommission des Bundesministeriums für Bildung und Forschung (2010) verwendet im Titel ihrer Expertise beide Begriffe: „*Kompetenzen in einer digital geprägten Kultur. Medienbildung für die Persönlichkeitsentwicklung, für die gesellschaftliche Teilhabe und für die Entwicklung von Ausbildungs- und Erwerbsfähigkeit.*"

Dort heißt es:

> „Der Begriff der Medienkompetenz wird in der Öffentlichkeit inflationär und oft verkürzt verwendet. Als wissenschaftliche Disziplinen haben sich insbesondere Medienpädagogik und (Medien-) Informatik mit durchaus auch unterschiedlichen Konzepten zur Medienkompetenz geäußert. Mit der vorliegenden Erklärung „Kompetenzen in einer digital geprägten Kultur" tritt die Expertenkommission für eine umfassende Sicht auf Medienbildung ein." (BMBF 2010, 5)

Es geht in der Studie um unterschiedliche Handlungsdimensionen:

> „Digitale Medien nutzen, ihre Potenziale verstehen, sie kritisch beurteilen, mit ihnen interagieren und sie gestalten und mit Medien am sozialen Leben und an der Gesellschaft teilhaben. Besondere Aufmerksamkeit muss jungen Menschen aus benachteiligten Milieus gelten, denen mit den Digitalen Medien Möglichkeiten der Teilhabe aufgezeigt und eröffnet werden können.
> Mit den Digitalen Medien entwickeln sich gleichzeitig neue Lern- und Arbeitsformen, die sowohl für die Bildungs- als auch für Arbeitsprozesse einschneidende Veränderungen mit sich bringen. Medienbildung umfasst Medien als Gegenstand des Lernens und das in hohem Maße selbstgesteuerte und selbstverantworteten Lernen mit Medien, das im Lebensverlauf zunehmende Bedeutung gewinnt und eingeübt sein will." (7)

Es geht also um die Themenfelder Information und Wissen, Kommunikation und Kooperation, Identität und Orientierung und zuletzt um Digitale Wirklichkeiten und produktives Handeln. In unterschiedlichen Stellungnahmen nehmen Persönlichkeiten aus verschiedenen Gesellschaftsbereichen Stellung zu diesem Expertenbericht, wobei neben positiven Aspekten auch immer wieder auf die Gefahren hingewiesen wird, die dann entstehen, wenn der Aspekt der Medienkritik und ein selbstreflexiver Umgang mit Medien unzureichend berücksichtigt werden.

Auch die vom Rat für kulturelle Bildung (2019) publizierte Denkschrift versucht, eine Balance zu halten zwischen einer unkritischen Perspektive gegenüber Risiken und Gefahren, es wird zudem eine Skepsis artikuliert gegenüber einer Verabsolutierung einer nur noch digital arbeitenden Pädagogik, es werden zugleich allerdings auch die Chancen und Möglichkeiten beschrieben die die digitalen Medien gerade in pädagogischen (und künstlerischen) Prozessen bieten.

Damit diese Möglichkeiten Realität (für alle!) werden können, ist es allerdings notwendig, dass erhebliche Mittel investiert werden. In diesem Zusammenhang wird der finanziell gut ausgestattete, aber administrativ schwer handzuhabende Digitalpakt oft und zurecht kritisiert, weil er zu stark auf die Ausstattung und zu wenig auf eine notwendige pädagogische Konzeption zielt.

Abschließend will ich in Thesen an meinen Argumentationsgang erinnern, der zum Einen zum Ziel hat, die anthropologische Relevanz, die Bedeutung der Medien in der kulturellen Evolution des Menschen und insbesondere die soziale, politische und kulturelle Eingebundenheit der Medien zumindest kursorisch aufzuzeigen. All dies zeigt aus meiner Sicht zum Zweiten, dass es hilfreich sein könnte, Medienbildung als Teil der kulturellen Bildung zu verstehen, vorausgesetzt, man unterstellt kein zu enges Verständnis von kultureller Bildung.

Schlussbemerkungen

Zusammenfassung und ein Fazit in Thesen

Medien und die kulturelle Entwicklung des Menschen

- Medien sind allgegenwärtig, unverzichtbar und begleiten die Entwicklung des Menschen von Anfang an (phylogenetisch und ontogenetisch). Man kann von einer Co-Evolution von Mensch und Medien sprechen. Dies beginnt bereits mit den Basismedien Bild, Sprache, Geste, Zahl.
- Man kann einen sehr weiten Medienbegriff unterscheiden, etwa die Gesamtheit aller symbolischen Formen von Ernst Cassirer, die dieser als „Kultur" versteht, es gibt aber auch ein großes Spektrum enger gefasster Medienbegriffe. Man kann zudem die Gesamtheit aller Medien in den Blick nehmen oder sich auf Einzelmedien konzentrieren.
- Seit man begonnen hat, bewusst über Medien nachzudenken, ist man zu sehr unterschiedlichen und zum Teil widersprüchlichen Beurteilungen ihrer Bedeutsamkeit und Wirkungen gelangt.
- Dies hat u. a. damit zu tun, dass bei jedem Medium Kodierungsprozesse stattfinden, also bestimmte Bilder von der Realität erzeugt werden. Insbesondere wird durch die Sprache (aufgrund der Begrenztheit der Laute) und die Alphabetschrift eine *diskrete* Kodierung (also eine Übersetzung von Kontinuierlichem in Nichtkontinuierliches) vorgenommen. Eine solche diskrete Kodierung beginnt also nicht erst mit der Digitalität.
- Bei diesen Reflexionen über Medien kann man daher eine Gewinn- und Verlustrechnung aufmachen: Jedes einzelne Medium eröffnet neue Möglichkeiten bei der Gestaltung der Welt- und Selbstverhältnisse, jedes einzelne Medium bringt allerdings auch gewisse Nachteile oder sogar Risiken mit sich.
- Medien prägen die Gesellschaft, in der sie verwendet werden, jede Gesellschaft prägt allerdings auch die Medien, die in ihr wirksam werden. Auch hierbei ist es sinnvoll, von einer Co-Evolution zu sprechen.
- Medien sind vielfältig, sie sind zudem eingebettet in vielfältige gesellschaftliche Einflüsse (kulturelle, soziale, politische, ökonomische, rechtliche etc.), beeinflussen diese und werden von diesen beeinflusst.
- Mediengeschichte, Medientheorie und Medienpädagogik lassen sich daher aus ganz unterschiedlichen Perspektiven, mit unterschiedlichen Interessen und auf der Basis sehr verschiedener „Großtheorien" betreiben.

Medien und das Subjekt

- Medien prägen die Subjekte, die sie verwenden, die Subjekte prägen wiederum die Medien durch ihren Gebrauch (und indem sie sie erfinden und weiterentwickeln). Man hat es also mit einem komplexen Interdependenzverhältnis Subjekt-Medien-Gesellschaft-Kultur zu tun. Insbesondere ist der prägende Einfluss bestimmter Medien auf die Strukturen der Persönlichkeit, etwa auf die Art des Denkens, von großem Interesse (so wie es etwa in Bezug auf den Übergang von der Oralität zur Literalität untersucht wurde).
- Die Fähigkeit zur individuellen Entwicklung und Transformation von Welt- und Selbstverhältnissen hängt von der Souveränität des individuellen Medienhandelns ab. Dies kann als „Bildung" verstanden werden.
- Medienbildung ist in diesem Sinne Teil von Allgemeinbildung: Es geht um die Entwicklung von Lebenskompetenz, um die Entwicklung der Persönlichkeit und eines bewussten Verhältnisses zu sich, zu anderen, zur kulturellen, sozialen und politischen Welt, zu seiner Geschichte, seiner Gegenwart und zu seiner Zukunft.
- In Theorien der Medienbildung und in der Medienpädagogik muss – wie in jeder anderen Pädagogik – der Mensch im Mittelpunkt stehen, der Mensch mit seinen Bedürfnissen muss Messlatte bei der Bewertung der Entwicklung von Medien und einem Umgang mit ihnen sein.
- Insofern Medien zur kulturellen Verfasstheit des Menschen und damit zur Kultur insgesamt gehören, weil sie unter anderem mit dazu dienen, die Welt zu einer Welt des Menschen zu machen, kann man Medienbildung auch als Teil der kulturellen Bildung verstehen. Um diesen Gedanken zu verdeutlichen, werden unterschiedliche Begrifflichkeiten verwendet, etwa der Begriff der medienkulturellen Bildung (Gesellschaft für Medienwissenschaften) oder kulturelle Medienbildung (Bundesvereinigung kulturelle Kinder- und Jugendbildung).

Diskurse über Medien und Medienbildung

- Da Medien allgegenwärtig sind und menschliches Leben ohne Verwendung von Medien nicht möglich und auch nicht denkbar ist, ist es einleuchtend, dass sich alle wissenschaftlichen Disziplinen, die Publizistik, die Politik und auch die Philosophie mit Medien befassen. Dabei ist davon auszugehen, dass nicht überall und von allen derselbe Medienbegriff verwendet wird. Es ist zudem davon auszugehen, dass es immer wieder zu Auseinandersetzungen über das Deutungsrecht in Medienfragen kommt, wobei nicht bloß unterschiedliche Erkenntnisinteressen und Forschungsrichtungen eine Rolle spielen, sondern auch andere als Erkenntnisinteressen unterstellt werden müssen.

- Diskurse über Medien können daher insbesondere auch Ideologien und Mythen produzieren.
- Man muss bei diesen Mediendiskursen zudem berücksichtigen, dass – hier vergleichbar mit Diskursen in der Kunsttheorie – häufiger „falsche Gegensätze“ bzw. „binäre Fronten“ (Stefan Weber) konstruiert werden.
- Nicht nur im Umgang mit Medien selbst, sondern auch im Umgang mit Mediendiskursen, -theorien und -ideologien ist also eine kritische Haltung notwendig.
- Dies gilt insbesondere dort, wo politische Entscheidungen darüber getroffen werden, welche Medien wie weiterentwickelt werden sollen und wie man sich den Umgang mit ihnen vorstellt. Medienpädagogik muss immer auch Medienpolitik im Auge behalten.

Medienbildung kann also als Teil der kulturellen Bildung verstanden werden.

Literatur

Abbate, Janet (2000): Inventing the Internet. Boston: MIT.
Abulafia, David (2013): Das Mittelmeer – Eine Biographie. Frankfurt/M.: Fischer.
Aldenhoff, Christian u. a. (Hrsg.)(2019): Digitalität und Privatheit. Bielefeld: transcript.
Antweiler, Christoph (2009): Heimat Mensch. Hamburg: Murmann.
Assmann, Jan (2018): Das kulturelle Gedächtnis. München. Beck.
Bachmann-Medick, Doris (2006): Cultural Turns. Reinbek: Rowohlt.
Baecker, Dirk (2018): 4.0 oder die Lücke, die der Rechner lässt. Leipzig: Merve.
Bartz, Christina u. a. (Hrsg.)(2012): Handbuch Mediologie. München: Fink.
Baumgärtel, Tilman (Hrsg.)(2017): Texte zur Theorie des Internet. Stuttgart: Reclam.
Becher, Ursula (1990): Geschichte des modernen Lebensstils. München: Beck.
Beckedahl, Markus/Lüke, Falk (2012): Die digitale Gesellschaft. München: dtv.
Beer, David (2016): Metric Power. London: Palgrave.
Belgrad, Jürgen/Niesyto, Horst (Hrsg.)(2001): symbol. Verstehen und Produktion in pädagogischen Kontexten. Hohengehren: Schneider.
Berger, Wilhelm (2009): Macht. Wien: facultas/UTB.
Bertram, Georg (2011): Sprachphilosophie. Eine Einführung. Hamburg: Junius.
Betz, Joachim/Kübler, Hans-Dieter (2013): Internet Governance. Wiesbaden: Springer.
Biermann, Ralf/Verständig, Dan (Hrsg.)(2017): das umkämpfte Netz. Wiesbaden: Springer.
Bittlingmayer, Uwe/Bauer, Ullrich (Hrsg.)(2006): Die „Wissensgesellschaft". Mythos, Ideologie oder Realität? Wiesbaden: VS.
Black, Maurice (2002): The Art of Code. PhD Diss. University of Pennsylvania.
BMBF (Hrsg.)(2010): Kompetenzen in einer digital geprägten Kultur. Bericht der Expertenkommission. Leitung: Heidi Schelhowe. Bo
Böhn, Andreas/Seidler, Andreas (2014): Mediengeschichte. Tübingen: Narr.
Bollenbeck, Georg (2007): Geschichte der Kulturkritik. München: Beck.
Boltanski, Luc/Chiapello, Eve (2006): Der neue Geist des Kapitalismus. Konstanz: UVK.
Borsche, Tillmann (Hrsg.)(1996): Klassiker der Sprachphilosophie. München: Beck.
Bourdieu, Pierre (1997): Das Elend der Welt. Konstanz: UVK.
Breidenbach, Joana/Zukrigl, Ina (2000): Tanz der Kulturen. Reinbek: Rowohlt.
Breuer, Rosemarie (1995): dtv-Atlas zur Informatik. München: dtv.
Brockmeier, Jens (1998): Literales Bewusstsein. München: Fink.
Bröckling, Ulrich (2007): Das unternehmerische Selbst. Frankfurt/M.: Suhrkamp.
Brumlik, Micha/Brunkhorst, Hauke (Hrsg.)(1993): Gemeinschaft und Gesellschaft. Frankfurt/M.: Fischer.
Bruner, Jerome/Olson, David (1978): Symbole und Texte als Werkzeuge des Denkens. In: Steiner, Gerhard (Hrsg.)(1978): Piaget und die folgen. Zürich: Kindler.
Bunz, Mercedes (2009): Die Geschichte des Internet. Berlin: Kadmos.
Burke, Peter (2014): Papier und Marktgeschrei. Die Geburt der Wissensgesellschaft. Berlin: Wagenbach.
Burke, Peter (2014): Die Explosion des Wissens. Von der *Enzyklopädie* bis Wikipedia. Berlin: Wagenbach.
Carstensen, Tanja u. a. (Hrsg.)2014): Digitale Subjekte. Bielefeld: transcript.
Cassirer, Ernst (1990): Versuch über den Menschen. Frankfurt/M.: Fischer.
Castells, Manuel (2001): Die Informationsgesellschaft. Drei Bände. Opladen: Leske und Budrich.
Castells, Manuel (2001a): Die Internet-Galaxie. Wiesbaden: VS.
Castro Varela, Maria do Mar/Dhawan, Nikita (2005): Postkoloniale Theorie. Bielefeld: Transcript.
Crystal, David (2010): die Cambridge Enzyklopädie der Sprache. Frankfurt/M.: Tolkemitt.
Deutsche UNESCO-Kommission (Hrsg.)(2007): Open Access. Bonn: DUK.

Deutscher, Guy (2008): Du Jane, ich Goethe. Eine Geschichte der Sprache. München: Beck.
Dobler, Ralph-Miklas/Ittstein, Daniel (Hrsg.)(2018): Digitalisierung interdisziplinär. München: UVK.
Dübgen, Franziska/Skupien, Stefan (Hrsg.)82015): Afrikanische politische Philosophie. Berlin: Suhrkamp.
Dux, Günter (2000): Historisch-genetische Theorie der Kultur. Weilerswist: Velbrück.
Dux, Günter (2013): Demokratie als Lebensform. Weilerswist: Velbrück.
Eder, Sabine/Mikat, Claudia/Tillmann, Angela (Hrsg.)(2017): Software takes command. Herausforderungen der „Datafizierung" für Medienpädagogik in Theorie und Praxis. München: Kopaed.
Eisenstein, Elizabeth (1997): Die Druckerpresse. Wien/New York: Springer.
Engelmann, Lutz (2013): Informatik. Lehrbuch S II. Berlin: Duden.
Eumann, Jan u. a. (Hrsg.)(2013): Medien, Netz und Öffentlichkeit. Essen: Klartext.
Fahlenbrach, Kathrin (2010): Medien, Geschichte und Wahrnehmung. Wiesbaden: Springer.
Faßler, Manfred (1999): cyber-moderne. Wien/New York: Springer.
Faßler, Manfred (2001): Netzwerke. München: Fink.
Faulstich, Werner (1997 ff.): Die Geschichte der Medien. 8 Bde. Göttingen: V&R.
Faulstich, Werner (2006): Mediengeschichte. 2 Bde. Göttingen: V&R.
Faulstich, Werner (Hrsg.)(2011): Die Kultur des 20. Jahrhunderts im Überblick. München: Fink.
Fiehler, Reinhard (2003): Mündlichkeit und gesprochene Sprache als wissenschaftlicher Gegenstand – Wo ist das Problem? In: Barthel, Henner (Hrsg.)(2003): Zum Wissenschaftsverständnis der Sprechwissenschaft. München/Basel: Reinhardt, 20 – 32.
Flusser, Vilém (1997): Medienkultur. Frankfurt/M.: Fischer.
Foucault, Michel (2019): Die Ordnung der Dinge. Berlin: Suhrkamp.
Foucault, Michel (2001-2005): Dits et Ecrits. Schriften. Vier Bände. Frankfurt/M.: Suhrkamp.
Foucault, Michel (2006a und b): Geschichte der Gouvernementalität. Zwei Bände. Frankfurt/M.: Suhrkamp.
Frevert, Ute/Haupt, Heinz-Gerhard (Hrsg.)(1998): Der Mensch im 20. Jahrhundert. Frankfurt/M.: Campus.
Fromm, Erich (1979): Haben oder Sein. München: dtv.
Fromm, Erich (1987): Furcht vor der Freiheit. Frankfurt/M.: Ullstein.
Fromme, Johannes/Sesink, Werner (Hrsg.)(2008): Pädagogische Medientheorien. Wiesbaden: VS.
Frey, Gerhard (1994): Anthropologie der Künste. Freiburg/München: Alber.
Fry, Hannah (2019): Hello World. München: Beck.
Fuchs, Christian (2019): Soziale Medien und Kritische Theorie. München: UVK.
Fuchs, Max (1998): Mensch und Kultur. Wiesbaden: Westdeutscher Verlag.
Fuchs, Max (2001): Persönlichkeit und Subjektivität. Opladen: Leske und Budrich.
Fuchs, Max (2008): Kulturelle Bildung. München: Kopaed.
Fuchs, Max (2011): Kunst als kulturelle Praxis. München: Kopaed.
Fuchs, Max (2011a): Die Macht der Symbole. München: Utz.
Fuchs, Max (2011b): Leitformeln und Slogans in der Kulturpolitik. Wiesbaden: VS.
Fuchs, Max (2012): Subjekt und Kultur. München: Kopaed.
Fuchs, Max (2014): Subjektivität heute. München: Utz.
Fuchs, Max (2016): Das starke Subjekt. München: Kopaed.
Fuchs, Max (2017): Bildung und kulturelle Evolution des Menschen. Weinheim/Basel: Beltz-Juventa.
Fuchs, Max (2017a): Politik und Pädagogik. München: Kopaed.
Fuchs, Max (2018): Widerständigkeit als Grundprinzips eines selbstbestimmten Lebens. München: Kopaed.
Fuchs, Max (2019): Die Technik, die Stadt und das Subjekt. München: Kopaed.
Fuchs, Max (2019a): Freiheit und soziale Sicherheit. Frankfurt/M.: DIPF (pedocs).
Fuchs, Max (2019b): Das gute Leben in einer wohlgeordneten Gesellschaft. Weinheim/Basel: Beltz-Juventa.
Fuchs, Max (2020): Kunst als Erkenntnis – Ästhetik als Erkenntnistheorie. München: Kopaed.
Fuchs, Max/Braun, Tom (Hrsg.)(2017): Kritische Kulturpädagogik. München: Kopaed.
Fucks, Wilhelm (1969): Formeln zur Macht. Frankfurt/M.: Büchergilde Gutenberg.

Fuller, Matthew/Gurionova, Olga (2016): Das digitale Subjekt. In: Netztetil Heft 2/2016.
Funk, Rainer (Hrsg.)(2000): Erich Fromm heute. München: dtv.
Gelhard, Andreas/Alkemeyer, Thomas/Ricken, Norbert (Hrsg.)(2013): Techniken der Subjektivierung. München: Fink.
Gerhardt, Volker (1999): Selbstbestimmung. Stuttgart: Reclam.
Gesellschaft für Medienwissenschaft (Hrsg.)(2013): Medienkultur und Bildung. Positionspapier. (https://gfmedienwissenschaft.de, letzter Zugriff: 30.5.2020)
Gesellschaft für Informatik (Hrsg.)(2016): Dagstuhl Erklärung. Bildung in der digital vernetzten Welt.
Giedion, Siegfried (19832): Die Herrschaft der Mechanisierung. Frankfurt/M.: EVA.
Giesecke, Michael (1998): Der Buchdruck in der frühen Neuzeit. Frankfurt/M.: Suhrkamp.
Gießmann, Sebastian (2014): Die Verbundenheit der Dinge. Berlin: Kadmos.
Glück, Helmut (Hrsg.)(2010): Metzler Lexikon Sprache. Stuttgart: Metzler.
GMK (Hrsg.)(2018): Medienbildung in der Schule ist mehr als digitale Bildung. Positionspapier. (www.gmk-net.de, letzter Zugriff: 30.5.2020)
Göttert, Karl-Heinz (1998): Geschichte der Stimme. München: Fink.
Goody, Jack (1990): Die Logik der Schrift und die Organisation der Gesellschaft. Frankfurt/M.: Suhrkamp.
Grassmuck, Volker (2004): Freie Software. Bonn: BpB.
Gumbrecht, Hans Ulrich/Pfeiffer, K. Ludwig (Hrsg.)(1995): Materialität der Kommunikation. Frankfurt/M.: Suhrkamp.
Haarmann, Harald (1990): Universalgeschichte der Schrift. Frankfurt/M.: Campus/Tolkemit.
Haarmann, Harald (2010): Weltgeschichte der Sprachen. München: Beck.
Haarmann, Harald (2011): Geschichte der Schrift. München: Beck.
Habermas, Jürgen (1962): Strukturwandel der Öffentlichkeit. Frankfurt/M.: Suhrkamp.
Hagener, Malte/Hediger, Vinzenz (Hrsg.)(2015): Medienkultur und Bildung. Frankfurt/M.: Campus.
Hachmeister, Lutz/Anschlag, Dieter (Hrsg.)(2013): Rundfunkpolitik und Netzpolitik. Köln: Halem.
Hartmann, Frank (2000): Medienphilosophie. Wien: WUV.
Hartmann, Frank (2018): Medienmoderne. Wiesbaden: Springer/VS.
Havelock, Eric (2007): Als die Muse schreiben lernte. Berlin: Wagenbach.
Havelock, Eric (1990): Schriftlichkeit. Das griechische Alphabet als kulturelle Revolution. Weinheim: VHC.
Helmes, Günter (Hrsg.)(2002): Texte zur Medientheorie. Stuttgart: Reclam.
Hepp, Andreas (2013): Medienkultur. Wiesbaden: VS-Springer.
Herzig, Bardo (2012): Medienbildung. München: Kopaed.
Hiebel, Hans (1997): Kleine Medienchronik. München: Beck.
Himanen, Pekka (2001): Die Hacker-Ethik. München: Riemann.
Hörisch, Jochen (2010): Theorieapotheke. Frankfurt/M.: Suhrkamp.
Hörisch, Jochen (2004): Eine Geschichte der Medien. Frankfurt/M.: Suhrkamp.
Hörl, Erich (Hrsg.(2011): Die technologische Bedingung. Berlin: Suhrkamp.
Holzkamp, Klaus (1983): Grundlegung der Psychologie. Frankfurt/M.: Campus.
Honneth, Axel/Saar, Martin (Hrsg.)(2003): Michel Foucault. Frankfurt/M.: Suhrkamp.
Horkheimer, Max/Adorno, Theodor (1971); Dialektik der Aufklärung. Frankfurt/M.: Fischer.
Hügel, Hans-Otto (Hrsg.)(2003): Handbuch Populäre Kultur. Stuttgart/Weimar: Metzler.
Hutter, Michael (2006): Neue Medienökonomie. München: Fink/UTB.
Ifrah, Georges (1993): Universalgeschichte der Zahl. Frankfurt/M.: Zweitausendeins.
Jäckel, Michael/Mai, Manfred (Hrsg.)(2008): Medienmacht und Gesellschaft. Frankfurt/M.-New York: Campus.
Jörissen, Benjamin (2017): Subjektivation und „ästhetische Freiheit" in der postdigitalen Kultur. www.kubi-online.de
Jörissen, Benjamin/Marotzki, Winfried (2009): Medienbildung – Eine Einführung. Bad Heilbrunn: Klinkhardt.
Jörissen, Benjamin/Kröner, Stephan/Unterberg, Lisa (Hrsg.)(2019): Kulturelle Bildung und Digitalität. München: Kopaed.

Jörissen, Benjamin/Unterberg, Lisa (2019): Digitale kulturelle Bildung: Bildungstheoretische Gedanken zum Potential kultureller Bildung in Zeiten der Digitalisierung. www.kubi-online.de (letzter Zugriff: 9.6.2020)
Kajetzke, Laura (2008): Wissen im Diskurs. Wiesbaden: VS.
Kammler, Clemens/Parr, Rolf (Hrsg.)(2007): Foucault in den Kulturwissenschaften. Heidelberg: Synchron.
Kammler, Cllemens/Parr, Rolf/Schneider, Ulrich Johannes (Hrsg.)(2008): Foucault Handbuch. Stuttgart: Metzler.
Karpenstein-Essbach, Christa (2004): Einführung in die Kulturwissenschaft der Medien. München: Fink.
Keen, Andrew (2015): Das digitale Debakel. München: DVA.
Keil, Geert (2003): Sprachphilosophie. In: Martens, Ekkehard/Schnädelbach, Herbert (Hrsg.)(2003): Philosophie. Ein Grundkurs, Bd. 2. Reinbek: Rowohlt.
Keine Bildung ohne Medien. Das Medienpädagogische Manifest. www.keine-bildung-ohne medien.de, letzter Zugriff: 30.5.2020.
Kemper, Peter u. a. (Hrsg.)(2013): Wirklichkeit 2.0. Medienkultur im digitalen Zeitalter. Stuttgart: Reclam.
Kerckhove, Derrick de (1995): Schriftgeburten. München: Fink.
Kersting, Wolfgang/Langbehn, Claus (Hrsg.)(2003): Kritik der Lebenskunst. Frankfurt/M.: Suhrkamp.
Keupp, Heiner u. a. (Hrsg.)(2002): Identitätskonstruktionen. Reinbek: Rowohlt.
Klafki, Wolfgang (1985): Neue Studien zu Bildungstheorie und Didaktik. Weinheim/Basel: Beltz.
Kneer, Georg/Schroer, Markus (Hrsg.)(2009): Handbuch soziologische Theorien. Wiesbaden: Springer.
Kneer, Georg/Nassehi, Armin/Schroer, Markus (Hrsg.)(2001): Klassische Gesellschaftsbegriffe der Soziologie. München: Fink.
Knieps, Günter (2007): Netzökonomie. Wiesbaden: Gabler.
Krämer, Sybille/Bredekamp, Horst (Hrsg.)(2003): Bild – Schrift – Zahl. München: Fink.
Krasmann, Susanne (2003): Die Kriminalität der Gesellschaft. Konstanz: UVK.
Kuckenburg, Martin (1989): Die Entstehung von Sprache und Schrift. Köln: dumont.
Kübler, Hans-Dieter (1994): Kommunikation und Massenkommunikation. Münster/Hamburg: LIT.
Kübler, Hans-Dieter (2009): Mythos Wissensgesellschaft. Wiesbaden: VS.
Kümmel, Albert/Scholz, Leander/Schumacher, Eckhart (Hrsg.) (2004): Einführung in die Geschichte der Medien. München: Fink.
Kultusministerkonferenz (KMK)(2016): Strategie der KMK „Bildung in der digitalen Welt“. Berlin.
Lerois-Gourhan, André (1980): Hand und Wort. Frankfurt/M.: Suhrkamp.
Lessig, Lawrence (2001): Code und andere Gesetze des Cyberspace. Berlin: Berlin Verlag.
Lessig, Lawrence (2006): Freie Kultur. München: OSP.
Lovink, Geert (2008): Zero Comment. Elemente einer kritischen Internetkultur. Bielefeld: transcript.
Maase, Kaspar (1992): BRAVO Amerika. Hamburg: Junius.
Maase, Kaspar (1997): Grenzenloses Vergnügen. Der Aufstieg der Massenkultur 1850 bis 1970. Frankfurt/M.: Fischer.
Maedler, Jens (Hrsg.)(2008): TeileHabeNichtse. Chancengerechtigkeit und kulturelle Bildung. München: Kopaed.
Mainzer, Klaus (2014): Die Berechnung der Welt. München: Beck.
Mattelart, Armand (2006): Kultur und Globalisierung. Marktmacht gegen Vielfalt. Zürich: Rotpunktverlag.
Mau, Steffen (2017): Das metrische Wir. Berlin: Suhrkamp.
McLuhan, Marshall (1968): Die Gutenberg-Galaxis. Düsseldorf/Wien: Econ.
McLuhan, Marshall (1970): Die magischen Kanäle. Frankfurt/M.: Fischer.
Margreiter, Reinhard (2014): Medienphilosophie. Eine Einführung. Würzburg: Königshausen&Neumann.
Markowetz, Alexander (2015): Digitaler Burnout. München: Droemer.
Menke, Christoph (2003): Zweierlei Übung. In: Honneth/Saar 2003.

Menze, Clemens (Hrsg.)(1993): Menschenbilder. Frankfurt/M.: Peter Lang.
Mersch, Dieter (2006): Medientheorien. Hamburg: Junius.
Mersch, Dieter (2015): Epistemologien des Ästhetischen. Zürich-Berlin: diaphanes.
Merten, Klaus u. a. (Hrsg.)(1994): Die Wirklichkeit der Medien. Opladen: Westdeutscher Verlag.
Meyer-Drawe, Käthe (1990): Illusionen von Autonomie. München: Kirchheim.
Moser, Heinz (2008): Einführung in die Netzdidaktik. Hohengehren: Schneider.
Müller von Blumencron, Matthias (2015): Unsere tägliche Desinformation. (www.faz.net/-gpf-7g4y; letzter Zugriff: 25.5.2020)
Münchmeier, Richard u.a. (Hrsg.)(2002): Bildung als Lebenskompetenz. Opladen: Leske und Budrich.
Münker, Stefan (2009): Emergenz digitaler Öffentlichkeiten. Berlin: Suhrkamp.
Münker, Stefan/Roesler, Alexander (2000): Poststrukturalismus. Stuttgart: Metzler
Nassehi, Armin (2019): Muster. München: C.H. Beck.
Nestle, Wilhelm (1975): Vom Mythos zum Logos. Stuttgart.
Niesyto, Horst (2019a): Medienkritik und pädagogisches Handeln. www.kubi-online.de (letzter Zugriff: 9.3.2020)
Niesyto, Horst (2019b): Medienpädagogik und digitaler Kapitalismus. www.kubi-online.de (letzter Zugriff: 9.3.2020).
Niesyto, Johanna/Dapp, Katrin (Hrsg.)(2019): Wer regiert das Internet? Bonn: FES.
Nipperdey, Thomas (1990): Deutsche Geschichte. 3 Bde. München: Beck.
Oberliesen, Rolf (1982): Information, Daten und Signale. Reinbek: Rowohlt.
O'Neil, Cathy (2018): Angriff der Algorithmen. Bonn: BpB.
Ong, Walter (1987): Oralität und Literalität. Opladen: Westdeutscher Verlag.
Pias, Claus u.a. (Hrsg.)(2000): Kursbuch Medienkultur. Stuttgart: DVA.
Pinker, Steven (1996): Der Sprachinstinkt. München: Kindler.
Platon (1993): Sämtliche Dialoge, Bd. II (Otto Apelt). Hamburg: Meiner.
Plessner, Helmuth (1976): Die Frage nach der conditio humana. Frankfurt/M.: Fischer.
Prokop, Dieter (2000): Der Medienkapitalismus. Hamburg: VSA.
Pross, Harry (1970): Publizistik. Neuwied: Luchterhand.
Puppis, Manuel (2007): Einführung in die Medienpolitik. München: UVK/UTB.
Raible, Wolfgang (2006): Medien-Kulturgeschichte. Heidelberg: Winter.
Rainsborough, Marita (2018): Foucault heute. Bielefeld: transcript.
Rat für kulturelle Bildung (Hrsg.)(2019): Alles immer smart. Denkschrift. Essen.
Rehmann, Jan (2004): Postmoderner Links-Nietzscheanismus. Hamburg: Argument.
Reichert, Ramon (Hrsg.)(2014): BIG DATA. Bielefeld: transcript.
Ricken, Norbert/Rieger-Ladich, Markus (Hrsg.)(2004): Michel Foucault: Pädagogische Lektüren. Wiesbaden: VS.
Ricken, Norbert/Casale, Rita/Thompson, Christiane (Hrsg.)(2019): Subjektivierung. Weinheim/Basel: Beltz-Juventa.
Rittelmeyer, Christian (2014): Aisthesis. München: Kopaed.
Rittelmeyer, Christian (2018): Digitale Bildung. Ein Widerspruch. Oberhausen: Athena.
Röll, Franz-Joseph (1998): Mythen und Symbole in populären Medien. Frankfurt/M.: GEP.
Saar, Martin (2007): Genealogie als Kritik. Frankfurt/M.: Campus.
Sandbothe, Mike (2004): Medien – Kommunikation – Kultur. In: Jaeger, Friedrich/Liebsch, Burghard (Hrsg.)(2004): Handbuch der Kulturwissenschaften, Bd. 1., Stuttgart/Weimar: Metzler, 119 – 127.
Schaar, Peter (2007): Das Ende der Privatsphäre. München: Bertelsmann.
Schanze, Helmut (Hrsg.)(2001): Handbuch der Mediengeschichte. Stuttgart: Kröner.
Schanze, Helmut (Hrsg.)(2002): Metzler Lexikon Medientheorie – Medienwissenschaft. Stuttgart/Weimar: Metzler.
Schimank, Uwe/Volkmann, Ute (Hrsg.)(2000): Soziologische Gegenwartsdiagnosen. Bd. I. Opladen: Leske und Budrich.
Schorb, Bernd u. a. (Hrsg.)(2009): Grundbegriffe Medienpädagogik. Praxis. München: Kopaed.
Schreiber, Peter (1977): Grundlagen der Mathematik. Berlin: VDW.
Schröter, Jens (Hrsg.)(2014): Handbuch Medienwissenschaft. Stuttgart: Metzler

Smiers, Joost u. a. (2009): No Copyright. Berlin/Köln: Alexander.
Spitzer, Manfred (2012): Digitale Demenz. Berlin: Droemer.
Stalder, Felix (2016): Kultur der Digitalität. Berlin: Suhrkamp.
Steenblock, Volker (1999): Theorie der kulturellen Bildung. München: Fink.
Stöcker, Christian (2011): Nerd Attack. Hamburg: DVA.
Spanhel, Dieter (2011): Medienkompetenz oder Medienbildung. In: MedienPädagogik, Themenheft 20. München: Kopaed (www.medienpaed.com, letzter Zugriff: 30.5.2020)
Ströhl, Andreas (2014): Medientheorien kompakt. Konstanz: UVK.
Tomasello, Michael (2006): Die kulturelle Entwicklung des menschlichen Denkens. Frankfurt/M.: Suhrkamp.
Tomasello, Michael (2010a): Warum wir kooperieren? Frankfurt/M.: Suhrkamp.
Tomasello, Michael (2010b): Die Ursprünge der menschlichen Kommunikation. Frankfurt/M.: Suhrkamp.
Trabant, Jürgen (2006): Europäisches Sprachdenken. München: Beck.
Trabant, Jürgen (2008): Was ist Sprache? München: Beck.
Ueding, Gert (2005): Klassische Rhetorik. München: Beck
Veith, Hermann (2001): Das Selbstverständnis des modernen Menschen. Frankfurt/M.: Campus.
Vollbrecht, Ralf/Wegener, Claudia (Hrsg.)(2010): Handbuch Mediensozialisation. Wiesbaden: VS.
Vollbrecht, Ralf (2001): Einführung in die Medienpädagogik. Weinheim/Basel: Beltz.
Voss, Christiane/Engell, Lorenz (Hrsg.)(2015): Mediale Anthropologie. München: Fink.
Warnke, Martin (2011): Theorien des Internet. Hamburg: Junius.
Weber, Stefan (Hrsg.)(2003): Theorien der Medien. Konstanz: UVK.
Welsch, Wolfgang (2012): Homo Mundanus. Weilerswist: Velbrück.
Wenzel, Horst (2008): Mediengeschichte vor und nach Gutenberg. Darmstadt: WBG.
Whorf, Benjamin (1963): Sprache und Denken. Reinbek: Rowohlt.
Willis, Paul (1991): Jugend-Stile. Hamburg: Argument.
Winkler, Hartmut (2008): Basiswissen Medien. Frankfurt/M.: Fischer.
Winter, Carsten/Hepp, Andreas/Krotz, Friedrich (Hrsg.)(2008): Theorien der Kommunikations- und Medienwissenschaft. Wiesbaden: VS
Wittgenstein, Ludwig (1971): Philosophische Untersuchungen. Frankfurt/M: Suhrkamp.
Wittgenstein, Ludwig (1978): Tractatus logico-philosophicus. Frankfurt/M.: Suhrkamp.
Yan, Zhenjiang (2000): Schriftsystem, Literalisierung, Literalität. Frankfurt/M.: Peter Lang.
Zacharias, Wolfgang (2010): Kulturell-ästhetische Medienbildung 2.0. München: Kopaed.
Zielinsky, Siegfried (2002): Archäologie der Medien. Reinbek: Rowohlt.
Ziemann, Andreas (2012): Soziologie der Medien. Bielefeld: transcript.
Ziemann, Andreas (2019)(Hrsg.): Grundlagentexte der Medienkultur. Wiesbaden: SpringerVS.
Zuboff, Shoshana (2018): Das Zeitalter des Überwachungskapitalismus. Frankfurt/M.: Campus.